普通高等教育"十三五"规划教材

服务外包产教融合系列教材

主编 迟云平 副主编 宁佳英

企业纳税服务外包

主 编 胡伟挺 谭 湘

副主编 陈 珍 王恒婷

华南理工大学出版社

SOUTH CHINA UNIVERSITY OF TECHNOLOGY PRESS

·广州·

图书在版编目(CIP)数据

企业纳税服务外包/胡伟挺，谭湘主编．—广州：华南理工大学出版社，2017.7
(服务外包产教融合系列教材/迟云平主编)
ISBN 978-7-5623-5245-7

Ⅰ.①企… Ⅱ.①胡… ②谭… Ⅲ.①企业管理-税收管理-对外承包-中国-教材 Ⅳ.①F812.423

中国版本图书馆CIP数据核字(2017)第097704号

企业纳税服务外包
胡伟挺　谭　湘　主编

出 版 人：卢家明
出版发行：华南理工大学出版社
(广州五山华南理工大学17号楼，邮编510640)
http://www.scutpress.com.cn　E-mail:scutc13@scut.edu.cn
营销部电话：020-87113487　87111048（传真）
总 策 划：卢家明　潘宜玲
执行策划：詹志青
责任编辑：张　颖
印 刷 者：佛山市浩文彩色印刷有限公司
开　　本：787mm×1092mm　1/16　**印张**：16.5　**字数**：412千
版　　次：2017年7月第1版　2017年7月第1次印刷
印　　数：1～1000册
定　　价：36.00元

“服务外包产教融合系列教材”
编审委员会

总　序

发展服务外包，有利于提升我国服务业的技术水平、服务水平，推动出口贸易和服务业的国际化，促进国内现代服务业的发展。在国家和各地方政府的大力支持下，我国服务外包产业经过10年快速发展，规模日益扩大，领域逐步拓宽，已经成为中国经济新增长的新引擎、开放型经济的新亮点、结构优化的新标志、绿色共享发展的新动能、信息技术与制造业深度整合的新平台、高学历人才集聚的新产业，基于互联网、物联网、云计算、大数据等一系列新技术的新型商业模式应运而生，服务外包企业的国际竞争力不断提升，逐步进入国际产业链和价值链的高端。服务外包产业以极高的孵化、融合功能，助力我国航天服务、轨道交通、航运、医药、医疗、金融、智慧健康、云生态、智能制造、电商等众多领域的不断创新，通过重组价值链、优化资源配置降低了成本并增强了企业核心竞争力，更好地满足了国家“保增长、扩内需、调结构、促就业”的战略需要。

创新是服务外包发展的核心动力。我国传统产业转型升级，一定要通过新技术、新商业模式和新组织架构来实现，这为服务外包产业释放出更为广阔的发展空间。目前，“众包”方式已被普遍运用，以重塑传统的发包/接包关系，战略合作与协作网络平台作用凸显，从而促使服务外包行业人员的从业方式发生了显著变化，特别是中高端人才和专业人士更需要在人才共享平台上根据项目进行有效整合。从发展趋势看，服务外包企业未来的竞争将是资源整合能力的竞争，谁能最大限度地整合各类资源，谁就能在未来的竞争中脱颖而出。

广州大学华软软件学院是我国华南地区最早介入服务外包人才培养的高等院校，也是广东省和广州市首批认证的服务外包人才培养基地，还是我国服务外包人才培养示范机构。该院历年毕业生进入服务外包企业从业平均比例高达66.3%以上，并且获得业界高度认同。常务副院长迟云平获评2015年度服务外包杰出贡献人物。该院组织了近百名具有丰富教学实践经验的一线教师，历时一年多，认真负责地编写了软件、网络、游戏、数码、管理、财务等专业的服务外包系列教材30余种，将对各行业发展具有引领作用的服务外包相关知识引入大学学历教育，着力培养学生对产业发展、技术创新、模式创新和产业融合发展的立体视角，同时具有一定的国际视野。

当前，我国正在大力推动“一带一路”建设和创新创业教育。广州大学华软软件学院抓住这一历史性机遇，与国家发展和改革委员会国际合作中心合作成立创新创业学院和服务外包研究院，共建国际合作示范院校。这充分反映了华软软件学院领导层对教育与产业结合的深刻把握，对人才培养与产业促进的高度理解，并愿意不遗余力地付出。我相信这样一套探讨服务外包产教融合的系列教材，一定会受到相关政策制定者和学术研究者的欢迎与重视。

借此，谨祝愿广州大学华软软件学院在国际化服务外包人才培养的路上越走越好！

国家发展和改革委员会国际合作中心主任

曹文炼

2017年1月25日于北京

前　言

大众创业、万众创新是经济发展的动力之源，也是富民之道、公平之计和强国之策。该书的写作目的是为中国经济新引擎保驾护航，明确了经济活动中可为与不可为的税法规定。

《企业纳税服务外包》是一本反映我国现行税收政策的教程，该书的编写遵循了我国的税收法制度并吸收了最新的“营改增”内容，力求体现以下四个特点：

(1) 实用性。根据创新、创业企业的需求，对企业设立、运作经济活动的涉税事项进行了针对性阐述，易于对照学习和运用。

(2) 专业性。本教程由具有丰富税收理论与教学经验的高校老师和会计师事务所工作的注册会计师共同编写，提供了诸多理论联系实际的案例供读者学习与参考。

(3) 前沿性。本书吸收了我国“营改增”等税收政策最新的内容。

(4) 简明性。本书遵守简明扼要的编写原则，力求通俗易懂，各章节均配备案例，以便阅读理解。

本教程是我国税收政策和法律法规的实用版本，为税务咨询公司、税务从业人员和创新、创业实体关注涉税事项的人士提供简明扼要的专业教程和实际操作指引，有助于他们对涉税事项的正确理解和妥善处理。

编者

2017 年 2 月

目　录

1　企业纳税服务外包 …… 1
1.1　企业纳税服务外包概述 …… 1
1.2　税务代理概述 …… 7
1.3　国外典型税务代理模式 …… 10
1.4　税务代理程序 …… 13
2　增值税纳税服务外包 …… 16
2.1　征税范围和纳税义务人 …… 16
2.2　一般纳税人和小规模纳税人的认定及管理 …… 22
2.3　税率和征收率 …… 25
2.4　应纳税额的计算 …… 27
2.5　出口货物退(免)税 …… 44
2.6　税收优惠 …… 52
2.7　征收管理 …… 57
2.8　增值税纳税申报 …… 60
2.9　增值税专用发票的使用与管理 …… 97
3　消费税纳税服务外包 …… 102
3.1　消费税的概念与特点 …… 102
3.2　消费税纳税义务人和征税范围 …… 103
3.3　税目和税率 …… 104
3.4　计税依据 …… 109
3.5　应纳税额的计算 …… 112
3.6　征收管理 …… 120
4　企业所得税纳税服务外包 …… 124
4.1　企业所得税的概念与作用 …… 124
4.2　纳税义务人、征税对象与税率 …… 124
4.3　应纳税所得额的计算 …… 126

4.4 税收优惠 …… 143
4.5 应纳税额的计算 …… 153
4.6 扣缴源泉 …… 160
4.7 征收管理 …… 161
5 个人所得税纳税服务外包 …… 168
5.1 个人所得税的概念与分类 …… 168
5.2 纳税义务人与征税范围 …… 169
5.3 税率与应纳税所得额的确定 …… 175
5.4 应纳税额的计算 …… 180
5.5 税收优惠 …… 202
5.6 征收管理 …… 204
6 其他税种纳税服务外包 …… 213
6.1 关税 …… 213
6.2 房产税 …… 222
6.3 契税 …… 225
6.4 车船税 …… 229
6.5 资源税 …… 233
6.6 城镇土地使用税 …… 236
6.7 土地增值税 …… 237
6.8 耕地占用税 …… 240
6.9 印花税 …… 243
6.10 城市维护建设税 …… 249
6.11 车辆购置税 …… 250
参考文献 …… 253

1 企业纳税服务外包

1.1 企业纳税服务外包概述

1.1.1 纳税服务外包的概念

1.1.1.1 外包的定义

外包是指企业将一些其认为是非核心的、次要的或辅助性的功能或业务外包给企业外部可以高度信任的专业服务机构，利用它们的专长和优势来提高企业整体的效率和竞争力，而自身则仅专注于那些核心的、主要的功能或业务。

外包是企业的一种经营战略，是企业在内部资源有限的情况下，为取得更大的竞争优势，仅保留最具竞争优势的功能，而其他功能则借助于资源整合，利用外部最优势的资源予以实现。外包是经典的"比较优势理论"的最新实践，是经济发展的必由之路。从内容上看，外包可以分为生产外包和服务外包。

1.1.1.2 服务外包的定义

关于服务外包的定义，目前国内外有不同的观点。从各种不同的观点中可以看出，服务外包是指企业将原本由自身提供的具有基础性、共性的、非核心的 IT 业务和基于 IT 的业务流程剥离出来，外包给专业服务提供商来完成的经济活动。企业将有限资源专注于其核心业务，以信息技术为依据，利用外部专业服务商的知识和劳动力来完成原本由企业内部完成的业务和工作。

服务外包是以 IT 作为支付基础的服务，服务的成果通常是通过互联网交付与互动，广泛应用于 IT 服务、人力资源管理、金融、会计、客户服务、研究、产品设计等众多领域，服务层次不断提高，服务附加值明显增大。

1.1.1.3 纳税服务外包的定义

纳税服务外包是企业在资源有限的条件下，将税务管理过程中的税务核算、纳税申报、税务风险评估、税务筹划等部分或全部事项(流程)从企业的日常管理中分离出来，由外部税务服务商按约定提供特定的税务服务。纳税服务外包有利于企业降低管理成本、优化资源配置，是企业通过利用外部税务服务商的专业优势，增强控制税务风险能力的有效途径。

1.1.2 企业纳税服务外包的原因及形式

1.1.2.1 企业纳税服务外包的原因

企业税务管理存在的诸多问题是推动企业纳税服务外包的主要因素。

1. 管理者依法纳税意识淡薄

纳税意识是纳税人履行纳税义务的观念和态度的反映，主要表现为人们对税收的认知和重视态度。一些企业管理者由于自身知识水平的局限，缺乏纳税意识，不能正视自己的纳税义务，想尽一切办法偷逃税款。认为税法不是法律，而是人情，只要和税务机关搞好关系就行了，从而导致部分企业领导在进行决策时，不考虑税收因素，当项目运行中税赋与效益发生矛盾时，盲目避税，甚至有意无意地偷税。

2. 对税务工作的职责有所误解

税收与会计有着天然的联系，税收是会计职能的一个重要方面，税收只有通过会计方法才能使企业的计税基础、应纳税额得以实现。但是，税收涉及企业生产经营的全过程，设立、筹资、投资、生产、销售、分配等方面无不与税收相关。税收不仅是财务人员的事，而且是企业每位员工的事。有些领导认为税收规范是财务部门核算的要求，而对业务人员单纯注重业绩的考核和业务的拓展，导致业务人员税收意识淡薄。当业务人员与财务人员在税收规范上发生矛盾时，往往偏向业务人员。其实，税收是在业务活动中产生的，而不是在财务核算中产生的。如果业务在决策过程中、在业务经营过程中就产生不可弥补的税收风险，财务核算是无法弥补的，企图通过财务强行弥补，就会加大企业税务风险。

3. 对税务代理和纳税筹划认识不清

目前，有些企业已经有利用税务代理处理涉税事项的意识，但对税务代理的真正作用却认识不清，认为税务代理机构，是“关系税”“人情税”的一个桥梁。纳税筹划是纳税人为达到减轻税收负担和实现涉税零风险目的而在税法所允许的范围内，对经营、投资、理财、组织、交易等活动进行事先安排的过程。但是大多数企业把纳税筹划与偷、漏税联系在一起，运用各种手段直接减轻自身的税收负担。

4. 财务人员缺乏处理税务事项的能力

部分企业的财务人员素质较低，税法知识薄弱，缺乏责任感，不仅难以做到主动为企业加强税务管理，防范税务风险，合法避税，有时还会让企业多交许多冤枉税。又由于税收名目繁多，政策变化快，一些企业的税务管理存在的漏洞直接来自企业财务人员对会计法规、税务法规和国家政策的不熟悉，企业涉税人员的专业水平较低是导致企业税务管理薄弱的原因之一。

1.1.2.2 企业纳税服务外包的内容及形式

1. 企业纳税服务外包的内容

企业在决定纳税服务外包之前，一定要对企业日常涉税问题进行研究、评估，确定纳税服务外包的具体内容。一般来讲，纳税服务外包的基本内容可分为五个方面：

(1)纳税申报，包括税务文件制备、发票管理、纳税申报资料准备、税务台账管理等。

(2)日常涉税核算，包括税负的核算和计提、费用分类、税前扣除限额预警、纳税调整等。

(3)经营过程中税务问题处理，包括采购、制造、销售以及研发、用工、资产管理等环节涉及的税务问题规划及处理。

(4)重要决策和交易中的税务问题处理，包括企业重组、重大投资项目、经营模式改变、内部交易定价等涉及的税务问题分析及策划。

(5)税务争议协调，包括税务争议涉及事项的技术支持、答辩资料的制作及其他沟通、协调。

2. 企业纳税服务外包的形式

一般来讲，企业纳税服务外包可采取的具体形式有以下三种：

(1)全部外包形式：企业不设置税务管理部门和税务管理人员，把税务管理职能全部外包给税务服务商。

(2)部分外包形式：企业把日常纳税申报等部分税务管理职能外包，在重大决策、交易时，寻求税务服务商专项帮助。

(3)税务管理咨询形式：聘请税务服务商指导企业进行税务人员的配备及税务管理流程的制订，帮助企业定义主要税务风险控制点，促进企业税务管理工作计划的形成和改进。

企业应该根据自身实际情况，采取全包方式，或者在外包纳税申报等常规税务事项的基础上，随着对税务服务商的了解和信赖关系的形成而逐步增加外包内容，最终确定适合自己的纳税服务外包形式。

1.1.3 企业纳税服务外包的可行性

1.1.3.1 内部具有可行性

出于节约成本和实际控制的需要，很多企业通常不会单独设置财务、税务部门，税务问题通常直接由企业主自己或亲属打理；那些设置有财务部门的企业，也较少设置单独的税务机构或税务专职人员，税务问题完全依托企业财务人员处理。在我国税制日趋完善、税法体系日益复杂的今天，处理税务问题依赖企业主自身经验、依赖税务管理能力薄弱的财务人员，显然已不能适应企业信息需求和风险控制的要求。因此，纳税服务外包使企业管理者从繁杂的纳税申报、税务风险防范等具体税务事务中解脱出来，把更多注意力集中在市场开拓、生产经营等核心领域，在节约成本的同时获取专业税务服务，已经成为企业的迫切需求。

1.1.3.2 外部具有可行性

一方面，专业化税务服务商为纳税服务外包提供了市场平台。快速发展的注册税务师行业，连同会计师事务所、财税咨询公司等专业税务服务商，凭借其专业税务人员、服务经验以及与税务机关良好的沟通渠道，能够为企业提供全面、深入的税务服务。另一方面，现代信息技术的快速发展为纳税服务外包提供了技术支持。电子商务的发展及企业管理信息化的深入，消除了纳税服务外包在地域上的分离，可以借助网络平台提高税务信息传递效率、加强企业与税务服务商之间的联系，保证企业及时获取税务信息，更加迅速地应对市场的变化。

1.1.4 企业纳税服务外包的优势

越来越多的企业逐渐意识到，聘请外部税务服务专家会给公司带来很多好处，尤其是在处理一些专业水平要求比较高的短期项目时。公司可以在短期内获取数次专业服务，且可以将公司本身的税务专家解放出来，让他们从事更有战略意义的工作。为了防止意外成本，一些公司在合同中明确规定了奖优罚劣的具体方案。如果公司内的相关部门或服务供应商根据专家的建议降低了公司的税务负担，企业可能根据所节约的成本，给予一定比例的奖金；相反，如果由于工作粗心马虎而增加了企业的税务负担，企业会根据实际情况对其进行处罚或拒绝付款，因此，企业进行纳税服务外包可以给自己带来众多优势。

(1)有利于降低管理成本，优化资源配置。通过纳税服务外包，企业可以将税务管理事项从企业的日常管理中分离出来，外包给税务服务商进行处理，而不需要设置专门税务部门和税务人员。这样，可以减少税务管理的软硬件投入与维护成本，减少员工工资及加班、休假、福利等附加支出，大幅降低企业成本；同时，企业主或企业管理者可以将由此而解放出的精力专注于核心领域，优化企业资源配置，提高核心竞争力。

(2)有利于规范会计核算，提高税务信息的准确性。纳税服务外包后，税务服务商可以帮助企业进行正确的税务核算，站在税收角度对企业的会计核算进行指导，从而为企业提供准确的财务信息。同时，税务服务商因其专业的税务知识、服务经验和良好的沟通渠道，可以准确判断、及时解决企业经营中的税务问题，正确进行税务核算、纳税申报、税款缴纳，从而为企业提供准确的税务信息。

(3)有利于控制税务风险。很多企业重视财务管理和会计核算，但忽略税务风险的源头控制，在遇到政策性较强、情况复杂的涉税事项时，无法及时、完整地了解税收政策和办税流程，从而不能准确履行纳税义务，非故意地造成了不必要的经济损失和管理失误。通过纳税服务外包，在税务服务商的帮助下，企业可以更好地理解相关财税法规，合理运用税收优惠政策；在日常原料采购、生产管理、产品销售以及经济合同、劳务合同涉税条款的修改与审定等各个环节，提前考虑税收因素，提出应对措施；在进行股权投资、资产收购、企业重组等重大决策时，统筹考虑税收政策，最终借用税务服务商专业化的资源优势降低企业税务风险。

(4)有利于税企沟通，有助于合法节税。由于我国现行税收政策存在许多弹性空间，税务机关拥有一定的自由裁量权，这些决定了企业必须重视处理税企关系。税务服务商凭借自身良好的沟通协调渠道与丰富经验，可以协助企业进行纳税情况的预警检查，进行税务危机谈判，调节纳税争议，最大限度地为企业争取税收权益。在当前人力成本、原材料成本上涨的情况下，再加上税费的支出，企业的利润空间在大幅度缩减。因此，筹划纳税行为、合法节税，是企业智慧经营的表现。但税务筹划不单纯以节税、避税为最终目标，借力税务服务商，从经济观点而非税收角度，从长远利益而非短期所得，对企业经营活动进行科学税务安排，对企业交易定价、资产重组等事项进行税务评估，显然有助于实现最优税收负担情况下的企业价值最大化。

1.1.5 企业纳税服务外包注意事项

1.1.5.1 选择合适的税务服务商

选择合适的税务服务商是实现企业纳税服务外包的基础，也是企业纳税服务外包实施成功的关键所在。企业在选择税务服务商时一定要认真核实其执业资质、机构规模、从业人员、专业资格等基本条件，调查其在同行业中的服务水平、税务争议协调能力及其服务对象构成情况，了解其现有的、已流失的同类型服务对象的评价，在此基础上做出正确选择。值得注意的是，在外包实践中一些企业往往会将财务和税务外包给同一外包商，这种方式可能存在一定的风险。笔者认为，尽管财务和税务工作相互依托，但在外包时应该分别外包给不同的外包商，这样不仅可以在企业、财务服务商、税务服务商之间产生相互牵制、监督的效果，还可能因业务竞争而促使财务服务商、税务服务商不断提高服务质量，这对发包的企业来说是非常有利的。

1.1.5.2 缔结严谨的纳税服务外包协议

在确定纳税服务外包内容、选定税务服务商的基础上，企业应该重视纳税服务外包协议的签署，过于空泛的纳税服务外包协议往往是“不管不问”“推诿扯皮”的根源。纳税服务外包协议应该包括合同标的、数量和质量、价款或者报酬、履行期限和方式、违约责任及解决争议的方法等基本合同要素，同时基于纳税服务外包内容的特殊性，应该特别关注以下两个问题。

1. 纳税服务外包具体实施方案

建议企业在对本企业税务管理事项进行充分研究、分析、分解的基础上，以合同附件的方式，制定符合本企业实际情况的纳税服务外包实施方案。方案中不仅要包括发票管理、纳税申报资料准备、税务文件制备、合同涉税条款审核、税务资料移交等日常税务事项的具体服务内容、服务要求、时间要求，还要包括对外投资、研发活动、用工方式、经营模式改变、内部交易定价等非常规性税务事项介入安排、服务要求，以及税务争议协调、税务危机应对等具体处理程序。总之，纳税服务外包具体实施方案应该保证所有常规、偶发及突发税务事项都有相应的应对策略。

2. 违约责任

违约责任是合同当事人因违反合同约定的义务而应承担的法律后果，我国现行合同法规定的违约责任实行的是无过错责任的归责原则，也就是说只要存在违约事实就应承担违约责任。在违约责任的各种形式中，最常见的是损害赔偿，但在纳税服务外包中如何确定损失数额特别是如何界定间接损失，是一个难题。鉴于此，纳税服务外包合同中一定要充分体现责任归集办法，明确责任承担标志，还应该明确中止服务合同的具体条件，以防止外包服务商不作为导致的损失蔓延。

1.1.5.3 建立高效的信息沟通与交流机制

为了提高纳税服务外包的实施效果，企业与税务服务商必须相互信任，建立高效的信息沟通与交流机制。一方面，尽管税务服务商具有专业的税务知识和丰富的工作经验，但由于远离企业日常经营活动，显然无法全面、及时地获取企业日常管理、经营变化等业务活动中的相关信息。因此，企业应抛开顾虑，及时、主动地向外包服务商提供业务合同、原始单证、财务核算等资料，不隐瞒重要信息，积极配合税务服务商工作。另一方面，税务服务商应该利用自身专业、资源优势，主动向企业提供最新财税政策、行业税收优惠规定等财税资讯，指导企业会计核算，及时解决企业经营过程中的税务问题，最大程度地降低企业税务风险。

1.1.5.4 注意纳税服务外包的次生问题

由于市场的不确定性和纳税服务外包本身的复杂性，企业在实施纳税服务外包后，还应该注意纳税服务外包的次生问题，以更好地发挥纳税服务外包优势，真正实现企业价值提升。

1. 要培养核心管理人员的税务管理能力

从本质上讲，企业税务管理的作用在于用动态的、整合的税务信息做出与企业税务情况相适应的应变和管理策略。通过纳税服务外包可获得专业化、低成本等具有竞争优势的服务。但如果完全“一包了之”，则可能形成对税务服务商的过度依赖，在服务价格、服务质量等方面受制于服务商，不利于企业的长远发展。因此，在纳税服务外包后，企业仍然需要指定核心管理人员参与或跟踪日常税务管理的全过程，逐步掌握税务专业技能，培养自身税务管理能力，以提高企业应变能力和核心管理能力。

2. 要树立全员、全过程控制税务风险的理念

企业税务管理绝不仅仅是税务服务商的事，也不仅仅是财务部门等单个部门的事，它涉及企业的投资、筹资、分配等决策过程，涉及企业采购、生产、销售等经营过程，甚至还涉及董事会和管理层的纳税理念。因此，企业要进行有效的税务风险管理，首先应提高企业所有者、管理者乃至全体员工对税务风险管理的认识。可以借助税务服务商，查找企业经营活动及其业务流程中的税务风险，制定覆盖各个环节的全流程控制措施，全面控制税务风险。

3. 要放眼于企业的长远利益

企业在实施纳税服务外包策略时，不能过分强调短期收益，要从长远的角度考虑外包成本、服务质量以及企业自身的财务和税务管理能力。在纳税服务外包实践中，应着重于税务服务商的服务质量以及考核纳税服务外包后对企业税务管理的改善，注重分析纳税服务外包之后企业在生产经营管理上的变化、企业税务风险是否降低、企业的核心竞争力是否得到提升等。只有放眼于企业的长远利益，才能准确考量纳税服务外包的功效，从而发挥纳税服务外包的作用。

1.2 税务代理概述

1.2.1 税务代理的定义

税务代理是指具有专业资格的机构和人员，在法律规定的范围内，受纳税人和扣缴义务人的委托，以委托人的名义代为办理各类涉税业务的总称。

税务代理作为委托代理的一种形式，其定义包含了以下三个方面的含义：一是税务代理作为一种法律行为，需要专门的法律保障。作为社会中介组织，税务代理独立地进行业务活动，既不为了追求委托人或自身的利益而违背法律法规，也不是税务机关的附属机构。二是税务代理是具有双重性的服务行为。一方面，税务代理属于第三产业中的服务业范畴，以其专业知识优势，向委托人提供服务。另一方面，税务代理面对税务机关办理各项涉税事宜，并开展相关涉税鉴证业务，从某种意义上说，税务代理同时也为税务机关提供服务。三是税务代理是市场行为。税务代理是经济发展的产物，税务代理机构按照市场规则，独立核算、自主经营，通过为纳税人提供涉税服务获取酬金。税务代理行业通过市场化的有偿服务，得以存续和不断发展。

从税务代理的定义可以看出，税务代理是纳税服务外包的一种外在表现形式。

1.2.2 税务代理的原则

税务代理作为独立于税务机关和纳税人之间的中介纽带，需要遵循以下四项原则：

(1)独立公正原则。税务代理机构独立地开展业务活动是其行业的基本准则。税务代理机构在税务机关和委托人之间必须保持中立，既不能为了片面追求经济利益帮助纳税人偷逃税款，不依法代理执行纳税人应尽的义务；也不能附庸于税务机关，受税务机关的控制。税务代理机构应当保持法律主体的独立性，坚持客观公正的原则处理被委托的涉税业务。

(2)代理依法原则。税务代理机构开展业务活动必须在遵守法律法规的前提下进行。代理业务的范围、工作规程和业务内容都要按照法律法规进行。尤其是实行注册税务师行业准入制度以来，涉税鉴证业务必须由由注册税务师执行，未取得执业资格的不得从事该类业务。非注册税务师出具的鉴定报告不具有法律效力，注册税务师出具的虚假鉴定报告需要承担相应的法律责任。

(3)委托自愿原则。委托人有自由选择税务代理人的权利，税务代理人有接受和拒绝委托的权利。税务机关作为行政部门不得为纳税人指定税务代理机构，实行强制代理。

(4)保障利益原则。一方面，税务代理机构在执业过程中，需要按照委托人的需求提供税务代理服务，为委托人进行合法合理的税收筹划，节约委托人的纳税成本，降低委托人的涉税风险，遵守商业保密规则，保障委托人的合法权益。另一方面，税务代理机构需要向纳税人明确有关税法规定，提醒纳税人履行纳税义务，维护国家税收利益。

1.2.3 我国税务代理产生的必然性

税务代理行业的产生是我国市场经济发展的需要。税务代理行业和其他新兴行业一样，是社会经济发展的产物。党的十六届三中全会明确指出："要积极发展独立公正、规范运作的专业化市场中介服务机构，按市场化原则规范和发展各类协会、商会等自律性组织。"税务代理属于第三产业中的服务业，是连接纳税人和税务部门的中介组织，为纳税人提供涉税服务。

(1)税务代理既有助于税收法律的实施，也有利于纳税人合法权益的保障。随着我国社会经济的发展，税务部门的职能由征收管理模式向监督检查模式发展，由原来的"一员进户，各税统管"的征收方式向征收、管理、检查三种职能分离的方式转变。为了确保涉税业务办理依法进行，需要具有独立地位的监督机制与之相适应。税务代理作为一种具有独立地位的中介活动，在维护税法尊严的前提下，为纳税人公正客观地办理涉税业务。税务代理机构成为连接税收法律和纳税人的桥梁和纽带，一方面因其从事涉税业务的专业性，纳税人可以更加正确深入地理解相关政策法规，保证了税收法律的贯彻落实；另一方面，税务代理能够为纳税人进行科学的税收筹划，充分运用税收政策，最大限度地保障纳税人的权益。税务代理的发展，形成了税务部门、税务代理机构和纳税人之间相互制约的关系。税务部门在依法治税的同时要接受税务代理机构和纳税人的监督，纳税人在履行纳税义务的同时要接受税务部门和税务代理机构的制约。税务代理业务的开展有利于我国税收法治环境的形成。

(2)税务代理满足了纳税人多样化的涉税需求。世界各国基本上都建立了纳税申报制度，我国税法也对纳税申报进行了明确规定，但由于现行税制结构复杂、税种较多、计税方法和申报要求繁杂，纳税人自行办理申报存在困难。例如，现在税务征收机关分为国税部门和地税部门，两个部门负责征收的税种不同，税款计算方法各异。面对增值税、消费税、所得税、附加税费等税种申报时，由于各税种申报要求和申报时限不同，纳税人受限于税收知识、财务水平和办税能力，难以准确及时地履行纳税申报义务。为了促进经济发展，我国陆续颁布了一系列税收优惠政策，对税收优惠政策资格认定和账务处理进行了规定，这些规定需要纳税人对税收法规政策有更深入的理解，对账务处理提出了更高的要求。实行税务代理正是适应了纳税人的涉税需要，纳税人可以委托税务代理机构代为履行纳税义务，降低纳税成本。同时纳税人还可以通过税务代理的涉税鉴证服务，快速有效地兑现税收优惠政策，办理相关清算合并事宜，维护企业自身权益，提高企业竞争力。例如，企业所得税汇算清缴鉴证业务和注销清算鉴证业务，能够使纳税人借助税务代理机构出具的鉴证报告，到税务部门快速高效地办理相关涉税事宜。

(3)税务代理有利于节约税收征管成本，提高纳税遵从度。随着税收征管体制的不断发展，在征收管理工作中出现了一些亟须解决的问题。例如，现行的税收征管模式以税务机关的行政权力实施为主，税务机关和纳税人的权利和义务界限模糊，征收管理需要付出大量的人力物力，必然浪费行政资源，造成税收成本的增加。另外，现行的税收征管方式以计算机的信息收集为基础，由于纳税人的业务能力层次参差不齐，无法准确及时提供相关涉税信息，造成征管过程中的信息不对称，很多具有技术含量的征管手段无法有效施行，导致征管效率低下。在实行了纳税人主动申报纳税制度后，由于税收征管机制乏力、纳税人的纳税意识不强等原因，容易导致漏征漏管现象的发生。另外，由于税务机关的包办替代，有些应属于纳税人的权利也在无形中被剥夺，侵害了纳税人的合法权益，纳税人主动纳税的积极性受到影响。税务代理业务的开展是在维护纳税人充分合法权益的前提下进行的，必然要求征纳双方的权利和义务界限清晰。税务代理因其专业优势，对涉税业务处理高效规范，有利于减少税务机关的繁杂事务，集中优势力量做好征管稽查工作；同时规范的税务代理通过全方位的服务，充分发挥其在税收、财务会计、经济法律等方面的特长，不仅能够提供代理记账申报等基础性业务，还能提供税收筹划、税务鉴证等高层次业务，有助于提高纳税人的纳税意识，降低或避免涉税风险，提升纳税遵从度。

1.2.4 我国税务代理的发展历程

我国税务代理的发展经历了萌芽期、试点确立期、行业独立期和规范发展期四个阶段。

1984 年 12 月，中国税务学会成立，学会章程明确了其提供经济、税收信息，进行税务咨询服务，开展税务核算和税收业务培训的职能范围。新疆石河子地区于 1985 年最早成立了税务咨询代理机构，并逐步扩展到其他大中城市。由零星的税务代理行为到组建税务咨询所，我国税务代理开始萌芽并发展起来。

1990 年前后，吉林省税务局借鉴日本的税理士制度率先在吉林市和延边自治州进行了税务代理的试点，为税务代理的推行积累了实践经验。1992 年 9 月通过的《中华人民共和国税收征管法》明确指出，“纳税人、扣缴义务人可以委托税务代理人代为办理纳税事宜”。1994 年 9 月，《税务代理试行办法》的实施，标志着税务代理开始在全国范围内推广。1995 年 2 月，中国税务咨询协会成立，税务代理开始有了行业管理组织。1996 年 11 月制定的《注册税务师资格制度暂行规定》以及 1998 年国家税务总局注册税务师管理中心的成立，对税务代理人实行国家专业技术人员职业资格准入控制和管理，我国税务代理经过了税务咨询行业的过渡后正式确立。

2000 年，国家税务总局要求税务代理机构必须与税务部门在人员和经济上进行脱钩。税务代理行业经过了脱钩改制和清理整顿后，基本形成了独立经营、自谋发展的税务师事务所执业格局，税务代理开始全面推向市场。2005 年 9 月，《注册税务师管理暂行办法》对注册税务师行业具有的涉税服务和涉税鉴证职能进行了正式确认，拓展了税务代理的发展空间。之后颁布的《注册税务师行业自律管理办法(试行)》则进一步加强了行业管理，促进了行业有序发展。

近几年，我国出台了一系列针对涉税业务代办和涉税鉴证服务的规范性文件，也开始涉及对注册税务师违规行为的惩戒，实行税务师事务所和注册税务师备案年检制度，我国的税务代理机制正在不断完善规范。

1.2.5 我国税务代理发展现状

我国税务代理行业自产生以来，经过不断的努力，行业发展趋于成熟完善，初步建立了税务代理行业的法律规范和执业准则。《注册税务师管理暂行办法》的出台为建设税务代理行业法律规范体系奠定了坚实基础；以规范涉税鉴证业务开展、保证涉税鉴证质量为目标，我国初步建立了由基本准则和具体操作准则构成的符合行业发展特点的执业准则体系，为税务代理行业业务开展标准化、规范化提供了保障。税务代理行业执业水平显著提高，逐渐获得纳税人和税务机关的认可，税务代理成为满足纳税人涉税需求、完善纳税服务、构建和谐税收征纳关系的重要补充。

虽然我国税务代理行业有了很大的发展，但影响行业发展的问题也逐渐显现，并且这些问题已经严重阻碍了税务代理行业的健康快速发展。主要体现在行业法律体系建设、行业监管和行业自律模式建立、行业市场化发展途径、从业人员执业水平等各方面。我国的税收征管法规、《税务代理试行办法》《注册税务师资格制度暂行规定》虽然对税务代理的法律定位、代理业务范围和执业规范等进行了规定，但大多是通过行政制度发布的，始终没有制定一部关于税务代理的法律法规。相关规定只是对一类或者几类业务范围进行了概况性的表述，缺乏明确的可操作性，具体代理业务中遇到的问题无法可依、无章可循。我国对税务代理的补偿保险机制还没有建立，税务代理从业人员的风险没有有效的保障，加大了执业风险。行业监管仍然以税务部门的行政管理为主，牵制了税务代理执业的独立性；行业自律组织没有对整个行业进行有效的业务指导和执业规范，行业自律约束力差。税务代理机构的市场地位不准确，市场竞争意识缺失，服务产品单一，行业领军企业较少，行业发展规模较小。从业人员水平高低不一，执业人员中注册税务师占比仅约37%，其他人员中大多没有通过严格的执业注册备案，甚至没有通过会计从业资格考试，执业人员水平不高，影响了税务代理的服务质量，阻碍了税务代理行业的专业化发展。

1.3 国外典型税务代理模式

国外税务代理制度的演变大都经历了一个由低级到高级、由不完善到逐步完善的过程并呈现如下特征：从业主体由个体执业到行业组织执业，税务代理范围由狭窄变宽广，税务代理管理由松散到严格，税务代理的业务由单一变为复合，等等。尽管税务代理制度的具体实施方式在各个国家或地区可能有所不同，但其基本特点是一致的。纵观世界各国税务代理的情况，其基本特征如下：税务代理法规的制定和完善受到政府的高度重视，税务代理范围相当广泛，税务代理实现信息化。目前，国外税务代理行业已经成为业务范围广泛、职业准入制度完备、职业管理制度规范、能够保障纳税人的利益、税务代理人独立性强、税务代理协会充分发挥作用的成熟的涉税行业。

1.3.1 日本税务代理模式

日本的税务代理模式具有极强的垄断性，由政府成立专门的税务代理机构进行集中管理，税务代理模式呈现以下特点：

(1)法律体系健全，法律制度完备。1912 年制定的《税务代办监督机制》标志着日本税务代理制度的建立。1942 年通过的《税务代理士法》将税务代理行为纳入税收法制管理范围。1951 年颁布的《税理士法》取代了《税务代理士法》，经过后来的多次修订，基本形成了日本现行的税务代理法律体系。《税理士法》对税务代理资格的取得，代理的业务范围、权利和义务，行业组织的管理规则进行了明确规定。此后，日本政府陆续制定了《税理士法施行令》《税理士法施行规则》《日本税理士会联合会会则》《东京都税理士会会务执行细则》《税理士报酬规定》等法规，成熟完善的法律体系为日本税务代理的发展奠定了良好的基础。

(2)双重监管体制科学有效。日本通过内部和外部两套监管体系实现对税务代理行业的管理。内部监管主要是指行业监管，通过税务代理行业协会即日本税理士联合会依照《日本税理士联合会会则》的要求对税理士税务代理业务进行指导监督。联合会在税务部门分设税理士会及支部，是直接隶属于大藏省的独立组织，负责人由大藏省大臣任命。政府部门对税理士业务的监督属于外部监督。此外，日本还成立了税理士审查委员会，对从业人员的资格、培训和奖惩进行管理。通过税理士联合会的内部管理和政府部门的外部监督管理，确保了日本税务代理的公正和准确。

(3)从业人员准入标准严格。《税理士法》对日本税务代理人员从业资格进行了严格的规定，只有律师、会计师、税理士考试合格者以及符合条件的法定税理士考试免考者具备从事税务代理业的资格。税务代理从业人员必须在税理士联合会进行登记注册，获得税理士证书后，才能最终确定税理士的法定身份。在日本可以通过考试和免试两种途径取得税理士的资格。于每年 8 月份举行税理士资格全国统一考试，测试内容主要包括财务报表论、法人税法、所得税法和国税法、簿记论等内容。日本对于免试人员的认定条件非常严格，免试人员要在各级税务部门从事税务工作累计 2 年以上，并且学习通过规定的课程。

1.3.2 美国税务代理模式

在美国，纳税人对税务代理的动机和愿望都很强烈。由于美国税法体制相当复杂，使得纳税人学习税法的成本提高，并且税务代理的产生不是政府支持或者协助的结果，它顺应了市场经济的发展和社会分工的细化，应需而生，税务代理机构的始终独立，也更容易取得纳税人的信任。美国税务代理业能够满足纳税人多层次多角度的代理需求。从纳税人对税务代理人的选择比例来看，注册税务师 29%，纳税服务 17%，律师 2%，其他 52%。由此可见，较高层次的代理需求所占比例不足 30%，真正的市场是代理内容相对简单，但占有量大的中等层次代理。其中对个人所得税的代理所占份额较大。

美国的税务代理市场通过完善立法、加强监管和行业自律来保证其健康发展，促进纳税遵从，对税务代理人的处罚列有公开谴责的处罚。公开谴责对违规的税务代理人的影响很大。如果税务代理人是美国注册会计师协会、律师协会的会员，那么他将面临协会的调查。此外，美国财政部230通告具体规定了税务代理人的职责。对于税务代理人从事虚假或误导宣传、提交虚假申报、受贿、滥用税收优惠等行为可能受到停业或吊销职业资格等处罚。美国国内收入局有三个部门负责对税务代理人的监管，一是专业人员职责办公室，负责对注册的税务代理人违反职责的处罚；二是检查部门负责对在税务检查中发现的代理人的违规行为进行处罚；三是犯罪调查部负责对税务代理人涉嫌欺诈或其他犯罪行为进行调查并提起诉讼。上述三个部门对税务代理人的监管相当严厉。

美国行业协会加强自律管理是保证税务代理业健康发展的又一对策。在该行业的行为准则中，有8条税务实务责任公告，分别是纳税申报立场、对申报的问题的答复、准备申报的特定程序、估计额的使用、背离以前有税务行政诉讼程序或法院判决所确定的立场、申报准备阶段对错误的认识、行政处理阶段对错误的认识以及向委托人建议的形式和内容。由此可见，美国税务代理行业协会不仅是对整个行业的政策引导，对于具体的代理业务也有特定的管理要求。包括具体事项的公正程度以及特定程序。

从立法方面看，美国对税务代理约束的立法层次较高，法律比较完备。而我国只有征管法中提到了代理业务，其他均为暂行办法或试行办法，法律级次低，权威性不高，法律约束性不强。我们应当借鉴美国的经验，加强立法，进一步以法规或者更高级别的法律形式规范代理活动中纳税人、税务机关和代理人的三方行为。也可以借鉴“公开谴责”的方式。同时各地应尽快组建注册税务师行业协会，更大程度地发挥行业协会的积极作用，制定完善的行业道德准则以及类似美国的“税务实务责任公告”，为纳税人提高对税务代理的信任度提供保障。

此外，由于受市场经济发达程度的影响，美国纳税人有较强的税务代理意识，需求市场发达，具备了多角度的供给和多层次的需求。在我国，一方面，由于受历史因素的影响，纳税人对税务代理的认识存在偏差，意识不强，需求不足。另一方面，我国税务代理的宣传力度不够，存在信息不对称，甚至信息不公开的现象。加强对税务代理的宣传，扭转纳税人的认识偏差至关重要。

综上所述，美国发达的税务代理业是由纳税人、税务代理人和税务机关、行业协会等监管部门相互促进、相互制约的结果。这对我国税务代理业的发展具有借鉴意义。

1.3.3　澳大利亚税务代理模式

相对于我们国家税务机关与代理机构彻底脱钩而言，澳大利亚税务部门与税务代理机构的关系则更加灵活。澳大利亚国税局开通了税务代理专用咨询热线，设立专门的税务代理网站，实施税务部门与税务代理机构的管理计划，出台征管措施前会首先咨询税务代理机构意见等，充分尊重税务代理行业。税务代理行业为创新征管结构、提升纳税服务质量发挥了重要的作用。

澳大利亚政府明确指出，税务机关和代理机构是共生关系，税务代理机构有助于营造依法诚信纳税的氛围，促进纳税人形成良好的纳税意识。澳大利亚政府对税务代理的管理宗旨是：建立一个综合性的合作项目，在税务论坛和调查研究中提出并解决共同关心的问题，确保税务部门和税务代理机构在税收和养老金制度中发挥各自作用并提供相互支持。

合作项目包括税务部门与税务代理机构开展合作的内容、方式、时间等细节，如税务部门要对哪些领域进行重点支持，应听取从业者的意见，加强双方的沟通。税务人员对代理机构从业者要以礼相待，积极协助，并且重点加强纳税申报方面的合作。提出了简化的“一对一专业服务”流程，即税务代理机构从业者可与一名高级税务官员或税收专家进行直接的、一对一的交流；为税务代理机构提供更多电子办税服务渠道，积极开展对话活动，在国税局内设立专门的管理机构，定期组织税务部门与税务代理机构、行业协会开展高层对话和大型交流活动，并且加大对违法税务代理机构以及从业者的打击力度。

澳大利亚国税局专门建设的税务代理门户网站，为税务代理提供安全的在线服务，及时提交和处理申报表，并能让税务代理机构查看和更新纳税人客户的详细登记资料，查阅账户信息。

澳大利亚税务局扶持税务代理业的种种举措，无疑对我国具有积极的现实意义。首先，明确税务代理的社会地位，充分发挥其在纳税服务中的桥梁作用。澳大利亚约75%的个人纳税人和95%的企业纳税人进行委托税务代理；而我国的比重远远偏低，税务代理的地位更是无法与发达国家比拟。我们应当建立和优化税务代理机构网站自助服务体系，提供优质的咨询与指南，改变目前我国大部分税务网站不提供交互式服务，网站更新速度慢，难以找到相关税务代理咨询和指南的现状，加强对税务代理网站的扶持性建设。

1.4 税务代理程序

税务代理的基本程序是指税务代理人员，包括税务师和从事税务代理的业务人员，在执行税务代理业务时所遵循的基本工作步骤。由于税务代理的具体业务不同，税务代理的程序是不完全相同的，这里主要介绍基本的工作程序。

1. 确定税务代理人

《注册税务师资格制度暂行规定》指出：“在税务代理活动中，注册税务师应当以纳税人、扣缴义务人自愿委托和自愿选择为前提，遵守国家税收法律、行政法规和行政规章，独立、公正执行业务，维护国家利益，保护委托人的合法权益。”按此规定，税务代理行为发生的前提，必须是代理双方自愿的，即纳税人、扣缴义务人有委托和不委托的选择权，有选择代理人的权利。

纳税人、扣缴义务人选择、确定税务代理人，首先要看税务代理机构是否经国家税务总局或省税务师资格审查委员会批准，并持有中国税务代理许可证；从事税务代理的税务师是否持有税务师执业证书。其次要看这个具有代理资格的税务代理人是否讲信誉，是否有能力提供优质、高效的服务。目前，从事税务代理的机构主要是税务师事务所，依法成立的会计师事务所、律师事务所、审计师事务所，以及经国家税务总局或省税务师资格审查委员会批准设立的专门税务代理部也可承接税务代理。

2. 明确委托代理事项和方式

纳税人、扣缴义务人确定税务代理人后，应明确税务代理人办理的具体涉税事宜。同时，要明确税务代理人是提供全面代理还是单项代理，是常年代理还是临时代理。

税务代理人可以接受纳税人、扣缴义务人的委托，从事下列范围内的业务代理：

(1)办理税务登记、变更税务登记和注销税务登记；

(2)办理发票领购手续；

(3)办理纳税申报或扣缴税款报告；

(4)办理缴纳税款和申请退税；

(5)制作涉税文书；

(6)审查纳税情况；

(7)建账建制；

(8)开展税务咨询、受聘税务顾问；

(9)申请税务行政复议或税务行政诉讼等。

税务代理人应按委托协议书约定的代理内容和代理权限、期限进行税务代理。超出协议书约定范围的业务需要代理时，必须事先修订协议书。

3. 代理费用及付费方式

税务代理实行有偿服务，收费标准由物价部门核准。纳税人、扣缴义务人可根据委托代理的业务量及难易程度，依照收费标准和税务代理人商定代理费用，并相应地确定付费时间和方式。

4. 签订委托代理协议书

税务代理关系是一种民事法律关系，是通过代理双方签订委托代理协议书来确立的。委托代理协议书具有合约性质，一经代理双方签名盖章，即成为纳税人、扣缴义务人与税务代理人在法律上生效的契约，并以此明确委托代理事项，以及对约定事项的理解。

税务代理双方要在平等自愿、充分协商取得一致意见的基础上，由税务师事务所和纳税人、扣缴义务人签订委托代理协议书。委托代理协议书应当载明代理人、被代理人名称、代理事项、代理权限、代理期限以及其他需要明确的内容，并由税务师事务所及其执业税务师和纳税人、扣缴义务人签名盖章。

税务代理人应当按委托代理协议书的约定进行税务代理。超出委托代理协议书约定范围的业务需要代理时，必须先行修订委托代理协议书。

5. 如实提供有关计税资料

税务代理人在从事代理业务期间，纳税人、扣缴义务人应根据委托代理业务需要，及时向其提供真实的经营情况和有关财务会计资料及文件，查看业务现场和设施。

6. 税务代理关系的确立和终止

税务代理双方签订委托代理协议书，即为税务代理关系的确立。税务代理关系的终止，分自然终止和单方终止。

(1)自然终止。在一般情况下，税务代理期限届满或税务代理事项完成，委托代理协议书届时失效，税务代理关系即自然终止。

(2)单方终止。代理双方在委托代理期限内单方终止税务代理关系，即为单方终止。终止方应及时通知另一方，并向有关税务机关报告，同时公布终止决定。否则，将承担由此造成他方损失的民事责任。

2 增值税纳税服务外包

增值税纳税服务外包是企业纳税服务外包的重要组成部分。增值税纳税服务外包一般包括代办税务登记；办理纳税、退税和减免税申报；办理增值税一般纳税人资格认定申请；利用主机共享服务系统为增值税一般纳税人代开增值税专用发票；代为制作涉税文书；开展税务咨询、税收筹划、涉税培训等涉税服务业务。企业还可以将税前弥补亏损和财产损失的鉴证业务外包给专业机构，不仅有利于企业降低管理成本、优化资源配置，还可以通过利用外部税务服务商的专业优势，增强控制税务风险的能力。

2.1 征税范围和纳税义务人

增值税是对在我国境内销售货物或者提供加工、修理修配劳务(以下简称“应税劳务”)，销售服务、无形资产或者不动产(以下称应税行为)的单位和个人，就其销售货物、提供应税劳务、销售应税服务、销售无形资产或者不动产的增值额和货物进口金额为计税依据而课征的一种流转税。

2.1.1 征税范围

2.1.1.1 征税范围的一般规定

1. 销售或者进口的货物

货物是指有形动产，包括电力、热力、气体在内。

销售货物是指有偿转让货物的所有权。

进口货物是指直接从境外进口的货物，同时包括从境内保税工厂、保税仓库、保税区运往境内其他地区的货物。

2. 提供的应税劳务

应税劳务是指纳税人提供的加工、修理修配劳务。加工是指受托加工货物，即委托方提供原料及主要材料，受托方按照委托方的要求制造货物并收取加工费的业务；修理修配是指受托对损伤和丧失功能的货物进行修复，使其恢复原状和功能的业务。提供应税劳务是指有偿提供加工、修理修配劳务。单位或者个体工商户聘用的员工为本单位或者雇主提供加工、修理修配劳务，不包括在内。

有偿是指从购买方取得货币、货物或者其他经济利益。

3. 销售服务

销售服务是指提供交通运输服务、邮政服务、电信服务、建筑服务、金融服务、现代服务、生活服务。

(1)交通运输服务是指利用运输工具将货物或者旅客送达目的地，使其空间位置得到转移的业务活动。包括陆路运输服务、水路运输服务、航空运输服务和管道运输服务。

陆路运输服务是指通过陆路(地上或者地下)运送货物或者旅客的运输业务活动，包括铁路运输服务和其他陆路运输服务。

水路运输服务是指通过江、河、湖、川等天然、人工水道或者海洋航道运送货物或者旅客的运输业务活动。

航空运输服务是指通过空中航线运送货物或者旅客的运输业务活动。

管道运输服务是指通过管道设施输送气体、液体、固体物质的运输业务活动。

(2)邮政服务是指中国邮政集团公司及其所属邮政企业提供邮件寄递、邮政汇兑和机要通信等邮政基本服务的业务活动。包括邮政普遍服务、邮政特殊服务和其他邮政服务。

邮政普遍服务是指函件、包裹等邮件寄递，以及邮票发行、报刊发行和邮政汇兑等业务活动。

邮政特殊服务是指义务兵平常信函、机要通信、盲人读物和革命烈士遗物的寄递等业务活动。

其他邮政服务是指邮册等邮品销售、邮政代理等业务活动。

(3)电信服务是指利用有线、无线的电磁系统或者光电系统等各种通信网络资源，提供语音通话服务，传送、发射、接收或者应用图像、短信等电子数据和信息的业务活动。包括基础电信服务和增值电信服务。

基础电信服务是指利用固网、移动网、卫星、互联网，提供语音通话服务的业务活动，以及出租或者出售带宽、波长等网络元素的业务活动。

增值电信服务是指利用固网、移动网、卫星、互联网、有线电视网络，提供短信和彩信服务、电子数据和信息的传输及应用服务、互联网接入服务等业务活动。

(4)建筑服务是指各类建筑物、构筑物及其附属设施的建造、修缮、装饰，线路、管道、设备、设施等的安装以及其他工程作业的业务活动。包括工程服务、安装服务、修缮服务、装饰服务和其他建筑服务。

工程服务是指新建、改建各种建筑物、构筑物的工程作业，包括与建筑物相连的各种设备或者支柱、操作平台的安装或者装设工程作业，以及各种窑炉和金属结构工程作业。

安装服务是指生产设备、动力设备、起重设备、运输设备、传动设备、医疗实验设备以及其他各种设备、设施的装配、安置工程作业，包括与被安装设备相连的工作台、梯子、栏杆的装设工程作业，以及被安装设备的绝缘、防腐、保温、油漆等工程作业。

修缮服务是指对建筑物、构筑物进行修补、加固、养护、改善，使之恢复原来的使用价值或者延长其使用期限的工程作业。

装饰服务是指对建筑物、构筑物进行修饰装修，使之美观或者具有特定用途的工程作业。

其他建筑服务是指上列工程作业之外的各种工程作业服务，如钻井(打井)、拆除建筑物或者构筑物、平整土地、园林绿化、疏浚(不包括航道疏浚)、建筑物平移、搭脚手架、爆破、矿山穿孔、表面附着物(包括岩层、土层、沙层等)剥离和清理等工程作业。

(5) 金融服务是指经营金融保险的业务活动。包括贷款服务、直接收费金融服务、保险服务和金融商品转让。

贷款服务是指将资金贷与他人使用而取得利息收入的业务活动。

直接收费金融服务是指为货币资金融通及其他金融业务提供相关服务并且收取费用的业务活动。包括提供货币兑换、账户管理、电子银行、信用卡、信用证、财务担保、资产管理、信托管理、基金管理、金融交易场所(平台)管理、资金结算、资金清算、金融支付等服务。

保险服务是指投保人根据合同约定，向保险人支付保险费，保险人对于合同约定的可能发生的事故因其发生所造成的财产损失承担赔偿保险金责任，或者当被保险人死亡、伤残、疾病或者达到合同约定的年龄、期限等条件时承担给付保险金责任的商业保险行为。包括人身保险服务和财产保险服务。

金融商品转让是指转让外汇、有价证券、非货物期货和其他金融商品所有权的业务活动。

(6) 现代服务是指围绕制造业、文化产业、现代物流产业等提供技术性、知识性服务的业务活动。包括研发和技术服务、信息技术服务、文化创意服务、物流辅助服务、租赁服务、鉴证咨询服务、广播影视服务、商务辅助服务和其他现代服务。

研发和技术服务包括研发服务、合同能源管理服务、工程勘察勘探服务、专业技术服务。

信息技术服务是指利用计算机、通信网络等技术对信息进行生产、收集、处理、加工、存储、运输、检索和利用，并提供信息服务的业务活动。包括软件服务、电路设计及测试服务、信息系统服务、业务流程管理服务和信息系统增值服务。

文化创意服务包括设计服务、知识产权服务、广告服务和会议展览服务。

物流辅助服务包括航空服务、港口码头服务、货运客运场站服务、打捞救助服务、装卸搬运服务、仓储服务和收派服务。

租赁服务包括融资租赁服务和经营租赁服务。

鉴证咨询服务包括认证服务、鉴证服务和咨询服务。

广播影视服务包括广播影视节目(作品)的制作服务、发行服务和播映(含放映，下同)服务。

商务辅助服务包括企业管理服务、经纪代理服务、人力资源服务、安全保护服务。

其他现代服务是指除研发和技术服务、信息技术服务、文化创意服务、物流辅助服务、租赁服务鉴证咨询服务、广播影视服务和商务辅助服务以外的现代服务。

(7) 生活服务是指为满足城乡居民日常生活需求而提供的各类服务活动。包括文化体育服务、教育医疗服务、旅游娱乐服务、餐饮住宿服务、居民日常服务和其他生活服务。

文化体育服务包括文化服务和体育服务。

教育医疗服务包括教育服务和医疗服务。

旅游娱乐服务包括旅游服务和娱乐服务。

餐饮住宿服务包括餐饮服务和住宿服务。

居民日常服务是指主要为满足居民个人及其家庭日常生活需求提供的服务，包括市容市政管理、家政、婚庆、养老、殡葬、照料和护理、救助救济、美容美发、按摩、桑拿、氧吧、足疗、沐浴、洗染、摄影扩印等服务。

其他生活服务是指除文化体育服务、教育医疗服务、旅游娱乐服务、餐饮住宿服务和居民日常服务之外的生活服务。

4. 销售无形资产

销售无形资产是指转让无形资产所有权或者使用权的业务活动。无形资产是指不具实物形态，但能带来经济利益的资产，包括技术、商标、著作权、商誉、自然资源使用权和其他权益性无形资产。

技术包括专利技术和非专利技术。

自然资源使用权包括土地使用权、海域使用权、探矿权、采矿权、取水权和其他自然资源使用权。

其他权益性无形资产包括基础设施资产经营权、公共事业特许权、配额、经营权（包括特许经营权、连锁经营权、其他经营权）、经销权、分销权、代理权、会员权、席位权、网络游戏虚拟道具、域名、名称权、肖像权、冠名权、转会费等。

5. 销售不动产

销售不动产是指转让不动产所有权的业务活动。不动产是指不能移动或者移动后会引起性质、形状改变的财产，包括建筑物、构筑物等。

建筑物包括住宅、商业营业用房、办公楼等可供居住、工作或者进行其他活动的建造物。

构筑物包括道路、桥梁、隧道、水坝等建造物。

转让建筑物有限产权或者永久使用权的，转让在建的建筑物或者构筑物所有权的，以及在转让建筑物或者构筑物时一并转让其所占土地的使用权的，按照销售不动产缴纳增值税。

销售服务、无形资产或者不动产是指有偿提供服务、有偿转让无形资产或者不动产，但属于下列非经营活动的情形除外：

(1)由行政单位收取的同时满足以下条件的政府性基金或者行政事业性收费。

①由国务院或者财政部批准设立的政府性基金，由国务院或者省级人民政府及其财政、价格主管部门批准设立的行政事业性收费；

②收取时开具省级以上（含省级）财政部门监（印）制的财政票据；

③所收款项全额上缴财政。

(2)单位或者个体工商户聘用的员工为本单位或者雇主提供取得工资的服务。

(3)单位或者个体工商户为聘用的员工提供服务。

(4)财政部和国家税务总局规定的其他情形。

在境内销售服务、无形资产或者不动产是指：

(1)服务(租赁不动产除外)或者无形资产(自然资源使用权除外)的销售方或者购买方在境内。

(2)所销售或者租赁的不动产在境内。

(3)所销售自然资源使用权的自然资源在境内。

(4)财政部和国家税务总局规定的其他情形。

在境内提供应税服务是指应税服务提供方或者接受方在境内。下列情形不属于在境内提供应税服务：

(1)境外单位或者个人向境内单位或者个人销售完全在境外发生的服务。

(2)境外单位或者个人向境内单位或者个人销售完全在境外使用的无形资产。

(3)境外单位或者个人向境内单位或者个人出租完全在境外使用的有形动产。

(4)财政部和国家税务总局规定的其他情形。

2.1.1.2 征税范围的具体规定

增值税的征税范围除了上述的一般规定以外，还对经济实务中某些特殊项目或行为是否属于增值税的征税范围，做出了具体确定。

(1)属于征税范围的特殊项目。货物期货(包括商品期货和贵金属期货)应当征收增值税。纳税人应在期货的实物交割环节纳税。

(2)银行销售金银的业务应当征收增值税。

(3)典当业的死当物品销售业务和寄售业代委托人销售寄售物品的业务，均应征收增值税。

(4)电力公司向发电企业收取的过网费，应当征收增值税。

(5)对从事热力、电力、燃气、自来水等公用事业的增值税纳税人收取的一次性费用，凡与货物的销售数量有直接关系的，征收增值税；凡与货物的销售数量无直接关系的，不征收增值税。

(6)印刷企业接受出版单位委托，自行购买纸张，印刷有统一刊号(CN)以及采用国际标准书号编序的图书、报纸和杂志，按货物销售额征收增值税。

(7)对增值税纳税人收取的会员费收入不征收增值税。

(8)纳税人应分别核算增值税应税货物和不动产的销售额，未分别核算或核算不清的，由主管税务机关核定其增值税应税货物的销售额和不动产的销售额。

(9)航空运输企业的征税范围按以下情况确定：

①航空运输企业提供的旅客利用里程积分兑换的航空运输服务，不征收增值税。

②航空运输企业已售票但未提供航空运输服务取得的逾期票证收入，按照航空运输服务征收增值税。

(10)试点纳税人根据国家指令无偿提供的铁路运输服务、航空运输服务，属于以公益活动为目的的服务，不征收增值税。

2.1.1.3 属于征税范围的特殊行为

1. 视同销售货物或视同提供应税服务行为

单位或者个体工商户的下列行为，视同销售货物。

(1)将货物交付其他单位或者个人代销。

(2)销售代销货物。

(3)设有两个以上机构并实行统一核算的纳税人，将货物从一个机构移送至其他机构用于销售，但相关机构设在同一县(市)的除外。

"用于销售"是指受货机构发生以下情形之一的经营行为：

①向购货方开具发票。

②向购货方收取货款。

受货机构的货物移送行为有上述两项情形之一的，应当向所在地税务机关缴纳增值税；未发生上述两项情形的，则应由总机构统一缴纳增值税。如果受货机构只就部分货物向购买方开具发票或收取货款，则应当区别不同情况计算并分别向总机构所在地或分支机构所在地缴纳税款。

(4)将自产、委托加工的货物用于集体福利或者个人消费。

(5)将自产、委托加工或者购进的货物作为投资，提供给其他单位或者个体工商户。

(6)将自产、委托加工或者购进的货物分配给股东或者投资者。

(7)将自产、委托加工或者购进的货物无偿赠送其他单位或者个人。

(8)单位和个体工商户向其他单位或者个人无偿提供应税服务，但以公益活动为目的或者以社会公众为对象的除外。

(9)财政部和国家税务总局规定的其他情形。

上述9种行为应该确定为视同销售或者提供应税义务行为均要征收增值税，其确定的目的主要有三个：一是保证增值税税款抵扣制度的实施，不致因发生上述行为而造成各相关环节税款抵扣链条的中断，如(1)(2)就是这种原因。如果不将之视同销售就会出现销售代销货物方仅有销项税额而无进项税额，将货物交付其他单位或者个人代销方仅有进项税额而无销项税额的情况，出现增值税抵扣链条不完整。二是避免因发生上述行为造成货物、应税劳务和应税服务销售税收负担不平衡的矛盾，防止上述行为逃避纳税的现象。三是体现增值税计算的配比原则。即购进货物、应税劳务和应税服务已经在购进环节实施了进项税额抵扣，这些购进货物、应税劳务和应税服务应该产生相应的销售额，同时就应该产生相应的销项税额，否则就会产生不配比情况。

2. 视同销售服务、无形资产或者不动产

(1)单位或者个体工商户向其他单位或者个人无偿提供服务，但用于公益事业或者以社会公众为对象的除外。

(2)单位或者个人向其他单位或者个人无偿转让无形资产或者不动产，但用于公益事业或者以社会公众为对象的除外。

(3)财政部和国家税务总局规定的其他情形。

3. 兼营

纳税人销售货物、加工修理修配劳务、服务、无形资产或者不动产适用不同税率或者征收率的，应当分别核算适用不同税率或者征收率的销售额。未分别核算销售额的，按照以下方法适用税率或者征收率：

(1)兼有不同税率的销售货物、加工修理修配劳务、服务、无形资产或者不动产，从高适用税率。

(2)兼有不同征收率的销售货物、加工修理修配劳务、服务、无形资产或者不动产，从高适用征收率。

(3)兼有不同税率和征收率的销售货物、加工修理修配劳务、服务、无形资产或者不动产，从高适用税率。

4. 混合销售

一项销售行为如果既涉及货物又涉及服务，为混合销售。从事货物的生产、批发或者零售的单位和个体工商户的混合销售行为，按照销售货物缴纳增值税；其他单位和个体工商户的混合销售行为，按照销售服务缴纳增值税。

上述从事货物的生产、批发或者零售的单位和个体工商户，包括以从事货物的生产、批发或者零售为主，并兼营销售服务的单位和个体工商户在内。

2.1.2 纳税义务人和扣缴义务人

2.1.2.1 纳税义务人

根据《增值税暂行条例》和“营改增”的规定，凡在中华人民共和国境内销售或者进口货物、提供应税劳务和销售服务、无形资产或者不动产(以下称应税行为)的单位和个人，为增值税纳税人。

单位是指企业、行政单位、事业单位、军事单位、社会团体及其他单位。

个人是指个体工商户和其他个人。

单位承包、承租、挂靠方式经营的，承包人、承租人、挂靠人(以下统称承包人)以发包人、出租人、被挂靠人(以下统称发包人)名义对外经营并由发包人承担相关法律责任的，以该发包人为纳税义务人。否则，以承包人为纳税义务人。

2.1.2.2 扣缴义务人

中华人民共和国境外的单位或者个人在境内提供应税劳务和应税服务，在境内未设有经营机构的，以其境内代理人为扣缴义务人；在境内没有代理人的，以购买方或接受方为扣缴义务人。

2.2 一般纳税人和小规模纳税人的认定及管理

增值税实行凭专用发票抵扣税款的制度，客观上要求纳税人具备健全的会计核算制度和能力。在实际经济生活中，我国增值税纳税人众多，会计核算水平差异较大，大量的小企业和个人还不具备用发票抵扣税款的条件。为了既简化增值税的计算和征收，又有利于减少税收征管漏洞，将增值税纳税人按会计核算水平和经营规模分为一般纳税人和小规模纳税人两类，分别采取不同的增值税计税方法。

2.2.1 一般纳税人的认定标准

一般纳税人是指年应征增值税销售额(以下简称年应税销售额)超过财政部、国家税务总局规定的小规模纳税人标准的企业和企业性单位(以下简称企业)。

年应税销售额是指纳税人在连续不超过12个月的经营期内累计应征增值税销售额，包括纳税申报销售额、稽查查补销售额、纳税评估调整销售额、税务机关代开发票销售额和免税销售额。其中稽查查补销售额和纳税评估调整销售额计入查补税款申报当月的销售额，不计入税款所属期销售额。经营期是指在纳税人存续期内的连续经营期间，含未取得销售收入的月份。

兼有销售货物、提供应税劳务以及应税服务的纳税人，应税货物及劳务销售额与应税服务销售额分别计算，分别适用增值税一般纳税人资格认定标准。

兼有销售货物、提供加工修理修配劳务以及应税服务，且不经常发生应税行为的单位和个体工商户可选择按照小规模纳税人纳税。

小规模纳税人会计核算健全，能够提供准确税务资料的，可以向主管税务机关申请资格认定，不作为小规模纳税人，依照有关规定计算应纳税额。

试点实施前应税服务年销售额未超过500万元的试点纳税人，如符合相关规定条件，也可以向主管税务机关申请增值税一般纳税人资格认定。

2.2.2 申请一般纳税人资格的条件

年应税销售额超过财政部、国家税务总局规定的小规模纳税人标准以及新开业的纳税人，可以向主管税务机关申请一般纳税人资格认定。对提出申请并且同时符合下列条件的纳税人，主管税务机关应当为其办理一般纳税人资格认定：

(1)有固定的生产经营场所。

(2)能够按照国家统一的会计制度规定设置账簿，根据合法、有效凭证核算，能够提供准确税务资料。

2.2.3 无须办理一般纳税人资格认定的纳税人

(1)个体工商户以外的其他个人。其他个人是指自然人。

(2)选择按照小规模纳税人纳税的非企业性单位。非企业性单位是指行政单位、事业单位、军事单位、社会团体和其他单位。

(3)选择按照小规模纳税人纳税的不经常发生应税行为的企业。不经常发生应税行为的企业是指非增值税纳税人，不经常发生应税行为是指其偶然发生增值税应税行为。

(4)应税服务年销售额超过规定标准的其他个人不属于一般纳税人；不经常提供应税服务的非企业性单位、企业和个体工商户可选择按照小规模纳税人纳税。

(5)试点实施前已取得增值税一般纳税人资格并兼有应税服务的试点纳税人，不需要重新申请认定，由主管税务机关制作、送达税务事项通知书，告知纳税人。

2.2.4 一般纳税人资格认定的所在地和权限

纳税人应当向其机构所在地主管税务机关申请一般纳税人资格认定。

一般纳税人资格认定的权限，在县(市、区)国家税务局或者同级别的税务分局(以下称认定机关)。

2.2.5 纳税人办理一般纳税人资格认定的程序

纳税人按照下列程序办理一般纳税人资格登记：

(1)纳税人向主管税务机关填报“增值税一般纳税人资格登记表”，并提供税务登记证件。

(2)纳税人填报内容与税务登记信息一致的，主管税务机关当场登记。

(3)纳税人填报内容与税务登记信息不一致的，或者不符合填列要求的，税务机关应当告知纳税人需要认证的内容。

2.2.6 小规模纳税人的认定标准

小规模纳税人是指年销售额在规定标准以下，并且会计核算不健全，不能按规定报送有关税务资料的增值税纳税人。所称会计核算不健全是指不能正确核算增值税的销项税额、进项税额和应纳税额。

根据《增值税暂行条例》及《增值税暂行条例实施细则》和“营改增”及相关文件的规定，小规模纳税人的认定标准是：

(1)从事货物生产或者提供应税劳务的纳税人，以及以从事货物生产或者提供应税劳务为主，并兼营货物批发或者零售的纳税人，年应税销售额在50万元(含50万元，下同)以下的；“以从事货物生产或者提供应税劳务为主”是指纳税人的年货物生产或者提供应税劳务的销售额占年应税销售额的比重在50%以上。

(2)对上述规定以外的纳税人(不含提供应税服务的纳税人)，年应税销售额在80万元以下的。

(3)年应税销售额超过小规模纳税人标准的其他个人按小规模纳税人纳税；

(4)非企业性单位、不经常发生应税行为的企业可选择按小规模纳税人纳税；对于应税服务年销售额超过规定标准但不经常提供应税服务的单位和个体工商户可选择按照小规模纳税人纳税。

(5)应税服务年销售额标准为500万元，应税服务年销售额未超过500万元的纳税人为小规模纳税人。

试点纳税人试点实施前的应税服务年销售额按以下公式换算：

应税服务年销售额 = 连续不超过12个月应税服务营业额合计 ÷ (1 + 3%)

按“营改增”有关规定，在确定销售额时可以差额扣除的试点纳税人，其应税服务年销售额按未扣除之前的销售额计算。

(6)旅店业和饮食业纳税人销售非现场消费的食品，属于不经常发生增值税应税行为，根据《增值税暂行条例实施细则》第二十九条的规定，可以选择按小规模纳税人缴纳增值税。

(7)兼有销售货物、提供加工修理修配劳务以及应税服务，且不经常发生应税行为的单位和个体工商户可选择按照小规模纳税人纳税。

2.2.7 小规模纳税人的管理

小规模纳税人会计核算健全，能够提供准确税务资料的，可以向主管税务机关申请资格认定，不作为小规模纳税人。会计核算健全是指能够按照国家统一的会计制度规定设置账簿，根据合法、有效凭证核算。

2.3 税率和征收率

我国增值税采用比例税率形式。为了发挥增值税的中性作用，原则上增值税的税率应该对不同行业不同企业实行单一税率，称为基本税率。实践中为照顾一些特殊行业或产品也增设了低税率档次，对出口产品实行零税率。为了适应两类增值税纳税人的情况，对这两类不同的纳税人又采用了不同的税率和征收率。

增值税一般纳税人销售或者进口货物，提供应税劳务，提供应税服务，除低税率适用范围外，税率一律为17%，这就是通常所说的基本税率。

2.3.1 低税率

2.3.1.1 适用13%的情形

(1)粮食、食用植物油。

(2)自来水、暖气、冷气、热水、煤气、石油液化气、天然气、沼气、居民用煤炭制品。

(3)图书、报纸、杂志。

(4)饲料、化肥、农药、农机、农膜。

(5)国务院及其有关部门规定的其他货物。

2010年以后，国家税务总局对部分农产品的税率进行了明确规定：

(1)干姜、姜黄的增值税适用税率为13%。

(2)花椒油、橄榄油、核桃油、杏仁油、葡萄籽油和牡丹籽油按照食用植物油13%的税率征收增值税。环氧大豆油、氢化植物油不属于食用植物油征收范围，适用17%增值税税率。

(3)淀粉不属于农业产品的范围，应按照17%的税率征收增值税。

2.3.1.2 适用11%的情形

主要有提供交通运输服务、提供邮政服务、提供基础电信服务、提供建筑服务、提供不动产租赁服务，销售不动产、转让土地使用权等。

2.3.1.3 适用6%的情形

主要有提供增值电信服务、提供现代服务业服务(有形动产租赁服务除外)等。

2.3.2 零税率

纳税人出口货物和财政部、国家税务总局规定的应税服务，税率为零；但是国务院另有规定的除外。

中华人民共和国境内(以下称境内)的单位和个人销售的下列服务和无形资产，适用增值税零税率。主要有：

(1)国际运输服务。包括

①在境内载运旅客或者货物出境。

②在境外载运旅客或者货物入境。

③在境外载运旅客或者货物。

(2)航天运输服务。

(3)向境外单位提供的完全在境外消费的下列服务：

①研发服务。

②合同能源管理服务。

③设计服务。

④广播影视节目(作品)的制作和发行服务。

⑤软件服务。

⑥电路设计及测试服务。

⑦信息系统服务。

⑧业务流程管理服务。

⑨离岸服务外包业务。离岸服务外包业务包括信息技术外包(ITO)、业务流程外包(BPO)、知识流程外包(KPO)，所涉及的具体业务活动，按照《销售服务、无形资产、不动产注释》相对应的业务活动执行。

⑩转让技术。

(4)财政部和国家税务总局规定的其他服务。

2.3.3 简易征收办法的征收率

增值税对小规模纳税人及一些特殊情况采用简易征收办法，对小规模纳税人及特殊情况适用的税率称为征收率。

考虑到小规模纳税人经营规模小，且会计核算不健全，难以按上述增值税税率计税和使用增值税专用发票抵扣进项税款，因此实行按销售额与征收率计算应纳税额的简易办法。自2009年1月1日起，小规模纳税人增值税征收率由过去的6%和4%一律调整为3%，不再设置工业和商业两档征收率。

1. 纳税人销售自己使用过的物品

(1)一般纳税人销售自己使用过的属于《增值税暂行条例》第十条规定不得抵扣且未抵扣进项税额的固定资产，按照简易办法依照3%征收率减按2%征收增值税。

一般纳税人销售自己使用过的除固定资产以外的物品，应当按照适用税率征收增值税。

(2)小规模纳税人(除其他个人外，下同)销售自己使用过的固定资产，减按2%征收率征收增值税。

小规模纳税人销售自己使用过的除固定资产以外的物品，应按3%的征收率征收增值税。

2. 纳税人销售旧货

纳税人销售旧货，按照简易办法依照3%征收率减按2%征收增值税。所称旧货是指进入二次流通的具有部分使用价值的货物(含旧汽车、旧摩托车和旧游艇)，但不包括自己使用过的物品。

上述纳税人销售自己使用过的固定资产、物品和旧货适用简易办法依照3%征收率减按2%征收增值税的，按下列公式确定销售额和应纳税额：

$$销售额 = 含税销售额 \div (1 + 3\%)$$

$$应纳税额 = 销售额 \times 2\%$$

3. 一般纳税人销售自产的下列货物，可选择按简易办法依照3%征收率计算缴纳增值税

(1)县级及县级以下小型水力发电单位生产的电力。小型水力发电单位是指各类投资主体建设的装机容量为5万千瓦以下(含5万千瓦)的小型水力发电单位。

(2)建筑用和生产建筑材料所用的砂、土、石料。

(3)以自己采掘的砂、土、石料或其他矿物连续生产的砖、瓦、石灰(不含黏土实心砖、瓦)。

(4)用微生物、微生物代产物、动物毒素、人或动物的血液或组织制成的生物制品。

(5)自来水。

(6)商品混凝上(仅限于以水泥为原料生产的水泥混凝土)。

(7)属于增值税一般纳税人的单采血浆站销售非临床用人体血液，可以按简易办法依照3%征收率计算应纳税额，但不得对外开具增值税专用发票；也可以按销项税额抵扣进项税额的办法依照增值税适用税率计算应纳税额。

一般纳税人选择简易办法计算缴纳增值税后，36个月内不得变更。

4. 一般纳税人销售货物属于下列情形之一的，暂按简易办法依照3%征收率计算缴纳增值税

(1)寄售商店代销寄售物品(包括居民个人寄售的物品在内)；

(2)典当业销售死当物品。

2.4 应纳税额的计算

一般纳税人和小规模纳税人应纳税额的计算采取不同的方法。

增值税的计税方法包括一般计税方法、简易计税方法和扣缴计税方法。

我国目前对一般纳税人采用的一般计税方法是国际通行的购进扣税法，即先按当期

销售额和适用税率计算销项税额(这是对销售全额的征税)，然后对当期购进项目向对方支付的税款进行抵扣，从而间接计算当期增值额部分的应纳税额。

增值税一般纳税人销售货物或者提供应税劳务和应税服务的应纳税额，应该等于当期销项税额抵扣当期进项税额后的余额。其计算公式如下：

当期应纳税额 = 当期销项税额 − 当期进项税额

= 当期销售额 × 适用税率 − 当期进项税额

2.4.1 销项税额的计算

销项税额是指纳税人销售物或者提供应税劳务和应税服务，按照销售额或提供应税劳务和应税服务收入与规定的税率计算并向购买方收取的增值税税额。销项税额的计算公式为：

销项税额 = 销售额 × 适用税率

2.4.1.1 一般销售方式下的销售额的确定

销售额是指纳税人销售货物或者提供应税劳务和应税服务向购买方(承受应税劳务和应税服务也视为购买方)收取的全部价款和价外费用。特别需要强调的是，尽管销项税额也是销售方向购买方收取的，但是由于增值税采用价外计税方式，用不含税价作为计税依据，因而销售额中不包括向购买方收取的销项税额。

价外费用包括价外向购买方收取的手续费、补贴、基金、集资费、返还利润、奖励费、违约金、滞纳金、延期付款利息、赔偿金、代收款项、代垫款项、包装费、包装物租金、储备费、优质费、运输装卸费以及其他各种性质的价外收费。但下列项目不包括在内：

(1)受托加工应征消费税的消费品所代收代缴的消费税。

(2)同时符合以下条件的代垫运输费用：

①承运部门的运输费用发票开具给购买方的；

②纳税人将该项发票转交给购买方的。

(3)同时符合以下条件代为收取的政府性基金或者行政事业性收费：

①由国务院或者财政部批准设立的政府性基金，由国务院或者省级人民政府及其财政、价格主管部门批准设立的行政事业性收费；

②收取时开具省级以上财政部门印制的财政票据；

③所收款项全额上缴财政。

(4)销售货物的同时代办保险等而向购买方收取的保险费，以及向购买方收取的代购买方缴纳的车辆购置税、车辆牌照费。

2.4.1.2 特殊销售方式下的销售额

在销售活动中，为了达到促销的目的，有多种销售方式。不同销售方式下，销售者取得的销售额会有所不同。对不同销售方式如何确定其计征增值税的销售额，既是纳税人关心的问题，也是税法必须分别予以明确规定的事情。税法对以下几种销售方式分别做了规定。

1. 采取折扣方式销售

折扣销售是指销货方在销售货物或提供应税劳务和应税服务时，因购货方购货数量较大等原因而给予购货方的价格优惠。

根据税法规定，纳税人销售货物并向购买方开具增值税专用发票后，由于购货方在一定时期内累计购买货物达到一定数量，或者由于市场价格下降等原因，销货方给予购货方相应的价格优惠或补偿等折扣、折让行为，销货方可按现行《增值税专用发票使用规定》的有关规定开具红字增值税专用发票。

需要注意以下几点：

(1)折扣销售不同于销售折扣。销售折扣是指销货方在销售货物或提供应税劳务和应税服务后，为了鼓励购货方及早偿还货款而协议许诺给予购货方的一种折扣优待(如10天内付款，货款折扣2%；20天内付款，折扣1%；30天内全价付款)。销售折扣发生在销货之后，是一种融资性质的理财费用，因此，销售折扣不得从销售额中减除。企业在确定销售额时应把折扣销售与销售折扣严格区分开。

(2)销售折扣不同于销售折让。销售折让是指货物销售后，由于其品种、质量等原因购货方未予退货，但销货方需给予购货方的一种价格折让。销售折让与销售折扣相比较，虽然都是在货物销售后发生的，但因为销售折让是由于货物的品种和质量引起销售额的减少，因此，对销售折让可以折让后的货款为销售额。

(3)折扣销售仅限于货物价格的折扣，如果销货者将自产、委托加工和购买的货物用于实物折扣的，则该实物款额不能从货物销售额中减除，且该实物应按增值税条例"视同销售货物"中的"赠送他人"计算征收增值税。

《国家税务总局关于印发〈增值税若干具体问题的规定〉的通知》(国税发〔1993〕154号)第二条第(二)项规定："纳税人采取折让方式销售货物，如果销售额和折扣额在同一张发票上分别注明的，可按折扣后的销售额征收增值税。"纳税人采取折扣方式销售货物，销售额和折扣额在同一张发票上分别注明是指销售额和折扣额在同一张发票上的"金额"栏分别注明的，可按折扣后的销售额征收增值税。未在同一张发票"金额"栏注明折扣额，而仅在发票的"备注"栏注明折扣额的，折扣额不得从销售额中减除。"营改增"也规定纳税人提供应税服务，将价款和折扣额在同一张发票上分别注明的，以折扣后的价款为销售额；未在同一张发票上分别注明的，以价款为销售额，不得扣减折扣额。

2. 采取以旧换新方式销售

以旧换新是指纳税人在销售自己的货物时，有偿收回旧货物的行为。根据税法规定，采取以旧换新方式销售货物的，应按新货物的同期销售价格确定销售额，不得扣减旧货物的收购价格。之所以这样规定，既是因为销售货物与收购货物是两个不同的业务活动，销售额与收购额不能相互抵减，也是为了严格按增值税的计算征收，防止出现销售额不实、减少纳税的现象。考虑到金银首饰以旧换新业务的特殊情况，对金银首饰以旧换新业务，可以按销售方实际收取的不含增值税的全部价款征收增值税。

3. 采取还本销售方式销售

还本销售是指纳税人在销售货物后，到一定期限由销售方一次或分次退还给购货方全部或部分价款。这种方式实际上是一种筹资行为，是以货物换取资金的使用价值，到期还本不付息的方法。税法规定，采取还本销售方式销售货物，其销售额就是货物的销售价格，不得从销售额中减除还本支出。

4. 采取以物易物方式销售

以物易物是一种较为特殊的购销活动，是指购销双方不是以货币结算，而是以同等价款的货物相互结算，实现货物购销的一种方式。在实务中，有的纳税人以为以物易物不是购销行为，销货方收到购货方抵顶货款的货物，认为自己不是购货；购货方发出抵顶货款的货物，认为自己不是销货。这两种认识都是错误的。正确的方法应当是，以物易物双方都应做购销处理，以各自发出的货物核算销售额并计算销项税额，以各自收到的货物按规定核算购货额并计算进项税额。应注意，在以物易物活动中，应分别开具合法的票据，如收到的货物不能取得相应的增值税专用发票或其他合法票据的，不能抵扣进项税额。

5. 包装物押金的税务处理

包装物是指纳税人包装本单位货物的各种物品。纳税人销售货物时另收取包装物押金，目的是促使购货方及早退回包装物以便周转使用。包装物的押金是否计入货物销售额征收增值税呢？

根据税法规定，纳税人为销售货物而出租出借包装物收取的押金，单独记账核算的，时间在1年以内，又未过期的，不并入销售额征税。但对因逾期未收回包装物不再退还的押金，应按所包装货物的适用税率计算销项税额。

上述规定中，"逾期"是指按合同约定实际逾期或以1年为期限。对收取1年以上的押金，无论是否退还均并入销售额征税。当然，在将包装物押金并入销售额征税时，需要先将该押金换算为不含税价，再并入销售额征税。纳税人为销售货物出租出借包装物而收取的押金，无论包装物周转使用期限长短，超过1年(含1年)以上仍不退还的均并入销售额征税。

国家税务总局国税发〔1995〕192号文件规定，从1995年6月1日起，对销售除啤酒、黄酒外的其他酒类产品而收取的包装物押金，无论是否返还以及会计上如何核算，均应并入当期销售额征税。对销售啤酒、黄酒所收取的押金，按上述一般押金的规定处理。另外，包装物押金不应混同于包装物租金，包装物租金在销货时作为价外费用并入销售额计算销项税额。

6. 销售已使用过的固定资产的税务处理

自2009年1月1日起，增值税一般纳税人销售自己使用过的固定资产(以下简称已使用过的固定资产)，应区分不同情形征收增值税，同时应根据《关于简并增值税征收率政策的通知》(财税〔2014〕57号)的规定，对2014年7月1日后的有关行为进行征收率的处理：

(1)销售自己使用过的2009年1月1日以后购进或者自制的固定资产，按照适用税率征收增值税。

(2)2008年12月31日以前未纳入扩大增值税抵扣范围试点的纳税人，销售自己使用过的2008年12月31日以前购进或者自制的固定资产，在2014年7月1日以前据财税〔2008〕170 号文按照 4% 征收率减半征收增值税；2014 年 7 月 1 日以后据财税〔2014〕57 号文按照 3% 的征收率减按 2% 征收增值税。

(3)2008 年 12 月 31 日以前已纳入扩大增值税抵扣范围试点的纳税人，销售自己使用过的在本地区扩大增值税抵扣范围试点以前购进或者自制的固定资产，在 2014 年 7 月 1 日以前据财税〔2008〕170 号文按照 4% 征收率减半征收增值税；2014 年 7 月 1 日以后据财税〔2014〕57 号文按照 3% 的征收率减按 2% 征收增值税。销售自己使用过的在本地区扩大增值税抵扣范围试点以后购进或者自制的固定资产，按照适用税率征收增值税。

7. 对视同销售货物行为的销售额的确定

2.1.1.3 节已列明了单位和个体工商户 9 种视同销售货物行为，如将货物交付他人代销，将自产、委托加工或购买的货物无偿赠送他人等。这 9 种视同销售行为中某些行为由于不是以资金的形式反映出来，会出现无销售额的现象。因此，税法规定，对视同销售征税而无销售额的按下列顺序确定其销售额：

(1)按纳税人最近时期同类货物的平均销售价格确定。

(2)按其他纳税人最近时期同类货物的平均销售价格确定。

(3)按组成计税价格确定。组成计税价格的公式为：

$$组成计税价格 = 成本 \times (1 + 成本利润率)$$

征收增值税的货物，同时又征收消费税的，其组成计税价格中应加上消费税税额。其组成计税价格公式为：

$$组成计税价格 = 成本 \times (1 + 成本利润率) + 消费税税额$$

或

$$组成计税价格 = 成本 \times (1 + 成本利润率) \div (1 - 消费税税率)$$

或

$$组成计税价格 = \frac{成本 \times (1 + 成本利润率) + 课税数量 \times 消费税定额税率}{(1 - 消费税税率)}$$

式中，成本指销售自产货物的为实际生产成本，销售外购货物的为实际采购成本；成本利润率由国家税务总局确定，但属于应按从价定率征收或者复合计征消费税的货物，其组成计税价格公式中的成本利润率，为国家税务总局确定的成本利润率。

“营改增”也规定：纳税人提供应税服务的价格明显偏低或者偏高且不具有合理商业目的的，或者发生视同提供应税服务而无销售额的，主管税务机关有权按照下列顺序确定销售额：

(1)按照纳税人最近时期提供同类应税服务的平均价格确定。

(2)按照其他纳税人最近时期提供同类应税服务的平均价格确定。

(3)按照组成计税价格确定。组成计税价格的公式为：

$$组成计税价格 = 成本 \times (1 + 成本利润率)$$

成本利润率由国家税务总局确定。

8.“营改增”试点期间部分服务销售额的确定

(1)贷款服务以提供贷款服务取得的全部利息及利息性质的收入为销售额。

(2)直接收费金融服务以提供直接收费金融服务收取的手续费、佣金、酬金、管理费、服务费、经手费、开户费、过户费、结算费、转托管费等各类费用为销售额。

(3)金融商品转让按照卖出价扣除买入价后的余额为销售额。

转让金融商品出现的正负差，按盈亏相抵后的余额为销售额。若相抵后出现负差，可结转下一纳税期与下期转让金融商品销售额相抵，但年末时仍出现负差的，不得转入下一个会计年度。

金融商品的买入价可以选择按照加权平均法或者移动加权平均法进行核算，选择后36个月内不得变更。

金融商品转让不得开具增值税专用发票。

(4)经纪代理服务以取得的全部价款和价外费用，扣除向委托方收取并代为支付的政府性基金或者行政事业性收费后的余额为销售额。向委托方收取的政府性基金或者行政事业性收费，不得开具增值税专用发票。

(5)航空运输企业的销售额不包括代收的机场建设费和代售其他航空运输企业客票而代收转付的价款。

(6)试点纳税人中的一般纳税人(以下称一般纳税人)提供客运场站服务，以其取得的全部价款和价外费用，扣除支付给承运方运费后的余额为销售额。

(7)试点纳税人提供旅游服务，可以选择以取得的全部价款和价外费用，扣除向旅游服务购买方收取并支付给其他单位或者个人的住宿费、餐饮费、交通费、签证费、门票费和支付给其他接团旅游企业的旅游费用后的余额为销售额。

选择上述办法计算销售额的试点纳税人，向旅游服务购买方收取并支付的上述费用，不得开具增值税专用发票，可以开具普通发票。

(8)试点纳税人提供建筑服务适用简易计税方法的，以取得的全部价款和价外费用扣除支付的分包款后的余额为销售额。

(9)房地产开发企业中的一般纳税人销售其开发的房地产项目(选择简易计税方法的房地产老项目除外)，以取得的全部价款和价外费用，扣除受让土地时向政府部门支付的土地价款后的余额为销售额。

9. 含税销售额的换算

为了符合增值税作为价外税的要求，纳税人在填写进销货及纳税凭证、进行账务处理时，应分项记录不含税销售额、销项税额和进项税额，以正确计算应纳增值税额。然而，在实际工作中，常常会出现一般纳税人将销售货物或者提供应税劳务和应税服务采用销售额和销项税额合并定价收取的方法，这样，就会形成含税销售额。我国增值税是价外税，计税依据中不含增值税本身的数额。在计算应纳税额时，如果不将含税销售额换算为不含税销售额，就不符合我国增值税的设计原则，即仍会导致对增值税销项税额本身重复征税现象，也会影响企业成本核算过程，如果普遍出现以含税销售额作为计税依据的做法会在某种程度上推动物价非正常上涨，因此，一般纳税人销售货物或者提供应税劳务和应税服务取得的含税销售额在计算销项税额时，必须将其换算为不含税的销售额。对于一般纳税人销售货物或者应税劳务和应税服务，采用销售额和销项税额合并定价方法的按下列公式计算销售额：

$$销售额 = 含税销售额 \div (1 + 税率)$$

公式中的税率为销售的货物或者提供应税劳务和应税服务时按《增值税暂行条例》和“营

改增”中规定所适用的税率。

2.4.2 进项税额的计算

进项税额是指纳税人购进货物，购买加工修理修配劳务、服务和无形资产或者不动产，支付或者负担的增值税额。进项税额是与销项税额相对应的一个概念。在开具增值税专用发票的情况下，它们之间的对应关系是，销售方收取的销项税额，就是购买方支付的进项税额。对于任何一个一般纳税人而言，由于其在经营活动中，既会发生销售货物或提供应税劳务和应税服务，又会发生购进货物或接受应税劳务和应税服务，因此，每一个一般纳税人都会有收取的销项税额和支付的进项税额。增值税的核心就是用纳税人收取的销项税额抵扣其支付的进项税额，其余额为纳税人实际应缴纳的增值税税额。这样，进项税额作为可抵扣的部分，对于纳税人实际纳税多少就产生了举足轻重的作用。然而，需要注意的是，并不是纳税人支付的所有进项税额都可以从销项税额中抵扣。为体现增值税的配比原则，即购进项目金额与销售产品销售额之间应有配比性，当纳税人购进的货物或接受的应税劳务和应税服务不是用于增值税应税项目，而是用于非应税项目、免税项目或用于集体福利、个人消费等情况时，其支付的进项税额就不能从销项税额中抵扣。税法对不能抵扣进项税额的项目做了严格的规定，如果违反税法规定，随意抵扣进项税额将以偷税论处。因此，严格把握哪些进项税额可以抵扣，哪些进项税额不能抵扣是十分重要的，这是纳税人在缴纳增值税实务中出现差错最多的情况。

2.4.2.1 准予从销项税额中抵扣的进项税额

根据《增值税暂行条例》和“营改增”的规定，准予从销项税额中抵扣的进项税额，限于下列增值税扣税凭证上注明的增值税税额和按规定的扣除率计算的进项税额。

(1)从销售方或者提供方取得的增值税专用发票(含税控机动车销售统一发票和中华人民共和国税收缴款凭证，下同)上注明的增值税额。

(2)从海关取得的海关进口增值税专用缴款书上注明的增值税税额。

纳税人进口货物，凡已缴纳了进口环节增值税的，不论其是否已经支付货款，其取得的海关进口增值税专用缴款书均可作为增值税进项税额抵扣凭证，在规定的期限内申报抵扣进项税额。

上述规定说明，纳税人在进行增值税账务处理时，每抵扣一笔进项税额，就要有一份记录该进项税额的法定扣税凭证与之相对应；没有从销售方或海关取得注明增值税税额的法定扣税凭证，就不能抵扣进项税额。

(3)购进农业产品，除取得增值税专用发票或者海关进口增值税专用缴款书外，按照农业产品收购发票或者销售发票上注明的农产品买价和13%的扣除率计算进项税额。进项税额计算公式为：

$$进项税额=买价\times扣除率$$

对这项规定需要解释的是：

(1)所谓农业产品是指直接从事植物的种植、收割和动物的饲养、捕捞的单位和个人销售的自产且免征增值税的产品，农业产品所包括的具体品目按照1995年6月财政部、国家税务总局印发的《农业产品征税范围注释》执行。

(2)购买农业产品的买价，包括纳税人购进农业产品在农业产品收购发票或者销售发票上注明的价款和按规定缴纳的烟叶税。

(3)对烟叶税纳税人按规定缴纳的烟叶税，准予并入烟叶产品的买价计算增值税的进项税额，并在计算缴纳增值税时予以抵扣。即购进烟叶准予抵扣的增值税进项税额，按照《中华人民共和国烟叶税暂行条例》及《财政部国家税务总局印发〈关于烟叶税若干具体问题的规定〉的通知》(财税〔2006〕64 号)规定的烟叶收购金额和烟叶税及法定扣除率计算。烟叶收购金额包括纳税人支付给烟叶销售者的烟叶收购价款和价外补贴，价外补贴统一暂按烟叶收购价款的 10% 计算。计算公式如下：

烟叶收购金额 = 烟叶收购价款 ×(1 +10%)

烟叶税应纳税额 = 烟叶收购金额 × 税率(20%)

准予抵扣的进项税额 =(烟叶收购金额 + 烟叶税应纳税额) × 扣除率

(4)原增值税一般纳税人取得的 2013 年 8 月 1 日(含)以后开具的运输费用结算单据，不得作为增值税扣税凭证。

原增值税一般纳税人取得的试点小规模纳税人由税务机关代开的增值税专用发票，按增值税专用发票注明的税额抵扣进项税额。

(5)接受境外单位或者个人提供的应税服务，从税务机关或者境内代理人取得的解缴税款的中华人民共和国税收缴款凭证(以下称税收缴款凭证)上注明的增值税额。

2.4.2.2 “营改增”后原增值税纳税人进项税额的抵扣政策

根据“营改增”的规定，原增值税纳税人(指按照《增值税暂行条例》缴纳增值税的纳税人)有关进项税额抵扣的政策如下：

(1)原增值税一般纳税人接受试点纳税人提供的应税服务，取得的增值税专用发票上注明的增值税额为进项税额，准予从销项税额中抵扣。

(2)原增值税一般纳税人自用的应征消费税的摩托车、汽车、游艇，其进项税额准予从销项税额中抵扣。

(3)原增值税一般纳税人接受境外单位或者个人提供的应税服务，按照规定应当扣缴增值税的，准予从销项税额中抵扣的进项税额为从税务机关或者代理人取得的解缴税款的税收缴款凭证上注明的增值税额。

纳税人凭税收缴款凭证抵扣进项税额的，应当具备书面合同、付款证明和境外单位的对账单或者发票。资料不全的，其进项税额不得从销项税额中抵扣。

(4)原增值税一般纳税人购进货物或者接受应税劳务，用于《应税服务范围注释》所列项目的，不属于《增值税暂行条例》第十条所称的用于非增值税应税项目，其进项税额准予从销项税额中抵扣。

2.4.2.3 “营改增”试点期间，试点纳税人进项税额的相关规定

试点纳税人指按照《营业税改征增值税试点实施办法》(以下称《试点实施办法》)缴纳增值税的纳税人。

(1)适用一般计税方法的试点纳税人，2016 年 5 月 1 日后取得并在会计制度上按固定资产核算的不动产或者 2016 年 5 月 1 日后取得的不动产在建工程，其进项税额应自取得之日起分 2 年从销项税额中抵扣，第一年抵扣比例为 60%，第二年抵扣比例

为40%。

取得不动产，包括以直接购买、接受捐赠、接受投资入股、自建以及抵债等各种形式取得不动产，不包括房地产开发企业自行开发的房地产项目。

融资租入的不动产以及在施工现场修建的临时建筑物、构筑物，其进项税额不适用上述分2年抵扣的规定。

(2)按照《试点实施办法》第二十七条第(一)项规定不得抵扣且未抵扣进项税额的固定资产、无形资产、不动产，发生用途改变，用于允许抵扣进项税额的应税项目，可在用途改变的次月按照下列公式计算可以抵扣的进项税额：

$$可以抵扣的进项税额=\frac{固定资产(或无形资产或不动产净值)}{(1+适用税率)}\times适用税率$$

上述可以抵扣的进项税额应取得合法有效的增值税扣税凭证。

(3)纳税人接受贷款服务向贷款方支付的与该笔贷款直接相关的投融资顾问费、手续费、咨询费等费用，其进项税额不得从销项税额中抵扣。

2.4.2.4 不得从销项税额中抵扣的进项税额

纳税人购进货物或者接受应税劳务和应税服务，取得的增值税扣税凭证不符合法律、行政法规或者国务院税务主管部门有关规定的，其进项税额不得从销项税额中抵扣。所称增值税扣税凭证，是指增值税专用发票、海关进口增值税专用缴款书、农产品收购发票和农产品销售发票以及从税务机关或者境内代理人取得的解缴税款的税收缴款凭证。按《增值税暂行条例》和“营改增”规定，下列项目的进项税额不得从销项税额中抵扣：

(1)用于简易计税方法计税项目、免征增值税项目、集体福利或者个人消费的购进货物、加工修理修配劳务、服务、无形资产和不动产。其中涉及的固定资产、无形资产、不动产，仅指专用于上述项目的固定资产、无形资产(不包括其他权益性无形资产)、不动产。

固定资产是指使用期限超过12个月的机器、机械、运输工具以及其他与生产经营有关的设备、工具、器具等有形动产。

纳税人的交际应酬消费属于个人消费。

(2)非正常损失的购进货物，以及相关的加工修理修配劳务和交通运输服务。

非正常损失是指因管理不善造成货物被盗、丢失、霉烂变质，以及因违反法律法规造成货物或者不动产被依法没收、销毁、拆除的情形。

(3)非正常损失的在产品、产成品所耗用的购进货物(不包括固定资产)、加工修理修配劳务和交通运输服务。

(4)非正常损失的不动产，以及该不动产所耗用的购进货物、设计服务和建筑服务。

(5)非正常损失的不动产在建工程所耗用的购进货物、设计服务和建筑服务。纳税人新建、改建、扩建、修缮、装饰不动产，均属于不动产在建工程。

(6)购进的旅客运输服务、贷款服务、餐饮服务、居民日常服务和娱乐服务。

(7)财政部和国家税务总局规定的其他情形。

上述(4)、(5)所称货物，是指构成不动产实体的材料和设备，包括建筑装饰材料和给排水、采暖、卫生、通风、照明、通信、煤气、消防、中央空调、电梯、电气、智能化楼宇设备及配套设施。

原增值税一般纳税人接受试点纳税人提供的应税服务，下列项目的进项税额不得从销项税额中抵扣：

(1)用于简易计税方法计税项目、非增值税应税项目、免征增值税项目、集体福利或者个人消费，其中涉及的专利技术、非专利技术、商誉、商标、著作权、有形动产租赁，仅指专用于上述项目的专利技术、非专利技术、商誉、商标、著作权、有形动产租赁。

(2)接受的旅客运输服务。

(3)与非正常损失的购进货物相关的交通运输业服务。

(4)与非正常损失的在产品、产成品所耗用购进货物相关的交通运输业服务。

上述非增值税应税项目是指《增值税暂行条例》第十条所称的非增值税应税项目，但不包括《应税服务范围注释》所列项目。

纳税人适用一般计税方法计税的，因销售折让、中止或者退回而退还给购买方的增值税额，应当从当期的销项税额中扣减；因销售折让、中止或者退回而收回的增值税额，应当从当期的进项税额中扣减。

有下列情形之一者，应当按照销售额和增值税税率计算应纳税额，不得抵扣进项税额，也不得使用增值税专用发票：

(1)一般纳税人会计核算不健全，或者不能够提供准确税务资料的。

(2)应当办理一般纳税人资格登记而未办理的。

2.4.3 应纳税额计算的相关规定

一般纳税人在计算出销项税额和进项税额后就可以得出实际应纳税额。为了正确计算增值税的应纳税额，在实际操作中还需要掌握以下几个重要规定。

2.4.3.1 计算应纳税额的时间限定

为了保证计算应纳税额的合理、准确性，纳税人必须严格把握当期进项税额从当期销项税额中抵扣这个要点。“当期”是个重要的时间限定，具体是指税务机关依照税法规定对纳税人确定的纳税期限；只有在纳税期限内实际发生的销项税额、进项税额，才是法定的当期销项税额或当期进项税额。目前，有些纳税人为了达到逃避纳税的目的，把当期实现的销售额隐瞒不记账或滞后记账，以减少当期销项税额，或者把不是当期实际发生的进项税额(上期结转的进项税额除外)也充作当期进项税额，以加大进项税额，少纳税甚至不纳税，这是违反税法规定的行为。为了制止这种违法行为，税法首先对销售货物或提供应税劳务和应税服务应计入当期销项税额以及抵扣的进项税额的时间做了限定。

1. 计算销项税额的时间限定

销项税额是增值税一般纳税人销售货物或提供应税劳务和应税服务按照实现的销售额计算的金额。纳税人在什么时间计算销项税额，《增值税暂行条例》及其《增值税暂行条例实施细则》和“营改增”都做了严格的规定。

2. 防伪税控专用发票进项税额抵扣的时间限定

由于部分纳税人及税务机关反映90日申报抵扣期限较短，部分纳税人因扣税凭证逾期申报导致进项税额无法抵扣等问题。国家税务总局在国税函〔2009〕617号《关于调整增值税扣税凭证抵扣期限有关问题的通知》中规定，增值税一般纳税人取得2010年1月1日以后开具的增值税专用发票、公路内河货物运输业统一发票（现为货物运输业增值税专用发票）和机动车销售统一发票，应在开具之日起180日内到税务机关办理认证，并在认证通过的次月申报期内，向主管税务机关申报抵扣进项税额。纳税人取得2009年12月31日以前开具的增值税扣税凭证，仍按原规定执行。

3. 海关进口增值税专用缴款书进项税额抵扣的时间限定

为了进一步加强海关进口增值税专用缴款书（以下简称海关缴款书）的增值税抵扣管理，税务总局、海关总署决定将前期在广东等地试行的海关缴款书“先比对后抵扣”管理办法，在全国范围推广实行。其规定如下：

（1）自2013年7月1日起，增值税一般纳税人（以下简称纳税人）进口货物取得的属于增值税扣税范围的海关缴款书，需经税务机关稽核比对相符后，其增值税额方能作为进项税额在销项税额中抵扣。

（2）纳税人进口货物取得的属于增值税扣税范围的海关缴款书，应自开具之日起180天内向主管税务机关报送《海关完税凭证抵扣清单》（电子数据），申请稽核比对，逾期未申请的其进项税额不予抵扣。

税务机关通过稽核系统将纳税人申请稽核的海关缴款书数据，按日与进口增值税入库数据进行稽核比对，每个月为一个稽核期。海关缴款书开具当月申请稽核的，稽核期为申请稽核的当月、次月及第三个月。海关缴款书开具次月申请稽核的，稽核期为申请稽核的当月及次月。海关缴款书开具次月以后申请稽核的，稽核期为申请稽核的当月。

（3）稽核比对的结果分为相符、不符、滞留、缺联、重号五种。相符是指纳税人申请稽核的海关缴款书，其号码与海关已核销的海关缴款书号码一致，并且比对的相关数据也均相同。不符是指纳税人申请稽核的海关缴款书，其号码与海关已核销的海关缴款书号码一致，但比对的相关数据有一项或多项不同。滞留是指纳税人申请稽核的海关缴款书，在规定的稽核期内系统中暂无相对应的海关已核销海关缴款书号码，留待下期继续比对。缺联是指纳税人申请稽核的海关缴款书，在规定的稽核期结束时系统中仍无相对应的海关已核销海关缴款书号码。重号是指两个或两个以上的纳税人申请稽核同一份海关缴款书，并且比对的相关数据与海关已核销海关缴款书数据相同。

（4）税务机关于每月纳税申报期内，向纳税人提供上月稽核比对结果，纳税人应向主管税务机关查询稽核比对结果信息。对稽核比对结果为相符的海关缴款书，纳税人应在税务机关提供稽核比对结果的当月纳税申报期内申报抵扣，逾期的其进项税额不予抵扣。

（5）稽核比对结果异常的处理。稽核比对结果异常是指稽核比对结果为不符、缺联、重号、滞留。

对于稽核比对结果为不符、缺联的海关缴款书，纳税人应于产生稽核结果的180日内，持海关缴款书原件向主管税务机关申请数据修改或者核对，逾期的其进项税额不予抵扣。属于纳税人数据采集错误的，数据修改后再次进行稽核比对；不属于数据采集错误的，纳税人可向主管税务机关申请数据核对，主管税务机关会同海关进行核查。经核查，海关缴款书票面信息与纳税人实际进口货物业务一致的，纳税人应在收到主管税务机关书面通知的次月申报期内申报抵扣，逾期的其进项税额不予抵扣。

4. 未按期申报抵扣增值税扣税凭证抵扣管理办法

增值税一般纳税人取得的增值税扣税凭证已认证或已采集上报信息但未按照规定期限申报抵扣；实行纳税辅导期管理的增值税一般纳税人以及实行海关进口增值税专用缴款书"先比对后抵扣"管理办法的增值税一般纳税人，取得的增值税扣税凭证稽核比对结果相符但未按规定期限申报抵扣，属于发生真实交易且符合规定的客观原因的，经主管税务机关审核，允许纳税人继续申报抵扣其进项税额。

所称增值税扣税凭证包括增值税专用发票(含货物运输业增值税专用发票和税控机动车销售统一发票)、海关进口增值税专用缴款书和税收缴款凭证。

增值税一般纳税人除客观原因以外的其他原因造成增值税扣税凭证未按期申报抵扣的，仍按照现行增值税扣税凭证申报抵扣有关规定执行。

客观原因包括如下类型：

(1)因自然灾害、社会突发事件等不可抗力原因造成增值税扣税凭证未按期申报抵扣；

(2)有关司法、行政机关在办理业务或者检查中，扣押、封存纳税人账簿资料，导致纳税人未能按期办理申报手续；

(3)税务机关信息系统、网络故障，导致纳税人未能及时取得认证结果通知书或稽核结果；

(4)由于企业办税人员伤亡、突发危重疾病或者擅自离职，未能办理交接手续，导致未能按期申报抵扣；

(5)国家税务总局规定的其他情形。

2.4.3.2 进项税额不足抵扣情况的处理

由于增值税实行购进扣税法，有时企业当期购进的货物很多，在计算应纳税额时会出现当期销项税额小于当期进项税额不足抵扣的情况。根据税法规定，当期进项税额不足抵扣的部分可以结转下期继续抵扣。

原增值税一般纳税人兼有应税服务的，截止到本地区试点实施之日前的增值税期末留抵税额，不得从应税服务的销项税额中抵扣。

2.4.3.3 扣减发生期进项税额的规定

由于增值税实行以当期销项税额抵扣当期进项税额的"购进扣税法"，当期购进的货物或接受应税劳务和应税服务如果事先并未确定将用于非生产经营项目，其进项税额会在当期销项税额中予以抵扣。但已抵扣进项税额的购进货物或接受应税劳务和应税服务如果事后改变用途，用于简易计税方法计税项目、用于免征增值税项目、用于集体福利或者个人消费、购进货物发生非正常损失、在产品或产成品发生非正常损失，将如何处理？根据《增值税暂行条例》及其实施细则和"营改增"的规定，应当将该项购进货物或者应税劳务和应税服务的进项税额从当期的进项税额中扣减；无法确定该项进项税额的，按当期实际成本计算应扣减的进项税额。

2.4.3.4 销货退回或折让涉及销项税额和进项税额的税务处理

一般纳税人销售货物或者提供应税劳务和应税服务，开具增值税专用发票后，发生销售货物退回或者折让、开票有误等情形，应按国家税务总局的规定开具红字增值税专用发票。未按规定开具红字增值税专用发票的不得扣减销项税或者销售额。

“营改增”也规定：纳税人提供的适用一般计税方法计税的应税服务，因服务中止或者折让而退还给购买方的增值税额，应当从当期的进项税额中扣减；发生服务中止、购进货物退出、折让而收回的增值税额，应当从当期的进项税额中扣减。对于一些企业在发生进货退出或折让并收回价款和增值税额时，没有相应减少当期进项税额，造成进项税额增，减少纳税的现象，是税法所不能允许的，都将被认定为是偷税行为，并按偷税予以处罚。

2.4.3.5 关于增值税税控系统专用设备和技术维护费用抵减增值税税额的有关政策

(1)增值税纳税人2011年12月1日(含，下同)以后初次购买增值税税控系统专用设备(包括分开票机)支付的费用，可凭购买增值税税控系统专用设备取得的增值税专用发票，在增值税应纳税额中全额抵减(抵减额为价税合计额)，不足抵减的可结转下期继续抵减。增值税纳税人非初次购买增值税税控系统专用设备支付的费用，由其自行负担，不得在增值税应纳税额中抵减。

增值税税控系统包括增值税防伪税控系统、货物运输业增值税专用发票税控系统、机动车销售统一发票税控系统和公路、内河货物运输业发票税控系统。

增值税防伪税控系统的专用设备包括金税卡、IC卡、读卡器或金税盘和报税盘；货物运输业增值税专用发票税控系统专用设备包括税控盘和报税盘；机动车销售统一发票税控系统和公路、内河货物运输业发票税控系统专用设备包括税控盘和传输盘。

(2)增值税纳税人2011年12月1日以后缴纳的技术维护费(不含补缴的2011年11月30日以前的技术维护费)，可凭技术维护服务单位开具的技术维护费发票，在增值税应纳税额中全额抵减，不足抵减的可结转下期继续抵减。技术维护费按照价格主管部门核定的标准执行。

(3)增值税一般纳税人支付的两项费用在增值税应纳税额中全额抵减的，其增值税专用发票不作为增值税抵扣凭证，其进项税额不得从销项税额中抵扣。

(4)纳税人购买的增值税税控系统专用设备自购买之日起3年内因质量问题无法正常使用的，由专用设备供应商负责免费维修，无法维修的免费更换。

2.4.3.6 一般纳税人应纳税额计算实例

例2-1 某农机生产企业为增值税一般纳税人，2015年11月发生以下业务：

业务1：外购原材料，取得普通发票上注明价税合计50000元，原材料已入库，另支付给一般纳税人运输企业运输费用3000元，并取得其开具的增值税货物运输专用发票。

业务2：外购农机零配件，取得的增值税专用发票上注明价款140000元，本月生产领用价值90000元的农机零配件；另支付给小规模纳税人运输企业运输费用5000元，取得由税务机关代开的增值税货物运输专用发票。

业务3：生产领用9月份外购的钢材一批，成本85000元；企业在建工程领用10月份外购的钢材一批，成本70000元，其中含运费成本2790元(当地一般纳税人运输企业提供运输服务，并收到其开具的增值税货运专票)，已抵扣进项税。

业务4：销售农用机械一批，取得不含税销售额430000元，另收取包装费15000元。

业务5：销售一批农机零部件，取得含税销售额39000元。

业务6：提供农机维修业务，开具的普通发票上注明价税合计35100元。

企业取得的增值税专用发票和货物运输专用发票均在当月通过认证并在当月抵扣。

根据上述资料，回答下列问题。

(1)计算该企业11月份的销项税额；

(2)计算该企业11月份购进货物准予抵扣的进项税额；

(3)计算该企业11月份进项税额转出额；

(4)计算该企业11月份应纳增值税额。

解析

业务1：进项税 = 3000 × 11% = 330(元)

业务2：进项税 = 140000 × 17% + 5000 × 3% = 23950 (元)

业务3：进项税转出额 = (70000 − 2790) × 17% + 2790 × 11% = 11732.6(元)

业务4：销项税额 = 430000 × 13% + 15000 ÷ (1 + 13%) × 13% = 57625.66(元)

业务5：销项税额 = 39000 ÷ (1 + 17%) × 17% = 5666.67(元)

业务6：销项税额 = 35100 ÷ (1 + 17%) × 17% = 5100(元)

该企业11月份销项税额 = 57625.66 + 5666.67 + 5100 = 68392.33(元)

该企业11月份购进货物准予抵扣的进项税额 = 330 + 23950 = 24280(元)

该企业11月份应纳增值税额 = 68392.33 − (24280 − 11732.6) = 55844.93(元)

例2-2 北京某传媒有限责任公司主要经营电视剧、电影等广播影视节目的制作和发行，2013年8月被认定为“营改增”试点一般纳税人。2015年11月企业发生如下业务：

业务1：9日，传媒公司为某电视剧提供片头、片尾、片花制作服务，取得含税服务费106万元。

业务2：同日，公司购入8台计算机，用于公司的日常生产经营，支付含税价款4.68万元，取得增值税专用发票，当月通过认证。

业务3：10日，公司购入一台小汽车，取得机动车销售统一发票，支付价税合计23.4万元。

业务4：11日，取得设计服务收入含税价款68万元。

业务5：支付演职人员费用350万元。

业务6：25日，支付增值税税控系统技术维护费用合计付款700元，取得增值税专用发票注明价款660.38元，税额39.62元。

注：上述企业为增值税一般纳税人，取得的专用发票当月认证当月抵扣。

根据上述资料，回答下列问题。

(1)计算该公司提供片头、片尾、片花制作服务取得收入应计算的销项税额；

(2)计算该公司购入计算机和小汽车可以抵扣的进项税额；

(3)计算该公司当月应缴纳的增值税额。

解析 向网站转让体育赛事播映权和提供片头、片尾、片花制作服务属于广播影视服务，属于现代服务业。

(1)提供片头、片尾、片花制作服务应纳增值税销项税 = 106 ÷ (1 + 6%) × 6% = 6(万元)

(2)购入 8 台计算机可以抵扣的增值税进项税 = 4.68 ÷ (1 + 17%) × 17% = 0.68(万元)

购入小汽车的可以抵扣的进项税 = 23.4 ÷ (1 + 17%) × 17% = 3.4(万元)

购入小汽车和计算机可以抵扣的进项税合计：0.68 + 3.4 = 4.08(万元)

(3)收取的设计服务费应纳增值税销项税 = 68 ÷ (1 + 6%) × 6% = 3.85(万元)

支付税控系统维护费可以全额抵减当期应纳的增值税 = 0.07(万元)

当月销项税额合计：6 + 3.85 = 9.85(万元)

该传媒公司当月应纳的增值税税额 = 6 + 3.85 − 0.68 − 3.4 − 0.07 = 5.7(万元)

2.4.4 简易计税方法应纳税额的计算

2.4.4.1 应纳税额的计算

纳税人销售货物或者提供应税劳务和应税服务适用简易计税方法的，按照销售额和征收率计算应纳税额，并不得抵扣进项税额。其应纳税额计算公式是：

应纳税额 = 销售额 × 征收率

这里需要解释两点：第一，按简易计税方法取得的销售额是销售货物或提供应税劳务和应税服务向购买方收取的全部价款和价外费用，但是不包括按 3% 的征收率收取的增值税税额；第二，按简易征税方法不得抵扣进项税额，这是因为，《增值税暂行条例》规定的 3% 的征收率是结合增值税多档税率的货物或应税劳务和应税服务的环节税收负担水平而设计的，其税收负担与一般纳税人基本一致，因此不能再抵扣进项税额。根据“营改增”的规定，一般纳税人应该按照一般计税方法计算缴纳增值税，但是下列情形属于可在两种方法中选择的范畴：

(1)试点纳税人中的一般纳税人提供的公共交通运输服务(不包括铁路旅客运输服务)，可以选择按照简易计税方法计算缴纳增值税。公共交通运输服务包括轮客渡、公交客运、轨道交通(含地铁、城市轻轨)、出租车、长途客运、班车。其中，班车是指按固定路线、固定时间运营并在固定站点停靠的运送旅客的陆路运输。

(2)试点纳税人中的一般纳税人，以该地区试点实施之日前购进或者自制的有形动产为标的物提供的经营租赁服务，试点期间可以选择适用简易计税方法计算缴纳增值税。

(3)自本地区试点实施之日起至 2017 年 12 月 31 日，被认定为动漫企业的试点纳税人中的一般纳税人，为开发动漫产品提供的动漫脚本编撰、形象设计、背景设计、动画设计、分镜、动画制作、摄制、描线、上色、画面合成、配音、配乐、音效合成、剪辑、字幕制作、压缩转码(面向网络动漫、手机动漫格式)服务，以及在境内转让动漫版权(包括动漫品牌、形象或者内容的授权及再授权)，可以选择按照简易计税方法计算缴纳增值税。

(4)试点纳税人中的一般纳税人提供的电影放映服务(含城市电影放映服务)、仓储服务、装卸搬运服务和收派服务，可以选择按照简易计税办法计算缴纳增值税。

(5)试点纳税人中的一般纳税人兼有销售货物、提供应税劳务的，凡未规定可以选择按照简易计税方法计算缴纳增值税的，其全部销售额一并按照一般计税方法计算缴纳增值税。

(6)在2015年12月31日以前，境内单位中的一般纳税人通过卫星提供的语音通话服务、电子数据和信息的传输服务，可以选择按照简易计税方法计算缴纳增值税。

2.4.4.2 含税销售额的换算

简易计税方法的销售额不包括其应纳的增值税税额，纳税人采用销售额和应纳增值税税额合并定价方法的，按照下列公式计算销售额：

$$销售额 = 含税销售额 \div (1 + 征收率)$$

纳税人提供的适用简易计税方法计税的应税服务，因服务中止或者折让而退还给接受方的销售额，应当从当期销售额中扣减。扣减当期销售额后仍有余额造成多缴的税款，可以从以后的应纳税额中扣减。

例2－3 某商店为增值税小规模纳税人，2015年8月取得零售收入总额12.36万元。计算该商店8月份应缴纳的增值税税额。

解析

(1)8月份取得的不含税销售额 = 12.36 ÷ (1 + 3%) = 12(万元)

(2)8月份应缴纳增值税税额 = 12 × 3% = 0.36(万元)

2.4.5 进口货物征税

2.4.5.1 进口货物征税的范围

根据《增值税暂行条例》的规定，申报进入中华人民共和国海关境内的货物，均应缴纳增值税。

确定一项货物是否属于进口货物，必须首先看其是否有报关进口手续。一般来说，境外产品要输入境内，都必须向我国海关申报进口，并办理有关报关手续。只要是报关进口的应税货物，不论其是国外产制还是我国已出口而转销国内的货物，是进口者自行采购还是国外捐赠的货物，是进口者自用还是作为贸易或其他用途等，均应按照规定缴纳进口环节的增值税。国家在规定对进口货物征税的同时，对某些进口货物制定了减免税的特殊规定。如属于“来料加工、进料加工”贸易方式进口国外的原材料、零部件等在国内加工后复出口的，对进口的料、件按规定给予免税或减税，但这些进口免、减税的料件若不能加工复出口，而是销往国内的，就要予以补税。对进口货物是否减免税由国务院统一规定，任何地方、部门都无权规定减免税项目。

2.4.5.2 进口货物的纳税人

进口货物的收货人或办理报关手续的单位和个人，为进口货物增值税的纳税义务人。也就是说，进口货物增值税纳税人的范围较宽，包括国内一切从事进口业务的企业事业单位、机关团体和个人。

对于企业、单位和个人委托代理进口应征增值税的货物，鉴于代理进口货物的海关完税凭证，有的开具给委托方，有的开具给受托方的特殊性，对代理进口货物以海关开具的完税凭证上的纳税人为增值税纳税人。在实际工作中一般由进口代理者代缴进口环节增值税。纳税后，由代理者将已纳税款和进口货物价款费用等与委托方结算，由委托者承担已纳税款。

2.4.5.3 进口货物应纳税额的计算

纳税人进口货物，按照组成计税价格和《增值税暂行条例》规定的税率计算应纳税额。在计算增值税销项税额时直接用销售额作为计税依据或计税价格即可，但在进口产品计算增值税时不能直接得到类似销售额这么一个计税依据，需要通过计算而得，即要计算组成计税价格。组成计税价格是指在没有实际销售价格时，按照税法规定计算出作为计税依据的价格。进口货物计算增值税组成计税价格和应纳税额计算公式为：

$$组成计税价格=关税完税价格+关税+消费税$$

$$应纳税额=组成计税价格\times税率$$

纳税人在计算进口货物的增值税时应该注意以下问题：

(1)进口货物增值税的组成计税价格中包括已纳关税税额。如果进口货物属于消费税应税消费品，其组成计税价格中还要包括进口环节已纳消费税税额。

(2)在计算进口环节的应纳增值税税额时不得抵扣任何税额，即在计算进口环节的应纳增值税税额时，不得抵扣发生在我国境外的各种税金。

以上两点实际上是贯彻了出口货物的目的地原则或称消费地原则。即对出口货物原则上在实际消费地征收商品或货物税。对进口货物而言，出口这些货物的出口国在出口时并没有征出口关税和增值税、消费税，到我国口岸时货物的价格基本就是到岸价格，即所谓的关税完税价格。如果此时不征关税和其他税收，则与国内同等商品的税负差异就会很大。因此在进口时首先要对之征收进口关税。如果是应征消费税的商品则要征消费税。在这一基础上才形成了增值税的计税依据即组成计税价格。这与国内同类商品的税基是一致的。

由于货物出口时出口国并没有征收过流转税，因此在进口时计算增值税就不用进行进项税额抵扣。

(3)按照《海关法》和《进出口关税条例》的规定，一般贸易下进口货物的关税完税价格以海关审定的成交价格为基础的到岸价格作为完税价格。所谓成交价格，是一般贸易项下进口货物的买方为购买该项货物向卖方实际支付或应当支付的价格；到岸价格包括货价，加上货物运抵我国关境内输入地点起卸前的包装费、运费、保险费和其他劳务费等费用构成的一种价格。特殊贸易下进口的货物，由于进口时没有"成交价格"可作依据，为此，《进出口关税条例》对这些进口货物制定了确定其完税价格的具体办法。

(4)纳税人进口货物取得的合法海关完税凭证，是计算增值税进项税额的唯一依据，其价格差额部分以及从境外供应商取得的退还或返还的资金，不做进项税额转出处理。

2.4.5.4 进口货物的税收管理

进口货物的增值税由海关代征。个人携带或者邮寄进境自用物品的增值税，连同关税一并计征。具体办法由国务院关税税则委员会会同有关部门制定。

进口货物增值税纳税义务发生时间为报关进口的当天，其纳税地点应当由进口人或其代理人向报关地海关申报纳税，其纳税期限应当自海关填发海关进口增值税专用缴款书之日起15日内缴纳税款。进口货物增值税的征收管理，依据《税收征收管理法》《海关法》《进出口关税条例》和《进出口税则》的有关规定执行。

例2-4 某商场进口货物一批。该批货物在国外的买价40万元，另该批货物运抵我国海关前发生的包装费、运输费、保险费等共计20万元。货物报关后，商场按规定缴纳了进口环节的增值税并取得了海关开具的海关进口增值税专用缴款书。假定该批进口货物在国内全部销售，取得不含税销售额80万元。

相关资料：货物进口关税税率15%，增值税税率17%。请按下列顺序回答问题：

(1)计算关税的组成计税价格；

(2)计算进口环节应纳的进口关税；

(3)计算进口环节应纳增值税的组成计税价格；

(4)计算进口环节应缴纳增值税的税额；

(5)计算国内销售环节的销项税额；

(6)计算国内销售环节应缴纳增值税税额。

解析

(1)关税的组成计税价格为40+20=60（万元）

(2)应缴纳进口关税为60×15%=9（万元）

(3)进口环节应纳增值税的组成计税价格为60+9=69（万元）

(4)进口环节应缴纳增值税的税额为69×17%=11.73（万元）

(5)国内销售环节的销项税额为80×17%=113.6（万元）

(6)国内销售环节应缴纳增值税税额为13.6-11.73=1.87（万元）

2.5 出口货物退(免)税

出口货物退(免)税是国际贸易中通常采用的并为世界各国普遍接受的、目的在于鼓励各国出口货物公平竞争的一种退还或免征间接税(目前我国主要包括增值税、消费税)的税收措施，即对出口货物已承担或应承担的增值税和消费税等间接税实行退还或者免征。由于这项制度比较公平合理，因此它已成为国际社会通行的惯例。我国的出口货物退(免)税是指在国际贸易业务中，对我国报关出口的货物退还或免征其在国内各生产和流转环节按税法规定缴纳的增值税和消费税，即对增值税出口货物实行零税率，对消费税出口货物免税。

增值税出口货物的零税率，从税法上理解有两层含义：一是对本道环节生产或销售货物的增值部分免征增值税；二是对出口货物前道环节所含的进项税额进行退付。当然，由于各种货物出口前涉及征免税情况有所不同，且有些国家对少数货物有限制出口政策，因此，对货物出口的不同情况国家在遵循“征多少、退多少”“未征不退和彻底退税”基本原则的基础上，制定了不同的税务处理办法。

2.5.1 出口货物退（免）税基本政策

世界各国为了鼓励本国货物出口，在遵循 WTO 基本规则的前提下，一般都采取优惠的税收政策。有的国家采取对该货物出口前所包含的税金在出口后予以退还的政策（即出口退税）；有的国家采取对出口的货物在出口前即予以免税的政策。我国则根据本国的实际，采取出口退税与免税相结合的政策。目前，我国的出口货物税收政策分为以下三种形式：

（1）出口免税并退税。出口免税是指对货物在出口销售环节不征增值税、消费税，这是把货物出口环节与出口前的销售环节都同样视为一个征税环节；出口退税是指对货物在出口前实际承担的税收负担，按规定的退税率计算后予以退还。

（2）出口免税不退税。出口免税与上述（1）含义相同。出口不退税是指适用这个政策的出口货物因在前一道生产、销售环节或进口环节是免税的，因此，出口时该货物的价格中本身就不含税，也无须退税。

（3）出口不免税也不退税。出口不免税是指对国家限制或禁止出口的某些货物的出口环节视同内销环节，照常征税；出口不退税是指对这些货物出口不退还出口前其所负担的税款。

2.5.2 出口货物和劳务及应税服务增值税退（免）税政策

对下列出口货物和劳务及应税服务，除适用《关于出口货物劳务增值税和消费税政策的通知》（以下简称《通知》）第六条（适用增值税免税政策的出口货物和劳务）和第七条（适用增值税征税政策的出口货物和劳务）规定的以外，实行免征和退还增值税（以下称增值税退（免）税）政策。

1. 出口企业出口货物

《通知》所称出口企业，是指依法办理工商登记、税务登记、对外贸易经营者备案登记，自营或委托出口货物的单位或个体工商户，以及依法办理工商登记、税务登记但未办理对外贸易经营者备案登记，委托出口货物的生产企业。

《通知》所称出口货物，是指向海关报关后实际离境并销售给境外单位或个人的货物，分为自营出口货物和委托出口货物两类。

《通知》所称生产企业，是指具有生产能力（包括加工修理修配能力）的单位或个体工商户。根据《关于企业出口集装箱有关退（免）税问题的公告》（国家税务总局公告 2014 年第 59 号），企业出口给外商的新造集装箱，交付到境内指定堆场，并取得出口货物报关单（出口退税专用），同时符合其他出口退（免）税规定的，准予按照现行规定办理出口退（免）税。

出口企业或其他单位视同出口货物，具体是指：

(1)出口企业对外援助、对外承包、境外投资的出口货物。

(2)出口企业经海关报关进入国家批准的出口加工区、保税物流园区、保税港区、综合保税区、珠澳跨境工业区(珠海园区)、中哈霍尔果斯国际边境合作中心(中方配套区域)、保税物流中心(B 型)(以下统称特殊区域)并销售给特殊区域内单位或境外单位、个人的货物。

(3)免税品经营企业销售的货物(国家规定不允许经营和限制出口的货物、卷烟和超出免税品经营企业《企业法人营业执照》规定经营范围的货物除外)。

(4)出口企业或其他单位销售给用于国际金融组织或外国政府贷款国际招标建设项目的中标机电产品(以下称中标机电产品)。上述中标机电产品包括外国企业中标再分包给出口企业或其他单位的机电产品。

(5)生产企业向海上石油天然气开采企业销售的自产的海洋工程结构物。

(6)出口企业或其他单位销售给国际运输企业用于国际运输工具上的货物。上述规定暂仅适用于外轮供应公司、远洋运输供应公司销售给外轮、远洋国轮的货物，国内航空供应公司生产销售给国内和国外航空公司国际航班的航空食品。

(7)出口企业或其他单位销售给特殊区域内生产企业生产耗用且不向海关报关而输入特殊区域的水(包括蒸汽)、电力、燃气(以下称输入特殊区域的水电气)。

2. 视同出口货物的范围

1)持续经营以来从未发生骗取出口退税、虚开增值税专用发票或农产品收购发票、接受虚开增值税专用发票(善意取得虚开增值税专用发票除外)行为，且同时符合下列条件的生产企业出口的外购货物可视同自产货物适用增值税退(免)税政策：

(1)已取得增值税一般纳税人资格。

(2)已持续经营 2 年及 2 年以上。

(3)纳税信用等级 A 级。

(4)上一年度销售额 5 亿元以上。

(5)外购出口的货物与本企业自产货物同类型或具有相关性。

2)持续经营以来从未发生骗取出口退税、虚开增值税专用发票或农产品收购发票、接受虚开增值税专用发票(善意取得虚开增值税专用发票除外)行为但不能同时符合上述规定条件的生产企业，出口的外购货物符合下列条件之一的，可视同自产货物申报适用增值税退(免)税政策：

(1)同时符合下列条件的外购货物：

①与本企业生产的货物名称、性能相同。

②使用本企业注册商标或境外单位或个人提供给本企业使用的商标。

③出口给进口本企业自产货物的境外单位或个人。

(2)与本企业所生产的货物属于配套出口，且出口给进口本企业自产货物的境外单位或个人的外购货物，符合下列条件之一的：

①用于维修本企业出口的自产货物的工具、零部件、配件。

②不经过本企业加工或组装，出口后能直接与本企业自产货物组合成成套设备的

货物。

(3)经集团公司总部所在地的地级以上国家税务局认定的集团公司，其控股的生产企业之间收购的自产货物以及集团公司与其控股的生产企业之间收购的自产货物。

(4)同时符合下列条件的委托加工货物：

①与本企业生产的货物名称、性能相同，或者是用本企业生产的货物再委托深加工的货物。

②出口给进口本企业自产货物的境外单位或个人。

③委托方与受托方必须签订委托加工协议，且主要原材料必须由委托方提供，受托方不垫付资金，只收取加工费(含代垫的辅助材料)。

(5)用于本企业中标项目下的机电产品。

(6)用于对外承包工程项目下的货物。

(7)用于境外投资的货物。

(8)用于对外援助的货物。

(9)生产自产货物的外购设备和原材料(农产品除外)。

3. 出口企业对外提供加工修理修配劳务

对外提供加工修理修配劳务，是指对进境复出口货物或从事国际运输的运输工具进行的加工修理修配。

4. 增值税零税率应税服务适用简易或一般计税方法的

境内的单位和个人提供适用增值税零税率的应税服务，如果属于适用简易计税方法的，实行免征增值税办法。如果属于适用增值税一般计税方法的，生产企业实行“免、抵、退”税办法，外贸企业外购研发服务和设计服务出口实行免退税办法，外贸企业自己开发的研发服务和设计服务出口，视同生产企业连同其出口货物统一实行“免、抵、退”税办法。实行退(免)税办法的研发服务和设计服务，如果主管税务机关认定出口价格偏高的，有权按照核定的出口价格计算退(免)税，核定的出口价格低于外贸企业购进价格的，低于部分对应的进项税额不予退税，转入成本。

5. 放弃增值税零税率的期限

境内的单位和个人提供适用增值税零税率应税服务的，可以放弃适用增值税零税率，选择免税或按规定缴纳增值税。放弃适用增值税零税率后，36个月内不得再申请适用增值税零税率。

境内的单位和个人提供适用增值税零税率的应税服务，按月向主管退税的税务机关申报办理增值税“免、抵、退”税或免税手续。具体管理办法由国家税务总局商财政部另行制定。

2.5.3 增值税退(免)税办法

适用增值税退(免)税政策的出口货物、劳务及服务，按照下列规定实行增值税“免、抵、退”税或免退税办法。

1.“免、抵、退”税办法

生产企业出口自产货物和视同自产货物及对外提供加工修理修配劳务，以及列名的

74 家生产企业出口非自产货物，免征增值税，相应的进项税额抵减应纳增值税额(不包括适用增值税即征即退、先征后退政策的应纳增值税额)，未抵减完的部分予以退还。

零税率应税服务提供者提供零税率应税服务，如果属于适用增值税一般计税方法的，免征增值税，相应的进项税额抵减应纳增值税额(不包括适用增值税即征即退、先征后退政策的应纳增值税额)，未抵减完的部分予以退还。

5. 免退税办法

不具有生产能力的出口企业(以下称外贸企业)或其他单位出口货物劳务，免征增值税，相应的进项税额予以退还。

外贸企业外购研发服务和设计服务免征增值税，其对应的外购应税服务的进项税额予以退还。

2.5.4 增值税出口退税率

出口货物退税率是指出口货物的应退税额与计税依据之间的比例。

我国现行出口货物退税率分为 17%、15%、14%、13%、11%、9%、8%、6%、5% 九档。

除财政部和国家税务总局根据国务院决定而明确的增值税出口退税率(以下称退税率)外，出口货物的退税率为其适用税率。

应税服务退税率为其按照“营改增”规定适用的增值税税率。

退税率的特殊规定：

(1)外贸企业购进按简易办法征税的出口货物、从小规模纳税人购进的出口货物，其退税率分别为简易办法实际执行的征收率、小规模纳税人征收率。上述出口货物取得增值税专用发票的，退税率按照增值税专用发票上的税率和出口货物退税率孰低的原则确定。

(2)出口企业委托加工修理修配货物，其加工修理修配费用的退税率，为出口货物的退税率。

(3)中标机电产品、出口企业向海关报关进入特殊区域销售给特殊区域内生产企业生产耗用的列名原材料、输入特殊区域的水电气，其退税率为适用税率。如果国家调整列名原材料的退税率，列名原材料应当自调整之日起按调整后的退税率执行。

2.5.5 增值税退(免)税的计税依据

出口货物、劳务及应税服务的增值税退(免)税的计税依据，按出口货物、劳务及应税服务的出口发票(外销发票)、其他普通发票或购进出口货物、劳务及应税服务的增值税专用发票、海关进口增值税专用缴款书确定。

1)生产企业出口货物、劳务及应税服务(进料加工复出口货物除外)增值税退(免)税的计税依据，为出口货物、劳务及应税服务的实际离岸价(FOB)。实际离岸价应以出口发票上的离岸价为准，但如果出口发票不能反映实际离岸价，主管税务机关有权予以核定。

2)生产企业进料加工复出口货物增值税退(免)税的计税依据，按出口货物的离岸价（FOB）扣除出口货物所含的海关保税进口料件的金额后确定。

3）生产企业国内购进无进项税额且不计提进项税额的免税原材料加工后出口的货物的计税依据，按出口货物的离岸价（FOB）扣除出口货物所含的国内购进免税原材料的金额后确定。

4）外贸企业出口货物（委托加工修理修配货物除外）增值税退（免）税的计税依据为购进出口货物的增值税专用发票注明的金额或海关进口增值税专用缴款书注明的完税价格。

5）外贸企业出口委托加工修理修配货物增值税退（免）税的计税依据，为加工修理修配费用增值税专用发票注明的金额。外贸企业应将加工修理修配使用的原材料（进料加工海关保税进口料件除外）作价销售给受托加工修理修配的生产企业，受托加工修理修配的生产企业应将原材料成本并入加工修理修配费用开具发票。

6）出口进项税额未计算抵扣的已使用过的设备增值税退（免）税的计税依据，按下列公式确定：

退（免）税计税依据＝增值税专用发票上的金额或海关进口增值税专用缴款书注明的完税价格×已使用过的设备固定资产净值÷已使用过的设备原值

已使用过的设备固定资产净值＝使用过的设备原值－已使用过的设备已提累计折旧

式中，"已使用过的设备"，是指出口企业根据财务会计制度已经计提折旧的固定资产。

7）免税品经营企业销售的货物增值税退（免）税的计税依据，为购进货物的增值税专用发票注明金额或海关进口增值税专用缴款书注明的完税价格。

8）中标机电产品增值税退（免）税的计税依据：生产企业为销售机电产品的普通发票注明的金额，外贸企业为购进货物的增值税专用发票注明的金额或海关进口增值税专用缴款书注明的完税价格。

9）生产企业向海上石油天然气开采企业销售的自产的海洋工程结构物增值税退（免）税的计税依据，为销售海洋工程结构物的普通发票注明的金额。

10）输入特殊区域的水电气增值税退（免）税的计税依据为，作为购买方的特殊区域内生产企业购进水（包括蒸汽）、电力、燃气的增值税专用发票注明的金额。

11）增值税零税率应税服务的退（免）税计税依据。

（1）实行"免、抵、退"税办法的退（免）税计税依据：

①以铁路运输方式载运旅客的，为按照铁路合作组织清算规则清算后的实际运输收入。

②以铁路运输方式载运货物的，为按照铁路运输进款清算办法，对"发站"或"到站（局）"名称包含"境"字的货票上注明的运输费用以及直接相关的国际联运杂费清算后的实际运输收入。

③以航空运输方式载运货物或旅客的，如果国际运输或港、澳、台地区运输各航段由多个承运人承运的，为中国航空结算有限责任公司清算后的实际收入；如果国际运输或港、澳、台地区运输各航段由一个承运人承运的，为提供航空运输服务取得的收入。

④其他实行"免、抵、退"税办法的增值税零税率应税服务，为提供增值税零税率应税服务取得的收入。

(2)实行“免、抵、退”税办法的退(免)税计税依据，为购进应税服务的增值税专用发票或解缴税款的税收缴款凭证上注明的金额。

主管税务机关认为增值税零税率应税服务提供者提供的研发服务或设计服务出口价格偏高的，应按照《财政部国家税务总局关于防范税收风险若干增值税政策的通知》(财税〔2013〕112 号)第五条规定处理。

2.5.6 增值税“免、抵、退”税和免退税的计算

生产企业出口货物劳务增值税“免、抵、退”税，依下列公式计算。

1. 当期应纳税额的计算

当期应纳税额 = 当期销项税额 -(当期进项税额 - 当期不得免征和抵扣税额)

当期不得免征和抵扣税额 = 当期出口货物离岸价 × 外汇人民币折合率 ×(出口货物适用税率 - 出口货物退税率) - 当期不得免征和抵扣税额抵减额

当期不得免征和抵扣税额抵减额 =
当期免税购进原材料价格 ×(出口货物适用税率 - 出口货物退税率)

出口货物离岸价(FOB)以出口发票计算的离岸价为准。出口发票不能如实反映实际离岸价的，企业必须按照实际离岸价向主管国税机关申报，同时主管税务机关有权依照《税收征管法》《增值税暂行条例》等有关规定予以核定。

从上述计算公式看，出口退税在“销项税额”方面并非执行真正的零税率，而是一种“超低税率”即征税率与退税率(各货物不同)之差，即税法规定的出口退税“不得免征和抵扣税额”的计算比率。

2. 当期“免、抵、退”税额的计算

当期“免、抵、退”税额 = 当期出口货物离岸价 × 外汇人民币折合率 × 出口货物退税率 - 当期“免、抵、退”税额抵减额

当期“免、抵、退”税额抵减额 = 当期免税购进原材料价格 × 出口货物退税率

3. 当期应退税额和免抵税额的计算

(1)当期期末留抵税额≤当期“免、抵、退”税额，则

当期应退税额 = 当期期末留抵税额

当期免抵税额 = 当期“免、抵、退”税额 - 当期应退税额

(2)当期期末留抵税额 > 当期“免、抵、退”税额，则

当期应退税额 = 当期“免、抵、退”税额

当期免抵税额 = 0

当期期末留抵税额为当期增值税纳税申报表中“期末留抵税额”。

当期免税购进原材料价格包括当期国内购进的无进项税额且不计提进项税额的免税原材料的价格和当期进料加工保税进口料件的价格，其中当期进料加工保税进口料件的价格为组成计税价格。

当期进料加工保税进口料件的组成计税价格 = 当期进口料件到岸价格 + 海关实征关税 + 海关实征消费税

采用"实耗法"的，当期进料加工保税进口料件的组成计税价格为当期进料加工出口货物耗用的进口料件组成计税价格。其计算公式为：

当期进料加工保税进口料件的组成计税价格

= 当期进料加工出口货物离岸价 × 外汇人民币折合率 × 计划分配率

计划分配率 = 计划进口总值 ÷ 计划出口总值 × 100%

实行纸质手册和电子化手册的生产企业，应根据海关签发的加工贸易手册或加工贸易电子化纸质单证所列的计划进出口总值计算计划分配率。

实行电子账册的生产企业，计划分配率按前一期已核销的实际分配率确定；新启用电子账册的，计划分配率按前一期已核销的纸质手册或电子化手册的实际分配率确定。从事进料加工业务的生产企业，因上年度无海关已核销手(账)册不能确定本年度进料加工业务计划分配率的，应使用最近一次确定的"上年度已核销手(账)册综合实际分配率"作为本年度的计划分配率。

采用"购进法"的，当期进料加工保税进口料件的组成计税价格为当期实际购进的进料加工进口料件的组成计税价格。

若当期实际不得免征和抵扣税额抵减额大于当期出口货物离岸价 × 外汇人民币折合率 × (出口货物适用税率 - 出口货物退税率)的，则

当期不得免征和抵扣税额抵减额 = 当期出口货物离岸价 × 外汇人民币折合率 × (出口货物适用税率 - 出口货物退税率)

4. 生产企业"免、抵、退"税计算实例

例2-5 某自营出口的生产企业为增值税一般纳税人，出口货物的征税税率为17%，退税税率为13%，2015年4月有关经营业务为：购进原材料一批，取得的增值税专用发票注明的价款200万元，外购货物准予抵扣的进项税额34万元通过认证。上月末留抵税款3万元，本月内销货物不含税销售额100万元，收款117万元存入银行，本月出口货物的销售额折合人民币200万元。试计算该企业当期的"免、抵、退"税额。

解析

(1)当期"免、抵、退"税不得免征和抵扣税额 = 200 × (17% - 13%) = 8(万元)

(2)当期应纳税额 = 100 × 17% - (34 - 8) - 3 = 17 - 26 - 3 = -12(万元)

(3)出口货物"免、抵、退"税额 = 200 × 13% = 26(万元)

(4)按规定，如当期末留抵税额≤当期"免、抵、退"税额时，

当期应退税额 = 当期期末留抵税额

即该企业当期应退税额为12万元。

(5)当期免抵税额 = 当期免抵退税额 - 当期应退税额

当期免抵税额 = 26 - 12 = 14(万元)

例2-6 某自营出口的生产企业为增值税一般纳税人，出口货物的征税税率为17%，退税税率为13%。2015年6月有关经营业务为：购原材料一批，取得的增值税专用发票注明的价款400万元，外购货物准予抵扣的进项税额68万元通过认证。上期

末留抵税款5万元。本月内销货物不含税销售额100万元，收款117万元存入银行。本月出口货物的销售额折合人民币200万元。试计算该企业当期的“免、抵、退”税额。

解析

(1)当期“免、抵、退”税不得免征和抵扣税额 =200×(17% -13%)=8(万元)；

(2)当期应纳税额 = 100×17% -(68-8)-5=17-60-5= -48(万元)；

(3)出口货物“免、抵、退”税额 =200×13% =26(万元)；

(4)按规定，如当期期末留抵税额 > 当期“免、抵、退”税额时，

当期应退税额 = 当期“免、抵、退”税额，

即该企业当期应退税额 =26(万元)

(5)当期免抵税额 = 当期“免、抵、退”税额 - 当期应退税额，则

该企业当期免抵税额 =26-26=0

(6)当期末留抵结转下期继续抵扣税额为48-26=22(万元)。

实行“免、抵、退”税办法的零税率应税服务提供者如同时有货物劳务(劳务指对外加工修理修配劳务，下同)出口的，可结合现行出口货物“免、抵、退”税计算公式一并计算。税务机关在审批时，按照出口货物劳务、零税率应税服务“免、抵、退”税额比例划分出口货物劳务、零税率应税服务的退税额和免抵税额。

2.6 税收优惠

2.6.1 《增值税暂行条例》规定的免税项目

(1)农业生产者销售的自产农产品。

(2)避孕药品和用具。

(3)古旧图书，是指向社会收购的古书和旧书。

(4)直接用于科学研究、科学试验和教学的进口仪器、设备。

(5)外国政府、国际组织无偿援助的进口物资和设备。

(6)由残疾人组织直接进口供残疾人专用的物品。

(7)销售自己使用过的物品。

2.6.2 营业税改征增值税试点过渡政策的规定

(1)托儿所、幼儿园提供的保育和教育服务。

(2)养老机构提供的养老服务。

(3)残疾人福利机构提供的育养服务。

(4)婚姻介绍服务。

(5)殡葬服务。

(6)残疾人员本人为社会提供的服务。

(7)医疗机构提供的医疗服务。

(8)从事学历教育的学校提供的教育服务。

(9)学生勤工俭学提供的服务。

(10)农业机耕、排灌、病虫害防治、植物保护、农牧保险以及相关技术培训业务，家禽、牲畜、水生动物的配种和疾病防治。

(11)纪念馆、博物馆、文化馆、文物保护单位管理机构、美术馆、展览馆、书画院、图书馆在自己的场所提供文化体育服务取得的第一道门票收入。

(12)寺院、宫观、清真寺和教堂举办文化、宗教活动的门票收入。

(13)行政单位之外的其他单位收取的符合《试点实施办法》第十条规定条件的政府性基金和行政事业性收费。

(14)个人转让著作权。

(15)个人销售自建自用住房。

(16)2018 年 12 月 31 日前，公共租赁住房经营管理单位出租公共租赁住房。

(17)台湾航运公司、航空公司从事海峡两岸海上直航、空中直航业务在大陆取得的运输收入。

(18)纳税人提供的直接或者间接国际货物运输代理服务。

(19)以下利息收入。

①2016 年 12 月 31 日前，金融机构农户小额贷款。

②国家助学贷款。

③国债、地方政府债。

④人民银行对金融机构的贷款。

⑤住房公积金管理中心用住房公积金在指定的委托银行发放的个人住房贷款。

⑥外汇管理部门在从事国家外汇储备经营过程中，委托金融机构发放的外汇贷款。

⑦统借统还业务中，企业集团或企业集团中的核心企业以及集团所属财务公司按不高于支付给金融机构的借款利率水平或者支付的债券票面利率水平，向企业集团或者集团内下属单位收取的利息。

(20)被撤销金融机构以货物、不动产、无形资产、有价证券、票据等财产清偿债务。

(21)保险公司开办的一年期以上人身保险产品取得的保费收入。

(22)下列金融商品转让收入。

①合格境外投资者(QFII)委托境内公司在我国从事证券买卖业务。

②香港市场投资者(包括单位和个人)通过沪港通买卖上海证券交易所上市 A 股。

③对香港市场投资者(包括单位和个人)通过基金互认买卖内地基金份额。

④证券投资基金(封闭式证券投资基金，开放式证券投资基金)管理人运用基金买卖股票、债券。

⑤个人从事金融商品转让业务。

(23)金融同业往来利息收入。

①金融机构与人民银行所发生的资金往来业务。包括人民银行对一般金融机构贷款，以及人民银行对商业银行的再贴现等。

②银行联行往来业务。同一银行系统内部不同行、处之间所发生的资金账务往来业务。

③金融机构间的资金往来业务。这是指经人民银行批准，进入全国银行间同业拆借市场的金融机构之间通过全国统一的同业拆借网络进行的短期(一年以下含一年)无担保资金融通行为。

④金融机构之间开展的转贴现业务。

(24)同时符合下列条件的担保机构从事中小企业信用担保或者再担保业务取得的收入(不含信用评级、咨询、培训等收入)3年内免征增值税：

①已取得监管部门颁发的融资性担保机构经营许可证，依法登记注册为企(事)业法人，实收资本超过2 000万元。

②平均年担保费率不超过银行同期贷款基准利率的50%。

平均年担保费率 = 本期担保费收入/(期初担保余额 + 本期增加担保金额) × 100%

③连续合规经营2年以上，资金主要用于担保业务，具备健全的内部管理制度和为中小企业提供担保的能力，经营业绩突出，对受保项目具有完善的事前评估、事中监控、事后追偿与处置机制。

④为中小企业提供的累计担保贷款额占其两年累计担保业务总额的80%以上，单笔800万元以下的累计担保贷款额占其累计担保业务总额的50%以上。

⑤对单个受保企业提供的担保余额不超过担保机构实收资本总额的10%，且平均单笔担保责任金额最多不超过3000万元。

⑥担保责任余额不低于其净资产的3倍，且代偿率不超过2%。

(25)国家商品储备管理单位及其直属企业承担商品储备任务，从中央或者地方财政取得的利息补贴收入和价差补贴收入。

(26)纳税人提供技术转让、技术开发和与之相关的技术咨询、技术服务。

(27)同时符合下列条件的合同能源管理服务：

①节能服务公司实施合同能源管理项目相关技术，应当符合国家质量监督检验检疫总局和国家标准化管理委员会发布的《合同能源管理技术通则》(GB/T 24915—2010)规定的技术要求。

②节能服务公司与用能企业签订节能效益分享型合同，其合同格式和内容应符合《中华人民共和国合同法》和《合同能源管理技术通则》(GB/T 24915—2010)等的规定。

(28)2017年12月31日前，科普单位的门票收入，以及县级及以上党政部门和科协开展科普活动的门票收入。

(29)政府举办的从事学历教育的高等、中等和初等学校(不含下属单位)，举办进修班、培训班取得的全部归该学校所有的收入。

(30)政府举办的职业学校设立的主要为在校学生提供实习场所，并由学校出资自办、由学校负责经营管理、经营收入归学校所有的企业，从事《销售服务、无形资产或者不动产注释》中"现代服务"(不含融资租赁服务、广告服务和其他现代服务)、"生活服务"(不含文化体育服务、其他生活服务和桑拿、氧吧)业务活动取得的收入。

(31)家政服务企业由员工制家政服务员提供家政服务取得的收入。

(32)福利彩票、体育彩票的发行收入。

(33)军队空余房产租赁收入。

(34)为了配合国家住房制度改革，企业、行政事业单位按房改成本价、标准价出售住房取得的收入。

(35)将土地使用权转让给农业生产者用于农业生产。

(36)涉及家庭财产分割的个人无偿转让不动产、土地使用权。

(37)土地所有者出让土地使用权和土地使用者将土地使用权归还给土地所有者。

(38)县级以上地方人民政府或自然资源行政主管部门出让、转让或收回自然资源使用权(不含土地使用权)。

(39)随军家属就业。

(40)军队转业干部就业。

2.6.3 增值税即征即退

(1)一般纳税人提供管道运输服务，对其增值税实际税负超过3%的部分实行增值税即征即退政策。

(2)经人民银行、银监会或者商务部批准从事融资租赁业务的试点纳税人中的一般纳税人，提供有形动产融资租赁服务和有形动产融资性售后回租服务，对其增值税实际税负超过3%的部分实行增值税即征即退政策。商务部授权的省级商务主管部门和国家经济技术开发区批准的从事融资租赁业务和融资性售后回租业务的试点纳税人中的一般纳税人，2016年5月1日后实收资本达到2.7亿元的，从达到标准的当月起按照上述规定执行；2016年5月1日后实收资本未达到2.7亿元但注册资本达到2.7亿元的，在2016年7月31日前仍可按照上述规定执行，2016年8月1日后开展的有形动产融资租赁业务和有形动产融资性售后回租业务不得按照上述规定执行。

(3)本规定所称增值税实际税负，是指纳税人当期提供应税服务实际缴纳的增值税额占纳税人当期提供应税服务取得的全部价款和价外费用的比例。

2.6.4 跨境应税行为适用增值税零税率和免税政策的规定

1)中华人民共和国境内(以下称境内)的单位和个人销售的下列服务和无形资产，适用增值税零税率。

(1)国际运输服务。

国际运输服务是指：

①在境内载运旅客或者货物出境。

②在境外载运旅客或者货物入境。

③在境外载运旅客或者货物。

(2)航天运输服务。

(3)向境外单位提供的完全在境外消费的下列服务：

①研发服务。

②合同能源管理服务。

③设计服务。

④广播影视节目（作品）的制作和发行服务。

⑤软件服务。

⑥电路设计及测试服务。

⑦信息系统服务。

⑧业务流程管理服务。

⑨离岸服务外包业务。

⑩转让技术。

（4）财政部和国家税务总局规定的其他服务。

2）境内的单位和个人销售的下列服务和无形资产免征增值税，但财政部和国家税务总局规定适用增值税零税率的除外。

（1）下列服务：

①工程项目在境外的建筑服务。

②工程项目在境外的工程监理服务。

③工程、矿产资源在境外的工程勘察勘探服务。

④会议展览地点在境外的会议展览服务。

⑤存储地点在境外的仓储服务。

⑥标的物在境外使用的有形动产租赁服务。

⑦在境外提供的广播影视节目（作品）的播映服务。

⑧在境外提供的文化体育服务、教育医疗服务、旅游服务。

（2）为出口货物提供的邮政服务、收派服务、保险服务。

为出口货物提供的保险服务，包括出口货物保险和出口信用保险。

（3）向境外单位提供的完全在境外消费的下列服务和无形资产：

①电信服务。

②知识产权服务。

③物流辅助服务（仓储服务、收派服务除外）。

④鉴证咨询服务。

⑤专业技术服务。

⑥商务辅助服务。

⑦广告投放地在境外的广告服务。

⑧无形资产。

（4）以无运输工具承运方式提供的国际运输服务。

（5）为境外单位之间的货币资金融通及其他金融业务提供的直接收费金融服务，且该服务与境内的货物、无形资产和不动产无关。

（6）财政部和国家税务总局规定的其他服务。

3）按照国家有关规定应取得相关资质的国际运输服务项目，纳税人取得相关资质的，适用增值税零税率政策，未取得的，适用增值税免税政策。

4)境内的单位和个人提供适用增值税零税率的服务或者无形资产，如果属于适用简易计税方法的，实行免征增值税办法。如果属于适用增值税一般计税方法的，生产企业实行免抵退税办法，外贸企业外购服务或者无形资产出口实行免退税办法，外贸企业直接将服务或自行研发的无形资产出口，视同生产企业连同其出口货物统一实行免抵退税办法。

5)境内的单位和个人销售适用增值税零税率的服务或无形资产的，可以放弃适用增值税零税率，选择免税或按规定缴纳增值税。放弃适用增值税零税率后，36 个月内不得再申请适用增值税零税率。

6)境内的单位和个人销售适用增值税零税率的服务或无形资产，按月向主管退税的税务机关申报办理增值税退(免)税手续。具体管理办法由国家税务总局商财政部另行制定。

2.7　征收管理

《增值税暂行条例》和“营改增”明确规定了增值税纳税义务的发生时间。纳税义务发生时间是纳税人发生应税行为应当承担纳税义务的起始时间。税法明确规定纳税义务发生时间的作用在于：①正式确认纳税人已经发生属于税法规定的应税行为，应承担纳税义务；②有利于税务机关实施税务管理，合理规定申报期限和纳税期限，监督纳税人切实履行纳税义务。

2.7.1　销售货物或者提供应税劳务的纳税义务发生时间

纳税人销售货物或者提供应税劳务，其纳税义务发生时间为收讫销售款项或者取得索取销售款项凭据的当天；先开具发票的，为开具发票的当天。其中，收讫销售款项或者取得索取销售款项凭据的当天按销售结算方式的不同而不同，具体为：

(1)采取直接收款方式销售货物，不论货物是否发出，均为收到销售款或者取得索取销售款凭据的当天。

纳税人生产经营活动中采取直接收款方式销售货物，已将货物移送对方并暂估销售收入入账，但既未取得销售款或取得索取销售款凭据也未开具销售发票的，其增值税纳税义务发生时间为取得销售款或取得索取销售款凭据的当天；先开具发票的，为开具发票的当天。

(2)采取托收承付和委托银行收款方式销售货物，为发出货物并办妥托收手续的当天。

(3)采取赊销和分期收款方式销售货物，为书面合同约定的收款日期的当天，无书面合同的或者书面合同没有约定收款日期的，为货物发出的当天。

(4)采取预收货款方式销售货物，为货物发出的当天，但生产销售生产工期超过 12 个月的大型机械设备、船舶、飞机等货物，为收到预收款或者书面合同约定的收款日期的当天。

(5)委托其他纳税人代销货物，为收到代销单位的代销清单或者收到全部或者部分货款的当天；未收到代销清单及货款的，为发出代销货物满180天的当天。

(6)销售应税劳务，为提供劳务同时收讫销售款或者取得索取销售款的凭据的当天。

(7)纳税人发生除将货物交付其他单位或者个人代销和销售代销货物以外的视同销售货物行为，为货物移送的当天。

(8)纳税人进口货物，其纳税义务发生时间为报关进口的当天。

(9)增值税扣缴义务发生时间为纳税人增值税纳税义务发生的当天。

2.7.2 提供应税服务的纳税义务发生时间

(1)纳税人提供应税服务的纳税义务发生时间为提供应税服务并收讫销售款项或者取得索取销售款项凭据的当天；先开具发票的，为开具发票的当天。

其中，收讫销售款项是指纳税人提供应税服务过程中或者完成后收到款项；取得索取销售款项凭据的当天，是指书面合同确定的付款日期；未签订书面合同或者书面合同未确定付款日期的，为应税服务完成的当天。

(2)纳税人提供有形动产租赁服务采取预收款方式的，其纳税义务发生时间为收到预收款的当天。

(3)纳税人发生视同提供应税服务的，其纳税义务发生时间为应税服务完成的当天。

(4)增值税扣缴义务发生时间为纳税人增值税纳税义务发生的当天。

2.7.3 纳税期限

在明确了增值税纳税义务发生时间后，还需要掌握具体纳税期限，以保证按期缴纳税款。根据《增值税暂行条例》的规定，增值税的纳税期限分别为1日、3日、5日、10日、15日、1个月或者1个季度。

纳税人的具体纳税期限由主管税务机关根据纳税人应纳税额的大小分别核定；不能按照固定期限纳税的，可以按次纳税。以1个季度为纳税期限的规定仅适用于小规模纳税人以及财政部和国家税务总局规定的其他纳税人。小规模纳税人的具体纳税期限由主管税务机关根据其应纳税额的大小分别核定。

纳税人以1个月或者1个季度为1个纳税期的，自期满之日起15日内申报纳税；以1日、3日、5日、10日或者15日为1个纳税期的，自期满之日起5日内预缴税款，于次月1日起15日内申报纳税并结清上月应纳税款。

扣缴义务人解缴税款的期限依照前两款规定执行。

纳税人进口货物，应当自海关填发进口增值税专用缴款书之日起15日内缴纳税款。纳税人出口货物适用退(免)税规定的，应当向海关办理出口手续，凭出口报关单等有关凭证，在规定的出口退(免)税申报期内按月向主管税务机关申报办理该项出口货物的退(免)税。出口货物办理退税后发生退货或者退关的，纳税人应当依法补缴已退的税款。

2.7.4 纳税地点

为了保证纳税人按期申报纳税，根据企业跨地区经营和搞活商品流通的特点及不同情况，税法还具体规定了增值税的纳税地点：

(1)固定业户应当向其机构所在地的主管税务机关申报纳税。总机构和分支机构不在同一县(市)的，应当分别向各自所在地的主管税务机关申报纳税；但在同一省(区、市)范围内的，经省(区、市)财政厅(局)、国家税务局审批同意，可以由总机构汇总向总机构所在地的主管税务机关申报缴纳增值税。

(2)固定业户到外县(市)销售货物或者应税劳务，应当向其机构所在地的主管税务机关申请开具外出经营活动税收管理证明，并向其机构所在地的主管税务机关申报纳税；未开具证明的，应当向销售地或者劳务发生地的主管税务机关申报纳税；未向销售地或者劳务发生地的主管税务机关申报纳税的，由其机构所在地的主管税务机关补征税款。

(3)非固定业户销售货物或者应税劳务，应当向销售地或者劳务发生地的主管税务机关申报纳税；未向销售地或者劳务发生地的主管税务机关申报纳税的，由其机构所在地或者居住地的主管税务机关补征税款。

(4)进口货物应当向报关地海关申报纳税。

(5)扣缴义务人应当向其机构所在地或者居住地的主管税务机关申报缴纳其扣缴的税款。

(6)营业税改征的增值税由国家税务局负责征收。

2.7.5 增值税起征点的规定

纳税人销售额未达到国务院财政、税务主管部门规定的起征点的免征增值税。增值税起征点的适用范围适用于个人(不包括认定为一般纳税人的个体工商户)。

增值税起征点的幅度规定如下：

(1)个人销售货物或应税劳务和应税服务的，为月销售额5000～20000元；

(2)按次纳税的，为每次(日)销售额300～500元。

上述所称的销售额是指《增值税暂行条例实施细则》第三十条第一款所称小规模纳税人的销售额，即小规模纳税人的销售额不包括其应纳税额。

省、自治区、直辖市财政厅(局)和国家税务局应在规定的幅度内，根据实际情况确定本地区适用的起征点，并报财政部、国家税务总局备案。

2.8 增值税纳税申报

办理纳税申报需要经过专用发票认证、抄税、报税、申报、税款缴纳等工作。

2.8.1 专用发票认证

增值税专用发票认证方式可选择手工认证和网上认证。

(1)手工认证是指单位办税员月底持专用发票“抵扣联”和运输发票到所属主管税务机关服务大厅认证窗口进行认证。

(2)网上认证是纳税人月底前通过扫描仪将专用发票抵扣联扫入认证专用软件，生成电子数据，将数据文件传给税务机关完成认证。

2.8.2 抄税

抄税是在当月的最后一天，通常是在次月 1 日早上开票前，利用防伪税控开票系统进行抄税处理，将本月开具增值税专用发票的信息读入 IC 卡(抄税完成后本月不允许再开具发票)。

2.8.3 报税

报税是在报税期内，将 IC 卡拿到税务机关，将 IC 卡的信息读入税务机关的金税系统，经过抄税，税务机关确保了所有开具的销项发票都进入金税系统；经过报税，税务机关确保了所有的抵扣的进项发票都进入了金税系统，就可以在系统内由系统自动进行比对，确保任何一张抵扣的进项发票都有销项发票与其对应。

2.8.4 办理申报

申报工作可分为上门申报和网上申报。

(1)上门申报。是指在申报期内，携带填写的申报表、资产负债表、利润表及其他相关材料到主管税务机关办理申报。税务机关审核后将申报表退还一联给纳税人。

(2)网上申报。是指纳税人在征税期内，通过互联网将增值税纳税申报表主表、附表及其他必报资料的电子信息传送至电子申报系统。

纳税人应从办理税务登记的次月 1 日起 15 日内，不论有无销售额，均应按主管税务机关核定的纳税期按期向当地税务机关申报。

2.8.5 税款缴纳

税务机关将申报表单据送到开户银行，由银行进行自动转账处理。对于未实行税库银联网的纳税人还需要自己到税务机关指定的银行进行现金缴纳。

2.8.6 纳税申报表及附列资料

1. 增值税一般纳税人(以下简称一般纳税人)纳税申报表及附列资料

(1)增值税纳税申报表(一般纳税人适用)。

(2)增值税纳税申报表附列资料(一)(本期销售情况明细)。

(3)增值税纳税申报表附列资料(二)(本期进项税额明细)。

(4)增值税纳税申报表附列资料(三)(应税服务扣除项目明细)。

一般纳税人提供应税服务，在确定应税服务销售额时，按照有关规定可以从取得的全部价款和价外费用中扣除价款的，需填报《增值税纳税申报表附列资料(三)》。其他情况不填写该附列资料。

(5)增值税纳税申报表附列资料(四)(税收抵减情况表)。

(6)固定资产进项税额抵扣情况表。

2. 增值税小规模纳税人(以下简称小规模纳税人)纳税申报表及附列资料

(1)增值税纳税申报表(小规模纳税人适用)。

(2)增值税纳税申报表(小规模纳税人适用)附列资料。

小规模纳税人提供应税服务，在确定应税服务销售额时，按照有关规定可以从取得的全部价款和价外费用中扣除价款的，需填报《增值税纳税申报表(小规模纳税人适用)附列资料》。其他情况不填写该附列资料。

3. 纳税申报其他资料

(1)已开具的税控“机动车销售统一发票”和普通发票的存根联。

(2)符合抵扣条件且在本期申报抵扣的防伪税控“增值税专用发票”、“货物运输业增值税专用发票”、税控“机动车销售统一发票”的抵扣联。

(3)符合抵扣条件且在本期申报抵扣的海关进口增值税专用缴款书、购进农产品取得的普通发票的复印件。

(4)符合抵扣条件且在本期申报抵扣的中华人民共和国税收缴款凭证及其清单、书面合同、付款证明和境外单位的对账单或者发票。

(5)已开具的农产品收购凭证的存根联或报查联。

(6)纳税人提供应税服务，在确定应税服务销售额时，按照有关规定从取得的全部价款和价外费用中扣除价款的合法凭证及其清单。

(7)主管税务机关规定的其他资料。

2.8.7 增值税纳税申报表(一般纳税人适用)附列资料

2.8.7.1 增值税纳税申报表

增值税纳税申报表

（适用于增值税一般纳税人）

根据《中华人民共和国增值税暂行条例》和《交通运输业和部分现代服务业营业税改征增值税试点实施办法》的规定制定本表。纳税人不论有无销售额，均应按主管税务机关核定的纳税期限按期填报本表，并向当地税务机关申报。

税款所属时间：自　年　月　日至　年　月　日　填表日期：　年　月　日　金额单位：元至角分

纳税人识别号				所属行业：			
纳税人名称	（公章）	法定代表人姓名		注册地址		营业地址	
开户银行及帐号		企业登记注册类型				电话号码	

项目		栏次	一般货物、劳务和应税服务		即征即退货物、劳务和应税服务	
			本月数	本年累计	本月数	本年累计
销售额	(一)按适用税率征税销售额	1				
	其中：应税货物销售额	2				
	应税劳务销售额	3				
	纳税检查调整的销售额	4				
	(二)按简易办法计税销售额	5				
	其中：纳税检查调整的销售额	6				
	(三)免、抵、退办法出口销售额	7			—	—
	(四)免税销售额	8			—	—
	其中：免税货物销售额	9			—	—
	免税劳务销售额	10			—	—

续上表

税款计算	销项税额	11				
	进项税额	12				
	上期留抵税额	13				—
	进项税额转出	14				
	免、抵、退应退税额	15			—	—
	按适用税率计算的纳税检查应补缴税额	16			—	—
	应抵扣税额合计	17 = 12 + 13 − 14 − 15 + 16		—		—
	实际抵扣税额	18（如 17 < 11，则为 17，否则为 11）				
	应纳税额	19 = 11 − 18				
	期末留抵税额	20 = 17 − 18				—
	简易计税办法计算的应纳税额	21				
	按简易计税办法计算的纳税检查应补缴税额	22			—	—
	应纳税额减征额	23				
	应纳税额合计	24 = 19 + 21 − 23				

续上表

税款缴纳	期初未缴税额（多缴为负数）	25				
	实收出口开具专用缴款书退税额	26			—	—
	本期已缴税额	27 = 28 + 29 + 30 + 31				
	①分次预缴税额	28		—		—
	②出口开具专用缴款书预缴税额	29		—	—	—
	③本期缴纳上期应纳税额	30				
	④本期缴纳欠缴税额	31				
	期末未缴税额（多缴为负数）	32 = 24 + 25 + 26 − 27				
	其中：欠缴税额（≥0）	33 = 25 + 26 − 27		—		—
	本期应补（退）税额	34 = 24 − 28 − 29				
	即征即退实际退税额	35	—	—		
	期初未缴查补税额	36			—	—
	本期入库查补税额	37			—	—
	期末未缴查补税额	38 = 16 + 22 + 36 − 37			—	—

授权声明	如果你已委托代理人申报，请填写下列资料： 为代理一切税务事宜，现授权（地址）为本纳税人的代理申报人，任何与本申报表有关的往来文件，都可寄予此人。 授权人签字：	申报人声明	此纳税申报表是根据《中华人民共和国增值税暂行条例》的规定填报的，我确定它是真实的、可靠的、完整的。 声明人签字：

以下由税务机关填写：

收到日期：　　　　　　接收人：　　　　主管税务机关盖章：

【表单说明】

本纳税申报表及附列资料填写说明(以下简称本表及填写说明)适用于增值税一般纳税人(以下简称纳税人)。

一、名词解释

(一)本表及填写说明所称“应税货物”，是指增值税的应税货物。

(二)本表及填写说明所称“应税劳务”，是指增值税的应税加工、修理、修配劳务。

(三)本表及填写说明所称“应税服务”，是指营业税改征增值税的应税服务。

(四)本表及填写说明所称“按适用税率计税”“按适用税率计算”和“一般计税方法”，均指按“应纳税额=当期销项税额-当期进项税额”公式计算增值税应纳税额的计税方法。

(五)本表及填写说明所称“按简易办法计税”“按简易征收办法计算”和“简易计税方法”，均指按“应纳税额=销售额×征收率”公式计算增值税应纳税额的计税方法。

(六)本表及填写说明所称“应税服务扣除项目”，是指纳税人提供应税服务，在确定应税服务销售额时，按照有关规定允许其从取得的全部价款和价外费用中扣除价款的项目。

(七)本表及填写说明所称“税控增值税专用发票”，包括以下3种:

1. 增值税防伪税控系统开具的防伪税控“增值税专用发票”;

2. 货物运输业增值税专用发票税控系统开具的“货物运输业增值税专用发票”;

3. 机动车销售统一发票税控系统开具的税控“机动车销售统一发票”。

二、增值税纳税申报表(一般纳税人适用)填写说明

(一)“税款所属时间”：指纳税人申报的增值税应纳税额的所属时间，应填写具体的起止年、月、日。

(二)“填表日期”：指纳税人填写本表的具体日期。

(三)“纳税人识别号”：填写纳税人的税务登记证号码。

(四)“所属行业”：按照国民经济行业分类与代码中的小类行业填写。

(五)“纳税人名称”：填写纳税人单位名称全称。

(六)“法定代表人姓名”：填写纳税人法定代表人的姓名。

(七)“注册地址”：填写纳税人税务登记证所注明的详细地址。

(八)“营业地址”：填写纳税人实际生产经营地的详细地址。

(九)“开户银行及账号”：填写纳税人开户银行的名称和纳税人在该银行的结算账户号码。

(十)“登记注册类型”：按纳税人税务登记证的栏目内容填写。

(十一)“电话号码”：填写可联系到纳税人的常用电话号码。

(十二)“即征即退货物、劳务和应税服务”列：填写纳税人按规定享受增值税即征即退政策的货物、劳务和应税服务的征(退)税数据。

(十三)“一般货物、劳务和应税服务”列：填写除享受增值税即征即退政策以外的

货物、劳务和应税服务的征(免)税数据。

(十四)“本年累计”列：一般填写本年度内各月“本月数”之和。其中，第13、20、25、32、36、38栏及第18栏“实际抵扣税额”“一般货物、劳务和应税服务”列的“本年累计”分别按本填写说明第(二十七)、(三十四)、(三十九)、(四十六)、(五十)、(五十二)、(三十二)条要求填写。

(十五)第1栏“(一)按适用税率计税销售额”：填写纳税人本期按一般计税方法计算缴纳增值税的销售额，包含：在财务上不作销售但按税法规定应缴纳增值税的视同销售和价外费用的销售额；外贸企业作价销售进料加工复出口货物的销售额；税务、财政、审计部门检查后按一般计税方法计算调整的销售额。

营业税改征增值税的纳税人，应税服务有扣除项目的，本栏应填写扣除之前的不含税销售额。

本栏“一般货物、劳务和应税服务”列“本月数”=附列资料(一)(见2.8.7.2节)第9列第1至5行之和-第9列第6、7行之和；本栏“即征即退货物、劳务和应税服务”列“本月数”=附列资料(一)第9列第6、7行之和。

(十六)第2栏“其中：应税货物销售额”：填写纳税人本期按适用税率计算增值税的应税货物的销售额。包含在财务上不作销售但按税法规定应缴纳增值税的视同销售货物和价外费用销售额，以及外贸企业作价销售进料加工复出口货物的销售额。

(十七)第3栏“应税劳务销售额”：填写纳税人本期按适用税率计算增值税的应税劳务的销售额。

(十八)第4栏“纳税检查调整的销售额”：填写纳税人因税务、财政、审计部门检查，并按一般计税方法在本期计算调整的销售额。但享受增值税即征即退政策的货物、劳务和应税服务，经纳税检查发现偷税的，不填入“即征即退货物、劳务和应税服务”列，而应填入“一般货物、劳务和应税服务”列。

营业税改征增值税的纳税人，应税服务有扣除项目的，本栏应填写扣除之前的不含税销售额。

本栏“一般货物、劳务和应税服务”列“本月数”=附列资料(一)第7列第1至5行之和。

(十九)第5栏“按简易办法计税销售额”：填写纳税人本期按简易计税方法计算增值税的销售额。包含纳税检查调整按简易计税方法计算增值税的销售额。

营业税改征增值税的纳税人，应税服务有扣除项目的，本栏应填写扣除之前的不含税销售额；应税服务按规定汇总计算缴纳增值税的分支机构，其当期按预征率计算缴纳增值税的销售额也填入本栏。

本栏“一般货物、劳务和应税服务”列“本月数”≥附列资料(一)第9列第8至13行之和-第9列第14、15行之和；本栏“即征即退货物、劳务和应税服务”列“本月数”≥《附列资料(一)》第9列第14、15行之和。

(二十)第6栏“其中：纳税检查调整的销售额”：填写纳税人因税务、财政、审计部门检查，并按简易计税方法在本期计算调整的销售额。但享受增值税即征即退政策的货物、劳务和应税服务，经纳税检查发现偷税的，不填入“即征即退货物、劳务和应税服务”列，而应填入“一般货物、劳务和应税服务”列。

营业税改征增值税的纳税人，应税服务有扣除项目的，本栏应填写扣除之前的不含税销售额。

(二十一)第7栏“免、抵、退办法出口销售额”：填写纳税人本期适用免、抵、退税办法的出口货物、劳务和应税服务的销售额。

营业税改征增值税的纳税人，应税服务有扣除项目的，本栏应填写扣除之前的销售额。

本栏“一般货物、劳务和应税服务”列“本月数”=附列资料(一)第9列第16、17行之和。

(二十二)第8栏“免税销售额”：填写纳税人本期按照税法规定免征增值税的销售额和适用零税率的销售额，但零税率的销售额中不包括适用免、抵、退税办法的销售额。

营业税改征增值税的纳税人，应税服务有扣除项目的，本栏应填写扣除之前的免税销售额。

本栏“一般货物、劳务和应税服务”列“本月数”=附列资料(一)第9列第18、19行之和。

(二十三)第9栏“其中：免税货物销售额”：填写纳税人本期按照税法规定免征增值税的货物销售额及适用零税率的货物销售额，但零税率的销售额中不包括适用免、抵、退税办法出口货物的销售额。

(二十四)第10栏“免税劳务销售额”：填写纳税人本期按照税法规定免征增值税的劳务销售额及适用零税率的劳务销售额，但零税率的销售额中不包括适用免、抵、退税办法的劳务的销售额。

(二十五)第11栏“销项税额”：填写纳税人本期按一般计税方法计税的货物、劳务和应税服务的销项税额。

营业税改征增值税的纳税人，应税服务有扣除项目的，本栏应填写扣除之后的销项税额。

本栏“一般货物、劳务和应税服务”列“本月数”=附列资料(一)(第10列第1、3行之和-10列第6行)+(第14列第2、4、5行之和-14列第7行)；

本栏“即征即退货物、劳务和应税服务”列“本月数”=附列资料(一)第10列第6行+第14列第7行。

(二十六)第12栏“进项税额”：填写纳税人本期申报抵扣的进项税额。

本栏“一般货物、劳务和应税服务”列“本月数”+“即征即退货物、劳务和应税服务”列“本月数”=附列资料(二)(见2.8.7.3节)第12栏“税额”。

(二十七)第13栏“上期留抵税额”。

1. 上期留抵税额按规定须挂账的纳税人，按以下要求填写本栏的"本月数"和"本年累计"。

上期留抵税额按规定须挂账的纳税人是指试点实施之日前一个税款所属期的申报表第20栏"期末留抵税额""一般货物、劳务和应税服务"列"本月数"大于零，且兼有营业税改征增值税应税服务的纳税人(下同)。其试点实施之日前一个税款所属期的申报表第20栏"期末留抵税额""一般货物及劳务"列"本月数"，以下称为货物和劳务挂账留抵税额。

(1)本栏"一般货物、劳务和应税服务"列"本月数"：试点实施之日的税款所属期填写"0"；以后各期按上期申报表第20栏"期末留抵税额""一般货物、劳务和应税服务"列"本月数"填写。

(2)本栏"一般货物、劳务和应税服务"列"本年累计"：反映货物和劳务挂账留抵税额本期期初余额。试点实施之日的税款所属期按试点实施之日前一个税款所属期的申报表第20栏"期末留抵税额""一般货物及劳务"列"本月数"填写；以后各期按上期申报表第20栏"期末留抵税额""一般货物、劳务和应税服务"列"本年累计"填写。

(3)本栏"即征即退货物、劳务和应税服务"列"本月数"：按上期申报表第20栏"期末留抵税额""即征即退货物、劳务和应税服务"列"本月数"填写。

2. 其他纳税人，按以下要求填写本栏"本月数"和"本年累计"。

其他纳税人是指除上期留抵税额按规定须挂账的纳税人之外的纳税人(下同)。

(1)本栏"一般货物、劳务和应税服务"列"本月数"：按上期申报表第20栏"期末留抵税额""一般货物、劳务和应税服务"列"本月数"填写。

(2)本栏"一般货物、劳务和应税服务"列"本年累计"：填写"0"。

(3)本栏"即征即退货物、劳务和应税服务"列"本月数"：按上期申报表第20栏"期末留抵税额""即征即退货物、劳务和应税服务"列"本月数"填写。

(二十八)第14栏"进项税额转出"：填写纳税人已经抵扣，但按税法规定本期应转出的进项税额。

本栏"一般货物、劳务和应税服务"列"本月数"+"即征即退货物、劳务和应税服务"列"本月数"=附列资料(二)第13栏"税额"。

(二十九)第15栏"免、抵、退应退税额"：反映税务机关退税部门按照出口货物、劳务和应税服务免、抵、退办法审批的增值税应退税额。

(三十)第16栏"按适用税率计算的纳税检查应补缴税额"：填写税务、财政、审计部门检查，按一般计税方法计算的纳税检查应补缴的增值税税额。

本栏"一般货物、劳务和应税服务"列"本月数"≤附列资料(一)第8列第1至5行之和+附列资料(二)第19栏。

(三十一)第17栏"应抵扣税额合计"：填写纳税人本期应抵扣进项税额的合计数。按表中所列公式计算填写。

(三十二)第18栏"实际抵扣税额"

1. 上期留抵税额按规定须挂账的纳税人，按以下要求填写本栏的“本月数”和“本年累计”。

(1)本栏“一般货物、劳务和应税服务”列“本月数”：按表中所列公式计算填写。

(2)本栏“一般货物、劳务和应税服务”列“本年累计”：填写货物和劳务挂账留抵税额本期实际抵减一般货物和劳务应纳税额的数额。将“货物和劳务挂账留抵税额本期期初余额”与“一般计税方法的一般货物及劳务应纳税额”两个数据相比较，取二者中小的数据。

其中：货物和劳务挂账留抵税额本期期初余额 = 第13栏“上期留抵税额”“一般货物、劳务和应税服务”列“本年累计”；

一般计税方法的一般货物及劳务应纳税额 =(第11栏“销项税额”“一般货物、劳务和应税服务”列“本月数” - 第18栏“实际抵扣税额”“一般货物、劳务和应税服务”列“本月数”)×一般货物及劳务销项税额比例；

一般货物及劳务销项税额比例 =(附列资料(一)第10列第1、3行之和 - 第10列第6行)÷第11栏“销项税额”“一般货物、劳务和应税服务”列“本月数”×100%。

(3)本栏“即征即退货物、劳务和应税服务”列“本月数”：按表中所列公式计算填写。

2. 其他纳税人，按以下要求填写本栏的“本月数”和“本年累计”：

(1)本栏“一般货物、劳务和应税服务”列“本月数”：按表中所列公式计算填写。

(2)本栏“一般货物、劳务和应税服务”列“本年累计”：填写“0”。

(3)本栏“即征即退货物、劳务和应税服务”列“本月数”：按表中所列公式计算填写。

(三十三)第19栏“应纳税额”：反映纳税人本期按一般计税方法计算并应缴纳的增值税额。按以下公式计算填写：

1. 本栏“一般货物、劳务和应税服务”列“本月数” = 第11栏“销项税额”“一般货物、劳务和应税服务”列“本月数” - 第18栏“实际抵扣税额”“一般货物、劳务和应税服务”列“本月数” - 第18栏“实际抵扣税额”“一般货物、劳务和应税服务”列“本年累计”。

2. 本栏“即征即退货物、劳务和应税服务”列“本月数” = 第11栏“销项税额”“即征即退货物、劳务和应税服务”列“本月数” - 第18栏“实际抵扣税额”“即征即退货物、劳务和应税服务”列“本月数”。

(三十四)第20栏“期末留抵税额”。

1. 上期留抵税额按规定须挂账的纳税人，按以下要求填写本栏的“本月数”和“本年累计”。

(1)本栏“一般货物、劳务和应税服务”列“本月数”：反映试点实施以后，一般货物、劳务和应税服务共同形成的留抵税额。按表中所列公式计算填写。

(2)本栏“一般货物、劳务和应税服务”列“本年累计”：反映货物和劳务挂账留抵税额，在试点实施以后抵减一般货物和劳务应纳税额后的余额。按以下公式计算填写：

本栏“一般货物、劳务和应税服务”列“本年累计”=第13栏“上期留抵税额”“一般货物、劳务和应税服务”列“本年累计”－第18栏“实际抵扣税额”“一般货物、劳务和应税服务”列“本年累计”。

(3)本栏“即征即退货物、劳务和应税服务”列“本月数”：按表中所列公式计算填写。

2. 其他纳税人，按以下要求填写本栏“本月数”和“本年累计”：

(1)本栏“一般货物、劳务和应税服务”列“本月数”：按表中所列公式计算填写。

(2)本栏“一般货物、劳务和应税服务”列“本年累计”：填写“0”。

(3)本栏“即征即退货物、劳务和应税服务”列“本月数”：按表中所列公式计算填写。

(三十五)第21栏“简易计税办法计算的应纳税额”：反映纳税人本期按简易计税方法计算并应缴纳的增值税额，但不包括按简易计税方法计算的纳税检查应补缴税额。按以下公式计算填写：

本栏“一般货物、劳务和应税服务”列“本月数”=附列资料(一)(第10列第8至11行之和－第10列第14行)+(第14列第12行至13行之和－第14列第15行)

本栏“即征即退货物、劳务和应税服务”列“本月数”=附列资料(一)第10列第14行+第14列第15行。

营业税改征增值税的纳税人，应税服务按规定汇总计算缴纳增值税的分支机构，应将预征增值税额填入本栏。预征增值税额=应预征增值税的销售额×预征率。

(三十六)第22栏“按简易计税办法计算的纳税检查应补缴税额”：填写纳税人本期因税务、财政、审计部门检查并按简易计税方法计算的纳税检查应补缴税额。

(三十七)第23栏“应纳税额减征额”：填写纳税人本期按照税法规定减征的增值税应纳税额。包含按照规定可在增值税应纳税额中全额抵减的增值税税控系统专用设备费用以及技术维护费。

当本期减征额小于或等于第19栏“应纳税额”与第21栏“简易计税办法计算的应纳税额”之和时，按本期减征额实际填写；当本期减征额大于第19栏“应纳税额”与第21栏“简易计税办法计算的应纳税额”之和时，按本期第19栏与第21栏之和填写。本期减征额不足抵减部分结转下期继续抵减。

(三十八)第24栏“应纳税额合计”：反映纳税人本期应缴增值税的合计数。按表中所列公式计算填写。

(三十九)第25栏“期初未缴税额(多缴为负数)”：“本月数”按上一税款所属期申报表第32栏“期末未缴税额(多缴为负数)”“本月数”填写。“本年累计”按上年度最后一个税款所属期申报表第32栏“期末未缴税额(多缴为负数)”“本年累计”填写。

(四十)第26栏“实收出口开具专用缴款书退税额”：本栏不填写。

(四十一)第27栏“本期已缴税额”：反映纳税人本期实际缴纳的增值税额，但不包括本期入库的查补税款。按表中所列公式计算填写。

（四十二）第28栏“①分次预缴税额”：填写纳税人本期已缴纳的准予在本期增值税应纳税额中抵减的税额。

营业税改征增值税的纳税人，应税服务按规定汇总计算缴纳增值税的总机构，其可以从本期增值税应纳税额中抵减的分支机构已缴纳的税款，按当期实际可抵减数填入本栏，不足抵减部分结转下期继续抵减。

（四十三）第29栏“②出口开具专用缴款书预缴税额”：本栏不填写。

（四十四）第30栏“③本期缴纳上期应纳税额”：填写纳税人本期缴纳上一税款所属期应缴未缴的增值税额。

（四十五）第31栏“④本期缴纳欠缴税额”：反映纳税人本期实际缴纳和留抵税额抵减的增值税欠税额，但不包括缴纳入库的查补增值税额。

（四十六）第32栏“期末未缴税额（多缴为负数）”：“本月数”反映纳税人本期期末应缴未缴的增值税额，但不包括纳税检查应缴未缴的税额。按表中所列公式计算填写。“本年累计”与“本月数”相同。

（四十七）第33栏“其中：欠缴税额（≥0）”：反映纳税人按照税法规定已形成欠税的增值税额。按表中所列公式计算填写。

（四十八）第34栏“本期应补（退）税额”：反映纳税人本期应纳税额中应补缴或应退回的数额。按表中所列公式计算填写。

（四十九）第35栏“即征即退实际退税额”：反映纳税人本期因符合增值税即征即退政策规定，而实际收到的税务机关退回的增值税额。

（五十）第36栏“期初未缴查补税额”：“本月数”按上一税款所属期申报表第38栏“期末未缴查补税额”“本月数”填写。“本年累计”按上年度最后一个税款所属期申报表第38栏“期末未缴查补税额”“本年累计”填写。

（五十一）第37栏“本期入库查补税额”：反映纳税人本期因税务、财政、审计部门检查而实际入库的增值税额，包括按一般计税方法计算并实际缴纳的查补增值税额和按简易计税方法计算并实际缴纳的查补增值税额。

（五十二）第38栏“期末未缴查补税额”：“本月数”反映纳税人接受纳税检查后应在本期期末缴纳而未缴纳的查补增值税额。按表中所列公式计算填写，“本年累计”与“本月数”相同。

2.8.7.2 增值税纳税申报表附列资料（一）（本期销售情况明细）

增值税纳税申报表附列资料(一)

(本期销售情况明细)

税款所属时间：　　年　月　日至　　年　月　日

纳税人名称:(公章)　　　　金额单位:元至角分

项目及栏次				开具增值税专用发票		开具其他发票		未开具发票		纳税检查调整		合计			服务、不动产和无形资产扣除项目本期实际扣除金额	扣除后	
				销售额	销项(应纳)税额	销售额	销项(应纳)税额	销售额	销项(应纳)税额	销售额	销项(应纳)税额	销售额	销项(应纳)税额	价税合计		含税(免税)销售额	销项(应纳)税额
				1	2	3	4	5	6	7	8	9=1+3+5+7	10=2+4+6+8	11=9+10	12	13=11-12	14=13÷(100%+税率或征收率)×税率或征收率
一、一般计税方法计税	全部征税项目	17%税率的货物及加工修理修配劳务	1											—	—	—	—
		17%税率的服务、不动产和无形资产	2														
		13%税率	3											—	—	—	—
		11%税率	4														
		6%税率	5														
	其中:即征即退项目	即征即退货物及加工修理修配劳务	6	—	—	—	—	—	—	—	—			—	—	—	—
		即征即退服务、不动产和无形资产	7	—	—	—	—	—	—	—	—						

续上表

项目及栏次				开具增值税专用发票		开具其他发票		未开具发票		纳税检查调整		合计			服务、不动产和无形资产扣除项目本期实际扣除金额	扣除后	
				销售额	销项（应纳）税额	销售额	销项（应纳）税额	销售额	销项（应纳）税额	销售额	销项（应纳）税额	销售额	销项（应纳）税额	价税合计		含税（免税）销售额	销项（应纳）税额
				1	2	3	4	5	6	7	8	9 = 1 + 3 + 5 + 7	10 = 2 + 4 + 6 + 8	11 = 9 + 10	12	13 = 11 − 12	14 = 13 ÷ (100% + 税率或征收率) × 税率或征收率
二、简易计税方法计税	全部征税项目	6% 征收率	8							—	—			—	—	—	—
		5% 征收率的货物及加工修理修配劳务	9a							—	—			—	—	—	—
		5% 征收率的服务、不动产和无形资产	9b							—	—						
		4% 征收率	10							—	—			—	—	—	—
		3% 征收率的货物及加工修理修配劳务	11							—	—			—	—	—	—
		3% 征收率的服务、不动产和无形资产	12							—	—						
		预征率　%	13a							—	—						
		预征率　%	13b							—	—						
		预征率　%	13c							—	—						
	其中：即征即退项目	即征即退货物及加工修理修配劳务	14	—	—	—	—	—	—	—	—			—	—	—	—
		即征即退服务、不动产和无形资产	15	—	—	—	—	—	—	—	—						

续上表

项目及栏次			开具增值税专用发票		开具其他发票		未开具发票		纳税检查调整		合计			服务、不动产和无形资产扣除项目本期实际扣除金额	扣除后	
			销售额	销项（应纳）税额	销售额	销项（应纳）税额	销售额	销项（应纳）税额	销售额	销项（应纳）税额	销售额	销项（应纳）税额	价税合计		含税（免税）销售额	销项（应纳）税额
			1	2	3	4	5	6	7	8	9 = 1 + 3 + 5 + 7	10 = 2 + 4 + 6 + 8	11 = 9 + 10	12	13 = 11 − 12	14 = 13 ÷ (100% + 税率或征收率) × 税率或征收率
三、免抵退税	货物及加工修理修配劳务	16	—	—		—		—	—	—		—	—	—	—	—
	服务、不动产和无形资产	17	—	—		—		—	—	—		—	—	—	—	—
四、免税	货物及加工修理修配劳务	18				—		—	—	—		—	—	—	—	—
	服务、不动产和无形资产	19	—	—		—		—	—	—		—				—

【填写说明】

1.“税款所属时间”“纳税人名称”的填写同主表。

2. 各列说明。

1)第 1 至 2 列“开具增值税专用发票”：反映本期开具增值税专用发票(含税控机动车销售统一发票，下同)的情况。

2)第 3 至 4 列“开具其他发票”：反映除增值税专用发票以外本期开具的其他发票的情况。

3)第 5 至 6 列“未开具发票”：反映本期未开具发票的销售情况。

4)第 7 至 8 列“纳税检查调整”：反映经税务、财政、审计部门检查并在本期调整的销售情况。

5)第 9 至 11 列“合计”：按照表中所列公式填写。

营业税改征增值税的纳税人，服务、不动产和无形资产有扣除项目的，第 1 至 11 列应填写扣除之前的征(免)税销售额、销项(应纳)税额和价税合计额。

6)第 12 列“服务、不动产和无形资产扣除项目本期实际扣除金额”：营业税改征增值税的纳税人，服务、不动产和无形资产有扣除项目的，按附列资料(三)(见 2.8.7.4 节)第 5 列对应各行次数据填写，其中本列第 5 栏等于附列资料(三)第 5 列第 3 行与第 4 行之和；服务、不动产和无形资产无扣除项目的，本列填写“0”。其他纳税人不填写。

营业税改征增值税的纳税人，服务、不动产和无形资产按规定汇总计算缴纳增值税的分支机构，当期服务、不动产和无形资产有扣除项目的，填入本列第 13 行。

7)第 13 列“扣除后”“含税(免税)销售额”：营业税改征增值税的纳税人，服务、不动产和无形资产有扣除项目的，本列各行次 = 第 11 列对应各行次 − 第 12 列对应各行次。其他纳税人不填写。

8)第 14 列“扣除后”“销项(应纳)税额”：营业税改征增值税的纳税人，服务、不动产和无形资产有扣除项目的，按以下要求填写本列，其他纳税人不填写。

(1)服务、不动产和无形资产按照一般计税方法计税

本列各行次 = 第 13 列 ÷ (100% + 对应行次税率) × 对应行次税率

本列第 7 行“按一般计税方法计税的即征即退服务、不动产和无形资产”不按本列的说明填写。具体填写要求见下面“各行说明”第 2 条第(2)项第③点的说明。

(2)服务、不动产和无形资产按照简易计税方法计税

本列各行次 = 第 13 列 ÷ (100% + 对应行次征收率) × 对应行次征收率

本列第 13 行“预征率 %”不按本列的说明填写。具体填写要求见“各行说明”第 4 条第(2)项。

(3)服务、不动产和无形资产实行免抵退税或免税的，本列不填写。

3. 各行说明。

1)第 1 至 5 行“一、一般计税方法计税”“全部征税项目”各行：按不同税率和项目分别填写按一般计税方法计算增值税的全部征税项目。有即征即退征税项目的纳税人，本部分数据中既包括即征即退征税项目，又包括不享受即征即退政策的一般征税项目。

2)第 6 至 7 行“一、一般计税方法计税”“其中：即征即退项目”各行：只反映按一

般计税方法计算增值税的即征即退项目。按照税法规定不享受即征即退政策的纳税人，不填写本行。即征即退项目是全部征税项目的其中数。

(1)第6行“即征即退货物及加工修理修配劳务”：反映按一般计税方法计算增值税且享受即征即退政策的货物和加工修理修配劳务。本行不包括服务、不动产和无形资产的内容。

①本行第9列“合计”“销售额”栏：反映按一般计税方法计算增值税且享受即征即退政策的货物及加工修理修配劳务的不含税销售额。该栏不按第9列所列公式计算，应按照税法规定据实填写。

②本行第10列“合计”“销项(应纳)税额”栏：反映按一般计税方法计算增值税且享受即征即退政策的货物及加工修理修配劳务的销项税额。该栏不按第10列所列公式计算，应按照税法规定据实填写。

(2)第7行“即征即退服务、不动产和无形资产”：反映按一般计税方法计算增值税且享受即征即退政策的服务、不动产和无形资产。本行不包括货物及加工修理修配劳务的内容。

①本行第9列“合计”“销售额”栏：反映按一般计税方法计算增值税且享受即征即退政策的服务、不动产和无形资产的不含税销售额。服务、不动产和无形资产有扣除项目的，按扣除之前的不含税销售额填写。该栏不按第9列所列公式计算，应按照税法规定据实填写。

②本行第10列“合计”“销项(应纳)税额”栏：反映按一般计税方法计算增值税且享受即征即退政策的服务、不动产和无形资产的销项税额。服务、不动产和无形资产有扣除项目的，按扣除之前的销项税额填写。该栏不按第10列所列公式计算，应按照税法规定据实填写。

③本行第14列“扣除后”“销项(应纳)税额”栏：反映按一般计税方法征收增值税且享受即征即退政策的服务、不动产和无形资产实际应计提的销项税额。服务、不动产和无形资产有扣除项目的，按扣除之后的销项税额填写；服务、不动产和无形资产无扣除项目的，按本行第10列填写。该栏不按第14列所列公式计算，应按照税法规定据实填写。

3)第8至12行“二、简易计税方法计税”“全部征税项目”各行：按不同征收率和项目分别填写按简易计税方法计算增值税的全部征税项目。有即征即退征税项目的纳税人，本部分数据中既包括即征即退项目，也包括不享受即征即退政策的一般征税项目。

4)第13a至13c行“二、简易计税方法计税”“预征率 %”：反映营业税改征增值税的纳税人，服务、不动产和无形资产按规定汇总计算缴纳增值税的分支机构，预征增值税销售额、预征增值税应纳税额。其中，第13a行“预征率 %”适用于所有实行汇总计算缴纳增值税的分支机构试点纳税人；第13b、13c行“预征率 %”适用于部分实行汇总计算缴纳增值税的铁路运输试点纳税人。

(1)第13a至13c行第1至6列按照销售额和销项税额的实际发生数填写。

(2)第13a至13c行第14列，纳税人按“应预征缴纳的增值税 = 应预征增值税销售额 × 预征率”公式计算后据实填写。

5)第14至15行"二、简易计税方法计税""其中：即征即退项目"各行：只反映按简易计税方法计算增值税的即征即退项目。按照税法规定不享受即征即退政策的纳税人，不填写本行。即征即退项目是全部征税项目的其中数。

(1)第14行"即征即退货物及加工修理修配劳务"：反映按简易计税方法计算增值税且享受即征即退政策的货物及加工修理修配劳务。本行不包括服务、不动产和无形资产的内容。

①本行第9列"合计""销售额"栏：反映按简易计税方法计算增值税且享受即征即退政策的货物及加工修理修配劳务的不含税销售额。该栏不按第9列所列公式计算，应按照税法规定据实填写。

②本行第10列"合计""销项(应纳)税额"栏：反映按简易计税方法计算增值税且享受即征即退政策的货物及加工修理修配劳务的应纳税额。该栏不按第10列所列公式计算，应按照税法规定据实填写。

(2)第15行"即征即退服务、不动产和无形资产"：反映按简易计税方法计算增值税且享受即征即退政策的服务、不动产和无形资产。本行不包括货物及加工修理修配劳务的内容。

①本行第9列"合计""销售额"栏：反映按简易计税方法计算增值税且享受即征即退政策的服务、不动产和无形资产的不含税销售额。服务、不动产和无形资产有扣除项目的，按扣除之前的不含税销售额填写。该栏不按第9列所列公式计算，应按照税法规定据实填写。

②本行第10列"合计""销项(应纳)税额"栏：反映按简易计税方法计算增值税且享受即征即退政策的服务、不动产和无形资产的应纳税额。服务、不动产和无形资产有扣除项目的，按扣除之前的应纳税额填写。该栏不按第10列所列公式计算，应按照税法规定据实填写。

③本行第14列"扣除后""销项(应纳)税额"栏：反映按简易计税方法计算增值税且享受即征即退政策的服务、不动产和无形资产实际应计提的应纳税额。服务、不动产和无形资产有扣除项目的，按扣除之后的应纳税额填写；服务、不动产和无形资产无扣除项目的，按本行第10列填写。

6)第16行"三、免抵退税""货物及加工修理修配劳务"：反映适用免、抵、退税政策的出口货物、加工修理修配劳务。

7)第17行"三、免抵退税""服务、不动产和无形资产"：反映适用免、抵、退税政策的服务、不动产和无形资产。

8)第18行"四、免税""货物及加工修理修配劳务"：反映按照税法规定免征增值税的货物及劳务和适用零税率的出口货物及劳务，但零税率的销售额中不包括适用免、抵、退税办法的出口货物及劳务。

9)第19行"四、免税""服务、不动产和无形资产"：反映按照税法规定免征增值税的服务、不动产、无形资产和适用零税率的服务、不动产、无形资产，但零税率的销售额中不包括适用免、抵、退税办法的服务、不动产和无形资产。

2.8.7.3 增值税纳税申报表附列资料(二)(本期进项税额明细)

增值税纳税申报表附列资料(二)

(本期进项税额明细)

税款所属时间：　　年　　月　　日至　　年　　月　　日

纳税人名称：(公章)　　　　　　　　　　　　　　金额单位：元至角分

一、申报抵扣的进项税额				
项目	栏次	份数	金额	税额
(一)认证相符的增值税专用发票	1 =2 +3			
其中：本期认证相符且本期申报抵扣	2			
前期认证相符且本期申报抵扣	3			
(二)其他扣税凭证	4 =5 +6 +7 +8			
其中：海关进口增值税专用缴款书	5			
农产品收购发票或者销售发票	6			
代扣代缴税收缴款凭证	7		—	
其他	8			
(三)本期用于购建不动产的扣税凭证	9			
(四)本期不动产允许抵扣进项税额	10	—	—	
(五)外贸企业进项税额抵扣证明	11	—	—	
当期申报抵扣进项税额合计	12 =1 +4 -9 +10 +11			
二、进项税额转出额				
项目	栏次	税额		
本期进项税额转出额	13 =14 至 23 之和			
其中：免税项目用	14			
集体福利、个人消费	15			
非正常损失	16			
简易计税方法征税项目用	17			
免抵退税办法不得抵扣的进项税额	18			
纳税检查调减进项税额	19			
红字专用发票信息表注明的进项税额	20			
上期留抵税额抵减欠税	21			
上期留抵税额退税	22			
其他应作进项税额转出的情形	23			

续上表

三、待抵扣进项税额				
项目	栏次	份数	金额	税额
(一)认证相符的增值税专用发票	24	—	—	—
期初已认证相符但未申报抵扣	25			
本期认证相符且本期未申报抵扣	26			
期末已认证相符但未申报抵扣	27			
其中：按照税法规定不允许抵扣	28			
(二)其他扣税凭证	29 = 30 至 33 之和			
其中：海关进口增值税专用缴款书	30			
农产品收购发票或者销售发票	31			
代扣代缴税收缴款凭证	32		—	
其他	33			
	34			
四、其他				
项目	栏次	份数	金额	税额
本期认证相符的增值税专用发票	35			
代扣代缴税额	36	—	—	

【填写说明】

1.“税款所属时间”“纳税人名称”的填写同主表。

2. 第 1 至 12 栏“一、申报抵扣的进项税额”。

分别反映纳税人按税法规定符合抵扣条件，在本期申报抵扣的进项税额。

(1)第 1 栏“(一)认证相符的增值税专用发票”：反映纳税人取得的认证相符本期申报抵扣的增值税专用发票情况。该栏应等于第 2 栏“本期认证相符且本期申报抵扣”与第 3 栏“前期认证相符且本期申报抵扣”数据之和。

(2)第 2 栏“其中：本期认证相符且本期申报抵扣”：反映本期认证相符且本期申报抵扣的增值税专用发票的情况。本栏是第 1 栏的其中数，本栏只填写本期认证相符且本期申报抵扣的部分。

适用取消增值税发票认证规定的纳税人，当期申报抵扣的增值税发票数据，也填报在本栏中。

(3)第 3 栏“前期认证相符且本期申报抵扣”：反映前期认证相符且本期申报抵扣的增值税专用发票的情况。

辅导期纳税人依据税务机关告知的稽核比对结果通知书及明细清单注明的稽核相符的增值税专用发票填写本栏。本栏是第 1 栏的其中数，只填写前期认证相符且本期申报抵扣的部分。

(4)第 4 栏“(二)其他扣税凭证”：反映本期申报抵扣的除增值税专用发票之外的其他扣税凭证的情况。具体包括：海关进口增值税专用缴款书、农产品收购发票或者销售发票(含农产品核定扣除的进项税额)、代扣代缴税收完税凭证和其他符合政策规定的抵扣凭证。该栏应等于第 5 至 8 栏之和。

(5)第 5 栏“海关进口增值税专用缴款书”：反映本期申报抵扣的海关进口增值税专用缴款书的情况。按规定执行海关进口增值税专用缴款书先比对后抵扣的，纳税人需依据税务机关告知的稽核比对结果通知书及明细清单注明的稽核相符的海关进口增值税专用缴款书填写本栏。

(6)第 6 栏“农产品收购发票或者销售发票”：反映本期申报抵扣的农产品收购发票和农产品销售普通发票的情况。执行农产品增值税进项税额核定扣除办法的，填写当期允许抵扣的农产品增值税进项税额，不填写“份数”“金额”。

(7)第 7 栏“代扣代缴税收缴款凭证”：填写本期按规定准予抵扣的完税凭证上注明的增值税额。

(8)第 8 栏“其他”：反映按规定本期可以申报抵扣的其他扣税凭证情况。

纳税人按照规定不得抵扣且未抵扣进项税额的固定资产、无形资产、不动产，发生用途改变，用于允许抵扣进项税额的应税项目，可在用途改变的次月将按公式计算出的可以抵扣的进项税额，填入“税额”栏。

(9)第 9 栏“(三)本期用于购建不动产的扣税凭证”：反映按规定本期用于购建不动产并适用分2 年抵扣规定的扣税凭证上注明的金额和税额。购建不动产是指纳税人 2016 年 5 月 1 日后取得并在会计制度上按固定资产核算的不动产或者 2016 年 5 月 1 日后取得的不动产在建工程。

取得不动产，包括以直接购买、接受捐赠、接受投资入股、自建以及抵债等各种形式取得不动产，不包括房地产开发企业自行开发的房地产项目。

本栏次包括第 1 栏中本期用于购建不动产的增值税专用发票和第 4 栏中本期用于购建不动产的其他扣税凭证。

本栏“税额”要小于第 1 栏 + 第 4 栏，且本栏“税额”≥0。

纳税人按照规定不得抵扣且未抵扣进项税额的不动产，发生用途改变，用于允许抵扣进项税额的应税项目，可在用途改变的次月将按公式计算出的可以抵扣的进项税额，填入“税额”栏。

本栏“税额”列等于附列资料(五)第 2 列“本期不动产进项税额增加额”。

(10)第 10 栏“(四)本期不动产允许抵扣进项税额”：反映按规定本期实际申报抵扣的不动产进项税额。

本栏“税额”列等于附列资料(五)第 3 列“本期可抵扣不动产进项税额”。

(11)第 11 栏“(五)外贸企业进项税额抵扣证明”：填写本期申报抵扣的税务机关出

口退税部门开具的出口货物转内销证明列明允许抵扣的进项税额。

(12)第12栏"当期申报抵扣进项税额合计"：反映本期申报抵扣进项税额的合计数。按表中所列公式计算填写。

3. 第13至23栏"二、进项税额转出额"各栏。

分别反映纳税人已经抵扣但按规定应在本期转出的进项税额明细情况。

(1)第13栏"本期进项税额转出额"：反映已经抵扣但按规定应在本期转出的进项税额合计数。按表中所列公式计算填写。

(2)第14栏"免税项目用"：反映用于免征增值税项目，按规定应在本期转出的进项税额。

(3)第15栏"集体福利、个人消费"：反映用于集体福利或者个人消费，按规定应在本期转出的进项税额。

(4)第16栏"非正常损失"：反映纳税人发生非正常损失，按规定应在本期转出的进项税额。

(5)第17栏"简易计税方法征税项目用"：反映用于按简易计税方法征税项目，按规定应在本期转出的进项税额。

营业税改征增值税的纳税人，服务、不动产和无形资产按规定汇总计算缴纳增值税的分支机构，当期应由总机构汇总的进项税额也填入本栏。

(6)第18栏"免抵退税办法不得抵扣的进项税额"：反映按照免、抵、退税办法的规定，由于征税税率与退税税率存在税率差，在本期应转出的进项税额。

(7)第19栏"纳税检查调减进项税额"：反映税务、财政、审计部门检查后而调减的进项税额。

(8)第20栏"红字专用发票信息表注明的进项税额"：填写主管税务机关开具的《开具红字增值税专用发票信息表》注明的在本期应转出的进项税额。

(9)第21栏"上期留抵税额抵减欠税"：填写本期经税务机关同意，使用上期留抵税额抵减欠税的数额。

(10)第22栏"上期留抵税额退税"：填写本期经税务机关批准的上期留抵税额退税额。

(11)第23栏"其他应作进项税额转出的情形"：反映除上述进项税额转出情形外，其他应在本期转出的进项税额。

4. 第24至34栏"三、待抵扣进项税额"各栏。

分别反映纳税人已经取得，但按税法规定不符合抵扣条件，暂不予在本期申报抵扣的进项税额情况及按税法规定不允许抵扣的进项税额情况。

(1)第24至28栏均为增值税专用发票的情况。

(2)第25栏"期初已认证相符但未申报抵扣"：反映前期认证相符，但按照税法规定暂不予抵扣及不允许抵扣，结存至本期的增值税专用发票情况。辅导期纳税人填写认证相符但未收到稽核比对结果的增值税专用发票期初情况。

(3)第26栏“本期认证相符且本期未申报抵扣”：反映本期认证相符，但按税法规定暂不予抵扣及不允许抵扣，而未申报抵扣的增值税专用发票情况。辅导期纳税人填写本期认证相符但未收到稽核比对结果的增值税专用发票情况。

(4)第27栏“期末已认证相符但未申报抵扣”：反映截至本期期末，按照税法规定仍暂不予抵扣及不允许抵扣且已认证相符的增值税专用发票情况。辅导期纳税人填写截至本期期末已认证相符但未收到稽核比对结果的增值税专用发票期末情况。

(5)第28栏“其中：按照税法规定不允许抵扣”：反映截至本期期末已认证相符但未申报抵扣的增值税专用发票中，按照税法规定不允许抵扣的增值税专用发票情况。

(6)第29栏“(二)其他扣税凭证”：反映截至本期期末仍未申报抵扣的除增值税专用发票之外的其他扣税凭证情况。具体包括：海关进口增值税专用缴款书、农产品收购发票或者销售发票、代扣代缴税收完税凭证和其他符合政策规定的抵扣凭证。该栏应等于第30至33栏之和。

(7)第30栏“海关进口增值税专用缴款书”：反映已取得但截至本期期末仍未申报抵扣的海关进口增值税专用缴款书情况，包括纳税人未收到稽核比对结果的海关进口增值税专用缴款书情况。

(8)第31栏“农产品收购发票或者销售发票”：反映已取得但截至本期期末仍未申报抵扣的农产品收购发票和农产品销售普通发票情况。

(9)第32栏“代扣代缴税收缴款凭证”：反映已取得但截至本期期末仍未申报抵扣的代扣代缴税收完税凭证情况。

(10)第33栏“其他”：反映已取得但截至本期期末仍未申报抵扣的其他扣税凭证的情况。

5. 第35至36栏“四、其他”各栏。

(1)第35栏“本期认证相符的增值税专用发票”：反映本期认证相符的增值税专用发票的情况。

(2)第36栏“代扣代缴税额”：填写纳税人根据《中华人民共和国增值税暂行条例》第十八条扣缴的应税劳务增值税额与根据营业税改征增值税有关政策规定扣缴的服务、不动产和无形资产增值税额之和。

2.8.7.4 增值税纳税申报表附列资料(三)(服务、不动产和无形资产扣除项目明细)

增值税纳税申报表附列资料(三)

(服务、不动产和无形资产扣除项目明细)

税款所属时间:　　年　月　日至　年　月　日

纳税人名称:(公章)　　　　　　　　　　　　　　　　　　　金额单位:元至角分

项目及栏次		本期服务、不动产和无形资产价税合计额(免税销售额)	服务、不动产和无形资产扣除项目				
			期初余额	本期发生额	本期应扣除金额	本期实际扣除金额	期末余额
		1	2	3	4 = 2 + 3	5(5≤1 且 5≤4)	6 = 4 − 5
17% 税率的项目	1						
11% 税率的项目	2						
6% 税率的项目(不含金融商品转让)	3						
6% 税率的金融商品转让项目	4						
5% 征收率的项目	5						
3% 征收率的项目	6						
免抵退税的项目	7						
免税的项目	8						

【填写说明】

(1)本表由服务、不动产和无形资产有扣除项目的营业税改征增值税纳税人填写。其他纳税人不填写。

(2)“税款所属时间”“纳税人名称”的填写同主表。

(3)第1列“本期服务、不动产和无形资产价税合计额(免税销售额)”：营业税改征增值税的服务、不动产和无形资产属于征税项目的，填写扣除之前的本期服务、不动产和无形资产价税合计额；营业税改征增值税的服务、不动产和无形资产属于免抵退税或免税项目的，填写扣除之前的本期服务、不动产和无形资产免税销售额。本列各行次等于附列资料(一)第11列对应行次，其中本列第3行和第4行之和等于附列资料(一)第11列第5栏。营业税改征增值税的纳税人，服务、不动产和无形资产按规定汇总计算缴纳增值税的分支机构，本列各行次之和等于附列资料(一)第11列第13a、13b行之和。

(4)第2列“服务、不动产和无形资产扣除项目”“期初余额”：填写服务、不动产和无形资产扣除项目上期期末结存的金额，试点实施之日的税款所属期填写“0”。本列各行次等于上期附列资料(三)第6列对应行次。本列第4行“6%税率的金融商品转让项目”“期初余额”年初首期填报时应填“0”。

(5)第3列“服务、不动产和无形资产扣除项目”“本期发生额”：填写本期取得的按税法规定准予扣除的服务、不动产和无形资产扣除项目金额。

(6)第4列“服务、不动产和无形资产扣除项目”“本期应扣除金额”：填写服务、不动产和无形资产扣除项目本期应扣除的金额。

本列各行次=第2列对应各行次+第3列对应各行次

(7)第5列“服务、不动产和无形资产扣除项目”“本期实际扣除金额”：填写服务、不动产和无形资产扣除项目本期实际扣除的金额。

本列各行次≤第4列对应各行次且本列各行次≤第1列对应各行次。

(8)第6列“服务、不动产和无形资产扣除项目”“期末余额”：填写服务、不动产和无形资产扣除项目本期期末结存的金额。

本列各行次=第4列对应各行次-第5列对应各行次

2.8.7.5 增值税纳税申报表附列资料(四)(税额抵减情况表)

增值税纳税申报表附列资料(四)

(税额抵减情况表)

税款所属时间：　　年　月　日至　　年　月　日

纳税人名称:(公章)　　　　金额单位:元至角分

序号	抵减项目	期初余额	本期发生额	本期应抵减税额	本期实际抵减税额	期末余额
		1	2	3 = 1 + 2	4≤3	5 = 3 − 4
1	增值税税控系统专用设备费及技术维护费					
2	分支机构预征缴纳税款					
3	建筑服务预征缴纳税款					
4	销售不动产预征缴纳税款					
5	出租不动产预征缴纳税款					

【填写说明】

本表第1行由发生增值税税控系统专用设备费用和技术维护费的纳税人填写，反映纳税人增值税税控系统专用设备费用和技术维护费按规定抵减增值税应纳税额的情况。

本表第2行由营业税改征增值税纳税人，服务、不动产和无形资产按规定汇总计算缴纳增值税的总机构填写，反映其分支机构预征缴纳税款抵减总机构应纳增值税税额的情况。

本表第3行由销售建筑服务并按规定预缴增值税的纳税人填写，反映其销售建筑服务预征缴纳税款抵减应纳增值税税额的情况。

本表第4行由销售不动产并按规定预缴增值税的纳税人填写，反映其销售不动产预征缴纳税款抵减应纳增值税税额的情况。

本表第5行由出租不动产并按规定预缴增值税的纳税人填写，反映其出租不动产预征缴纳税款抵减应纳增值税税额的情况。

未发生上述业务的纳税人不填写本表。

2.8.7.6 增值税纳税申报表附列资料(五)(不动产分期抵扣计算表)

增值税纳税申报表附列资料(五)

(不动产分期抵扣计算表)

税款所属时间：　　年　月　日至　年　月　日

纳税人名称：(公章)　　　　　　　　　　金额单位：元至角分

期初待抵扣不动产进项税额	本期不动产进项税额增加额	本期可抵扣不动产进项税额	本期转入的待抵扣不动产进项税额	本期转出的待抵扣不动产进项税额	期末待抵扣不动产进项税额
1	2	3≤1+2+4	4	5≤1+4	6=1+2-3+4-5

【填写说明】

(1)本表由分期抵扣不动产进项税额的纳税人填写。

(2)“税款所属时间”“纳税人名称”的填写同主表。

(3)第1列“期初待抵扣不动产进项税额”：填写纳税人上期期末待抵扣不动产进项税额。

(4)第2列“本期不动产进项税额增加额”：填写本期取得的符合税法规定的不动产进项税额。

(5)第3列“本期可抵扣不动产进项税额”：填写符合税法规定可以在本期抵扣的不动产进项税额。

(6)第4列“本期转入的待抵扣不动产进项税额”：填写按照税法规定本期应转入的待抵扣不动产进项税额。

本列数≤附列资料(二)第23栏“税额”。

(7)第5列“本期转出的待抵扣不动产进项税额”：填写按照税法规定本期应转出的待抵扣不动产进项税额。

(8)第6列“期末待抵扣不动产进项税额”：填写本期期末尚未抵扣的不动产进项税额，按表中公式填写。

2.8.7.7 固定资产(不含不动产)进项税额抵扣情况表

固定资产(不含不动产)进项税额抵扣情况表

纳税人名称(公章)：　　填表日期：　年　月　日　　金额单位：元至角分

项　目	当期申报抵扣的固定资产进项税额	申报抵扣的固定资产进项税额累计
增值税专用发票		
海关进口增值税专用缴款书		
合　计		

【填写说明】

本表反映纳税人在附列资料(二)“一、申报抵扣的进项税额”中固定资产的进项税额。本表按增值税专用发票、海关进口增值税专用缴款书分别填写。

2.8.7.8 本期抵扣进项税额结构明细表

本期抵扣进项税额结构明细表

税款所属时间：年　月　日至　年　月　日

纳税人名称：(公章)　　金额单位：元至角分

项　目	栏次	金额	税额
合计	1 =2 +4 +5 +11 +16 + 18 + 27 + 29 +30		
一、按税率或征收率归集(不包括购建不动产、通行费)的进项			
17%税率的进项	2		
其中：有形动产租赁的进项	3		
13%税率的进项	4		
11%税率的进项	5		
其中：运输服务的进项	6		
电信服务的进项	7		
建筑安装服务的进项	8		
不动产租赁服务的进项	9		

续上表

项 目	栏次	金额	税额
受让土地使用权的进项	10		
6%税率的进项	11		
其中：电信服务的进项	12		
金融保险服务的进项	13		
生活服务的进项	14		
取得无形资产的进项	15		
5%征收率的进项	16		
其中：不动产租赁服务的进项	17		
3%征收率的进项	18		
其中：货物及加工、修理修配劳务的进项	19		
运输服务的进项	20		
电信服务的进项	21		
建筑安装服务的进项	22		
金融保险服务的进项	23		
有形动产租赁服务的进项	24		
生活服务的进项	25		
取得无形资产的进项	26		
减按1.5%征收率的进项	27		
	28		
二、按抵扣项目归集的进项			
用于购建不动产并一次性抵扣的进项	29		
通行费的进项	30		
	31		
	32		

【填写说明】

(1)“税款所属时间”“纳税人名称”的填写同主表。

(2)第1栏“合计”按表中所列公式计算填写。

本栏与增值税纳税申报表附列资料(二)(本期进项税额明细，以下简称附列资料(二))相关栏次勾稽关系如下：

本栏“税额”列＝附列资料(二)第12栏“税额”列－附列资料(二)第10栏“税额”列－附列资料(二)第11栏“税额”列。

(3)第2至27栏“一、按税率或征收率归集(不包括购建不动产、通行费)的进项”各栏：反映纳税人按税法规定符合抵扣条件，在本期申报抵扣的不同税率(或征收率)

的进项税额，不包括用于购建不动产的允许一次性抵扣和分期抵扣的进项税额，以及纳税人支付的道路、桥、闸通行费，取得的增值税扣税凭证上注明或计算的进项税额。

其中，第27栏反映纳税人租入个人住房，本期申报抵扣的减按1.5%征收率的进项税额。

纳税人执行农产品增值税进项税额核定扣除办法的，按照农产品增值税进项税额扣除率所对应的税率，将计算抵扣的进项税额填入相应栏次。

纳税人取得通过增值税发票管理新系统中差额征税开票功能开具的增值税专用发票，按照实际购买的服务、不动产或无形资产对应的税率或征收率，将扣税凭证上注明的税额填入对应栏次。

(4)第29至30栏“二、按抵扣项目归集的进项”各栏：反映纳税人按税法规定符合抵扣条件，在本期申报抵扣的不同抵扣项目的进项税额。

①第29栏反映纳税人用于购建不动产允许一次性抵扣的进项税额。

购建不动产允许一次性抵扣的进项税额，是指纳税人用于购建不动产时，发生的允许抵扣且不适用分期抵扣政策的进项税额。

②第30栏反映纳税人支付道路、桥、闸通行费，取得的增值税扣税凭证上注明或计算的进项税额。

(5)本表内各栏间逻辑关系如下：

第1栏表内公式为1=2+4+5+11+16+18+27+29+30；

第2栏≥第3栏；

第5栏≥第6栏+第7栏+第8栏+第9栏+第10栏；

第11栏≥第12栏+第13栏+第14栏+第15栏；

第16栏≥第17栏；

第18栏≥第19栏+第20栏+第21栏+第22栏+第23栏+第24栏+第25栏+第26栏。

2.8.7.9 增值税减免税申报明细表

增值税减免税申报明细表

税款所属时间：自　年　月　日至　年　月　日

纳税人名称(公章)：　　金额单位：元至角分

一、减税项目						
减税性质代码及名称	栏次	期初余额	本期发生额	本期应抵减税额	本期实际抵减税额	期末余额
		1	2	3 = 1 + 2	4≤3	5 = 3 − 4
合计	1					
	2					
	3					
	4					
	5					
	6					
二、免税项目						
免税性质代码及名称	栏次	免征增值税项目销售额	免税销售额扣除项目本期实际扣除金额	扣除后免税销售额	免税销售额对应的进项税额	免税额
		1	2	3 = 1 − 2	4	5
合　计	7					
出口免税	8		—	—	—	—
其中：跨境服务	9		—	—	—	—
	10					
	11					
	12					
	13					
	14					
	15					
	16					

【填写说明】

（一）本表由享受增值税减免税优惠政策的增值税一般纳税人和小规模纳税人填写。仅享受月销售额不超过3万元（按季纳税9万元）免征增值税政策或未达起征点的增值税小规模纳税人不需填报本表，即小规模纳税人当期增值税纳税申报表主表第12栏“其他免税销售额”“本期数”和第16栏“本期应纳税额减征额”“本期数”均无数据时，不需填报本表。

（二）“税款所属时间”“纳税人名称”的填写同增值税纳税申报表主表（以下简称主表）。

（三）“一、减税项目”由本期按照税收法律、法规及国家有关税收规定享受减征（包含税额式减征、税率式减征）增值税优惠的纳税人填写。

1.“减税性质代码及名称”：根据国家税务总局最新发布的《减免性质及分类表》所列减免性质代码、项目名称填写。同时有多个减征项目的，应分别填写。

2. 第1列“期初余额”：填写应纳税额减征项目上期“期末余额”，为对应项目上期应抵减而不足抵减的余额。

3. 第2列“本期发生额”：填写本期发生的按照规定准予抵减增值税应纳税额的金额。

4. 第3列“本期应抵减税额”：填写本期应抵减增值税应纳税额的金额。本列按表中所列公式填写。

5. 第4列“本期实际抵减税额”：填写本期实际抵减增值税应纳税额的金额。本列各行≤第3列对应各行。

一般纳税人填写时，第1行“合计”本列数＝主表第23行“一般项目”列“本月数”。

小规模纳税人填写时，第1行“合计”本列数＝主表第16行“本期应纳税额减征额”“本期数”。

6. 第5列“期末余额”：按表中所列公式填写。

（四）“二、免税项目”由本期按照税收法律、法规及国家有关税收规定免征增值税的纳税人填写。仅享受小微企业免征增值税政策或未达起征点的小规模纳税人不需填写，即小规模纳税人申报表主表第12栏“其他免税销售额”“本期数”无数据时，不需填写本栏。

1.“免税性质代码及名称”：根据国家税务总局最新发布的《减免性质及分类表》所列减免性质代码、项目名称填写。同时有多个免税项目的，应分别填写。

2.“出口免税”填写纳税人本期按照税法规定出口免征增值税的销售额，但不包括适用免、抵、退税办法出口的销售额。小规模纳税人不填写本栏。

3. 第1列“免征增值税项目销售额”：填写纳税人免税项目的销售额。免税销售额按照有关规定允许从取得的全部价款和价外费用中扣除价款的，应填写扣除之前的销售额。

一般纳税人填写时，本列“合计”等于主表第8行“一般项目”列“本月数”。

小规模纳税人填写时，本列“合计”等于主表第12行“其他免税销售额”“本期数”。

4. 第2列“免税销售额扣除项目本期实际扣除金额”：免税销售额按照有关规定允许从取得的全部价款和价外费用中扣除价款的，据实填写扣除金额；无扣除项目的，本列填写“0”。

5. 第3列“扣除后免税销售额”：按表中所列公式填写。

6. 第4列“免税销售额对应的进项税额”：本期用于增值税免税项目的进项税额。小规模纳税人不填写本列，一般纳税人按下列情况填写：

(1)纳税人兼营应税和免税项目的，按当期免税销售额对应的进项税额填写；

(2)纳税人本期销售收入全部为免税项目，且当期取得合法扣税凭证的，按当期取得的合法扣税凭证注明或计算的进项税额填写；

(3)当期未取得合法扣税凭证的，纳税人可根据实际情况自行计算免税项目对应的进项税额；无法计算的，本栏次填“0”。

7. 第5列“免税额”：一般纳税人和小规模纳税人分别按下列公式计算填写，且本列各行数应大于或等于0。

一般纳税人公式：第5列“免税额”≤第3列“扣除后免税销售额”×适用税率－第4列“免税销售额对应的进项税额”。

小规模纳税人公式：第5列“免税额”=第3列“扣除后免税销售额”×征收率。

2.8.8 增值税纳税申报表(小规模纳税人适用)及附列资料

增值税纳税申报表

(小规模纳税人适用)

纳税人识别号：□□□□□□□□□□□□□□□□□□□□

纳税人名称(公章)：

金额单位：元至角分

税款所属期：　　年　月　日至　　年　月　日　　　　填表日期：　　年　月　日

	项　目	栏次	本期数		本年累计	
			货物及劳务	服务、不动产和无形资产	货物及劳务	服务、不动产和无形资产
一、计税依据	(一)应征增值税不含税销售额(3%征收率)	1				
	税务机关代开的增值税专用发票不含税销售额	2				
	税控器具开具的普通发票不含税销售额	3				
	(二)应征增值税不含税销售额(5%征收率)	4	—		—	
	税务机关代开的增值税专用发票不含税销售额	5	—		—	

续上表

	项　目	栏次	本期数		本年累计	
			货物及劳务	服务、不动产和无形资产	货物及劳务	服务、不动产和无形资产
一、计税依据	税控器具开具的普通发票不含税销售额	6	—		—	
	（三）销售使用过的固定资产不含税销售额	7（7≥8）		—		—
	其中：税控器具开具的普通发票不含税销售额	8		—		—
	（四）免税销售额	9＝10＋11＋12				
	其中：小微企业免税销售额	10				
	未达起征点销售额	11				
	其他免税销售额	12				
	（五）出口免税销售额	13（13≥14）				
	其中：税控器具开具的普通发票销售额	14				
二、税款计算	本期应纳税额	15				
	本期应纳税额减征额	16				
	本期免税额	17				
	其中：小微企业免税额	18				
	未达起征点免税额	19				
	应纳税额合计	20＝15－16				
	本期预缴税额	21			—	—
	本期应补（退）税额	22＝20－21			—	—

纳税人或代理人声明：	如纳税人填报，由纳税人填写以下各栏：
本纳税申报表是根据国家税收法律法规及相关规定填报的，我确定它是真实的、可靠的、完整的。	办税人员：　　　　财务负责人： 法定代表人：　　　　联系电话：
	如委托代理人填报，由代理人填写以下各栏：
	代理人名称（公章）：　　　　经办人： 联系电话：

主管税务机关：　　　　接收人：　　　　接收日期：

增值税纳税申报表(小规模纳税人适用)附列资料

税款所属期：　　年　月　日至　　年　月　日　　　　　　　　填表日期：　　年　月　日

纳税人名称(公章)：　　　　　　　　　　　　　　　　　　　　　　金额单位：元至角分

应税行为(3%征收率)扣除额计算			
期初余额	本期发生额	本期扣除额	期末余额
1	2	3(3≤1+2之和，且3≤5)	4=1+2-3
应税行为(3%征收率)计税销售额计算			
全部含税收入(适用3%征收率)	本期扣除额	含税销售额	不含税销售额
5	6=3	7=5-6	8=7÷1.03
应税行为(5%征收率)扣除额计算			
期初余额	本期发生额	本期扣除额	期末余额
9	10	11(11≤9+10之和，且11≤13)	12=9+10-11
应税行为(5%征收率)计税销售额计算			
全部含税收入(适用5%征收率)	本期扣除额	含税销售额	不含税销售额
13	14=11	15=13-14	16=15÷1.05

【填写说明】

本纳税申报表及其附列资料填写说明(以下简称本表及填写说明)适用于增值税小规模纳税人(以下简称纳税人)。

一、名词解释

(一)本表及填写说明所称“货物”，是指增值税的应税货物。

(二)本表及填写说明所称“劳务”，是指增值税的应税加工、修理、修配劳务。

(三)本表及填写说明所称“服务、不动产和无形资产”，是指销售服务、不动产和无形资产(以下简称应税行为)。

(四)本表及填写说明所称“扣除项目”，是指纳税人发生应税行为，在确定销售额时，按照有关规定允许其从取得的全部价款和价外费用中扣除价款的项目。

二、增值税纳税申报表(小规模纳税人适用)填写说明

本表“货物及劳务”与“服务、不动产和无形资产”各项目应分别填写。

(一)“税款所属期”是指纳税人申报的增值税应纳税额的所属时间，应填写具体的起止年、月、日。

(二)“纳税人识别号”栏，填写纳税人的税务登记证件号码。

(三)“纳税人名称”栏，填写纳税人名称全称。

（四）第1栏“应征增值税不含税销售额（3%征收率）”：填写本期销售货物及劳务、发生应税行为适用3%征收率的不含税销售额，不包括应税行为适用5%征收率的不含税销售额、销售使用过的固定资产和销售旧货的不含税销售额、免税销售额、出口免税销售额、查补销售额。

纳税人发生适用3%征收率的应税行为且有扣除项目的，本栏填写扣除后的不含税销售额，与当期《增值税纳税申报表（小规模纳税人适用）附列资料》第8栏数据一致。

（五）第2栏“税务机关代开的增值税专用发票不含税销售额”：填写税务机关代开的增值税专用发票销售额合计。

（六）第3栏“税控器具开具的普通发票不含税销售额”：填写税控器具开具的货物及劳务、应税行为的普通发票金额换算的不含税销售额。

（七）第4栏“应征增值税不含税销售额（5%征收率）”：填写本期发生应税行为适用5%征收率的不含税销售额。

纳税人发生适用5%征收率应税行为且有扣除项目的，本栏填写扣除后的不含税销售额，与当期增值税纳税申报表（小规模纳税人适用）附列资料第16栏数据一致。

（八）第5栏“税务机关代开的增值税专用发票不含税销售额”：填写税务机关代开的增值税专用发票销售额合计。

（九）第6栏“税控器具开具的普通发票不含税销售额”：填写税控器具开具的发生应税行为的普通发票金额换算的不含税销售额。

（十）第7栏“销售使用过的固定资产不含税销售额”：填写销售自己使用过的固定资产（不含不动产，下同）和销售旧货的不含税销售额，销售额＝含税销售额/（1＋3%）。

（十一）第8栏“税控器具开具的普通发票不含税销售额”：填写税控器具开具的销售自己使用过的固定资产和销售旧货的普通发票金额换算的不含税销售额。

（十二）第9栏“免税销售额”：填写销售免征增值税的货物及劳务、应税行为的销售额，不包括出口免税销售额。

应税行为有扣除项目的纳税人，填写扣除之前的销售额。

（十三）第10栏“小微企业免税销售额”：填写符合小微企业免征增值税政策的免税销售额，不包括符合其他增值税免税政策的销售额。个体工商户和其他个人不填写本栏次。

（十四）第11栏“未达起征点销售额”：填写个体工商户和其他个人未达起征点（含支持小微企业免征增值税政策）的免税销售额，不包括符合其他增值税免税政策的销售额。本栏次由个体工商户和其他个人填写。

（十五）第12栏“其他免税销售额”：填写销售免征增值税的货物及劳务、应税行为的销售额，不包括符合小微企业免征增值税和未达起征点政策的免税销售额。

（十六）第13栏“出口免税销售额”：填写出口免征增值税货物及劳务、出口免征增值税应税行为的销售额。

应税行为有扣除项目的纳税人，填写扣除之前的销售额。

（十七）第14栏“税控器具开具的普通发票销售额”：填写税控器具开具的出口免征增值税货物及劳务、出口免征增值税应税行为的普通发票销售额。

（十八）第 15 栏“本期应纳税额”：填写本期按征收率计算缴纳的应纳税额。

（十九）第 16 栏“本期应纳税额减征额”：填写纳税人本期按照税法规定减征的增值税应纳税额。包含可在增值税应纳税额中全额抵减的增值税税控系统专用设备费用以及技术维护费，可在增值税应纳税额中抵免的购置税控收款机的增值税税额。

当本期减征额小于或等于第 15 栏“本期应纳税额”时，按本期减征额实际填写；当本期减征额大于第 15 栏“本期应纳税额”时，按本期第 15 栏填写，本期减征额不足抵减部分结转下期继续抵减。

（二十）第 17 栏“本期免税额”：填写纳税人本期增值税免税额，免税额根据第 9 栏“免税销售额”和征收率计算。

（二十一）第 18 栏“小微企业免税额”：填写符合小微企业免征增值税政策的增值税免税额，免税额根据第 10 栏“小微企业免税销售额”和征收率计算。

（二十二）第 19 栏“未达起征点免税额”：填写个体工商户和其他个人未达起征点（含支持小微企业免征增值税政策）的增值税免税额，免税额根据第 11 栏“未达起征点销售额”和征收率计算。

（二十三）第 21 栏“本期预缴税额”：填写纳税人本期预缴的增值税额，但不包括查补缴纳的增值税额。

三、增值税纳税申报表（小规模纳税人适用）附列资料填写说明

本附列资料由发生应税行为且有扣除项目的纳税人填写，各栏次均不包含免征增值税项目的金额。

（一）“税款所属期”是指纳税人申报的增值税应纳税额的所属时间，应填写具体的起止年、月、日。

（二）“纳税人名称”栏，填写纳税人名称全称。

（三）第 1 栏“期初余额”：填写适用 3% 征收率的应税行为扣除项目上期期末结存的金额，试点实施之日的税款所属期填写“0”。

（四）第 2 栏“本期发生额”：填写本期取得的按税法规定准予扣除的适用 3% 征收率的应税行为扣除项目金额。

（五）第 3 栏“本期扣除额”：填写适用 3% 征收率的应税行为扣除项目本期实际扣除的金额。

第 3 栏“本期扣除额”≤第 1 栏“期初余额”+第 2 栏“本期发生额”之和，且第 3 栏“本期扣除额”≤第 5 栏“全部含税收入（适用 3% 征收率）”。

（六）第 4 栏“期末余额”：填写适用 3% 征收率的应税行为扣除项目本期期末结存的金额。

（七）第 5 栏“全部含税收入（适用 3% 征收率）”：填写纳税人适用 3% 征收率的应税行为取得的全部价款和价外费用数额。

（八）第 6 栏“本期扣除额”：填写本附列资料第 3 栏“本期扣除额”的数据。

第 6 栏“本期扣除额”=第 3 栏“本期扣除额”。

（九）第 7 栏“含税销售额”：填写适用 3% 征收率的应税行为的含税销售额。

第 7 栏“含税销售额”=第 5 栏“全部含税收入（适用 3% 征收率）”－第 6 栏“本期扣

除额”。

(十)第8栏“不含税销售额”：填写适用3%征收率的应税行为的不含税销售额。

第8栏“不含税销售额”=第7栏“含税销售额”÷1.03，与《增值税纳税申报表(小规模纳税人适用)》第1栏“应征增值税不含税销售额(3%征收率)”“本期数”“服务、不动产和无形资产”栏数据一致。

(十一)第9栏“期初余额”：填写适用5%征收率的应税行为扣除项目上期期末结存的金额，试点实施之日的税款所属期填写“0”。

(十二)第10栏“本期发生额”：填写本期取得的按税法规定准予扣除的适用5%征收率的应税行为扣除项目金额。

(十三)第11栏“本期扣除额”：填写适用5%征收率的应税行为扣除项目本期实际扣除的金额。

第11栏“本期扣除额”≤第9栏“期初余额”+第10栏“本期发生额”之和，且第11栏“本期扣除额”≤第13栏“全部含税收入(适用5%征收率)”。

(十四)第12栏“期末余额”：填写适用5%征收率的应税行为扣除项目本期期末结存的金额。

(十五)第13栏“全部含税收入(适用5%征收率)”：填写纳税人适用5%征收率的应税行为取得的全部价款和价外费用数额。

(十六)第14栏“本期扣除额”：填写本附列资料第11栏“本期扣除额”的数据。

第14栏“本期扣除额”=第11栏“本期扣除额”。

(十七)第15栏“含税销售额”：填写适用5%征收率的应税行为的含税销售额。

第15栏“含税销售额”=第13栏“全部含税收入(适用5%征收率)”-第14栏“本期扣除额”。

(十八)第16栏“不含税销售额”：填写适用5%征收率的应税行为的不含税销售额。

第16栏“不含税销售额”=第15栏“含税销售”÷1.05，与《增值税纳税申报表(小规模纳税人适用)》第4栏“应征增值税不含税销售额(5%征收率)”“本期数”“服务、不动产和无形资产”栏数据一致。

2.9 增值税专用发票的使用与管理

2.9.1 专用发票的联次

专用发票由基本联次或者基本联次附加其他联次构成，基本联次为三联，即发票联、抵扣联和记账联。发票联作为购买方核算采购成本和增值税进项税额的记账凭证；抵扣联作为购买方报送主管税务机关认证和留存备查的凭证；记账联作为销售方核算销售收入和增值税销项税额的记账凭证。其他联次用途由一般纳税人自行确定。

货物运输业增值税专用发票分为三联票和六联票。第一联：记账联，承运人记账凭证；第二联：抵扣联，受票方扣税凭证；第三联：发票联，受票方记账凭证；第四联至第六联由发票使用单位自行安排使用。

2.9.2　专用发票的领购

一般纳税人凭发票领购簿、IC卡和经办人身份证明领购专用发票。一般纳税人有下列情形之一的，不得领购、开具专用发票。

1)会计核算不健全，不能向税务机关准确提供增值税销项税额、进项税额、应纳税额数据及其他有关增值税税务资料的。

2)有《税收征收管理法》规定的税收违法行为，拒不接受税务机关处理的。

3)有下列行为之一，经税务机关责令限期改正而仍未改正的。

(1)虚开增值税专用发票。

(2)私自印制专用发票。

(3)向税务机关以外的单位和个人买取专用发票。

(4)借用他人专用发票。

(5)未按规定开具专用发票。

(6)未按规定保管专用发票设备，有下列情形之一的，视为未按规定保管专用发票和专用设备。

①未设专人保管专用发票和专用设备。

②未按税务机关要求存放专用发票和专用设备。

③未将认证相符的专用发票抵扣联、认证结果通知书和认证结果清单装订成册。

④未经税务机关查验，擅自销毁专用发票基本联次。

(7)未按规定申请办理防伪税控系统变更发行。

(8)未按规定接受税务机关检查。

有上列情形的，如已领购专用发票，主管税务机关应暂扣其结存的专用发票和IC卡。

2.9.3　专用发票的开具范围

(1)一般纳税人销售货物或者提供应税劳务和应税服务，应向购买方开具专用发票。

(2)商业企业一般纳税人零售的烟、酒、食品、服装、鞋帽(不包括劳保专用部分)、化妆品等消费品不得开具专用发票。

(3)增值税小规模纳税人需要开具专用发票的，可向主管税务机关申请代开。

(4)销售免税货物不得开具专用发票，法律、法规及国家税务总局另有规定的除外。

(5)纳税人提供应税服务，应当向索取增值税专用发票的接受方开具增值税专用发票，并在增值税专用发票上分别注明销售额和销项税额。属于下列情形之一的，不得开具增值税专用发票：

①向消费者个人提供应税服务。

②适用免征增值税规定的应税服务。

2.9.4 专用发票开具要求

(1)项目齐全，与实际交易相符。

(2)字迹清楚，不得压线、错格。

(3)发票联和抵扣联加盖财务专用章或者发票专用章。

(4)按照增值税纳税义务的发生时间开具。

2.9.5 专用发票不得抵扣进项税额的规定

1. 有下列情形之一的，不得作为增值税进项税额的抵扣凭证

经认证，有下列情形之一的，不得作为增值税进项税额的抵扣凭证，税务机关退还原件，购买方可要求销售方重新开具专用发票。

(1)无法认证，是指专用发票所列密文或者明文不能辨认，无法产生认证结果。

(2)纳税人识别号认证不符，是指专用发票所列购买方纳税人识别号有误。

(3)专用发票代码、号码认证不符，是指专用发票所列密文解译后与明文的代码或者号码不一致。

2. 有下列情形之一的，暂不得作为增值税进项税额的抵扣凭证

经认证，有下列情形之一的，暂不得作为增值税进项税额的抵扣凭证，税务机关扣留原件，查明原因，分别情况进行处理。

(1)重复认证，是指已经认证相符的同一张专用发票再次认证。

(2)密文有误，是指专用发票所列密文无法解译。

(3)认证不符，是指纳税人识别号有误，或者专用发票所列密文解译后与明文不一致。本项所称认证不符不含1的(2)、(3)所列情形。

(4)列为失控专用发票，是指认证时的专用发票已被登记为失控专用发票。

2.9.6 加强增值税专用发票的管理

2.9.6.1 关于被盗、丢失增值税专用发票的处理

(1)纳税人必须严格按照《增值税专用发票使用规定》保管使用专用发票，对违反规定发生被盗、丢失专用发票的纳税人，按《税收征收管理法》和《发票管理办法》的规定，处以1万元以下的罚款，并可视具体情况，对丢失专用发票的纳税人，在一定期限内(最长不超过半年)停止领购专用发票、对纳税人申报遗失的专用发票，如发现非法代开、虚开问题的，该纳税人应承担偷税、骗税的连带责任。

(2)纳税人丢失专用发票后，必须按规定程序向当地主管税务机关、公安机关报失。各地税务机关对丢失专用发票的纳税人按规定进行处罚的同时，代收取“挂失登报费”，并将丢失专用发票的纳税人名称、发票份数、字轨号码、盖章与否等情况，统一传(寄)中国税务报社刊登“遗失声明”。传(寄)中国税务报社的“遗失声明”，必须经县(市)国家税务机关审核盖章、签署意见。

2.9.6.2 关于对代开、虚开增值税专用发票的处理

代开发票是指为与自己没有发生直接购销关系的他人开具发票的行为，虚开发票是

指在没有任何购销事实的前提下，为他人、为自己或让他人为自己或介绍他人开具发票的行为。代开、虚开发票的行为都是严重的违法行为。对代开、虚开专用发票的，一律按票面所列货物的适用税率全额征补税款，并按《税收征收管理法》的规定按偷税给予处罚。对纳税人取得代开、虚开的增值税专用发票，不得作为增值税合法抵扣凭证抵扣进项税额。代开、虚开发票构成犯罪的，按全国人大常委会发布的《关于惩治虚开、伪造和非法出售增值税专用发票犯罪的决定》处以刑罚。

2.9.6.3 纳税人善意取得虚开的增值税专用发票处理

根据《国家税务总局关于纳税人善意取得虚开的增值税专用发票处理问题的通知》(国税发〔2000〕187号)及其他相关规定：

(1)纳税人善意取得虚开的增值税专用发票指购货方与销售方存在真实交易，且购货方不知取得的增值税专用发票是以非法手段获得的。

纳税人善意取得虚开的增值税专用发票，如能重新取得合法、有效的专用发票，准许其抵扣进项税款；如不能重新取得合法、有效的专用发票，不准其抵扣进项税款或追缴其已抵扣的进项税款。

纳税人善意取得虚开的增值税专用发票被依法追缴已抵扣税款的，不属于《税收征收管理法》第三十二条“纳税人未按照规定期限缴纳税款”的情形，不适用该条“税务机关除责令限期缴纳外，从滞纳税款之日起，按日加收滞纳税款万分之五的滞纳金”的规定。

(2)购货方与销售方存在真实的交易，销售方使用的是其所在省(自治区、直辖市和计划单列市)的专用发票，专用发票注明的销售方名称、印章、货物数量、金额及税额等全部内容与实际相符，且没有证据表明购货方知道销售方提供的专用发票是以非法手段获得的，对购货方不以偷税或者骗取出口退税论处。但应按有关规定不予抵扣进项税款或者不予出口退税；购货方已经抵扣的进项税款或者取得的出口退税，应依法追缴。

(3)购货方能够重新从销售方取得防伪税控系统开出的合法、有效专用发票的，或者取得手工开出的合法、有效专用发票且取得了销售方所在地税务机关已经或者正在依法对销售方虚开专用发票行为进行查处证明的，购货方所在地税务机关应依法准予抵扣进项税款或者出口退税。

2.9.6.4 税控系统增值税专用发票的管理

(1)税务机关专用发票管理部门在运用防伪税控发售系统进行发票入库管理或向纳税人发售专用发票时，要认真录入发票代码、号码，并与纸质专用发票进行仔细核对，确保发票代码、号码电子信息与纸质发票的代码、号码完全一致。

(2)纳税人在运用防伪税控系统开具专用发票时，应认真检查系统中的电子发票代码、号码与纸质发票是否一致。如发现税务机关错填电子发票代码、号码的，应持纸质专用发票和税控IC卡到税务机关办理退回手续。

(3)对税务机关错误录入代码或号码后又被纳税人开具的专用发票，按以下办法处理：

①纳税人当月发现上述问题的，应按照专用发票使用管理的有关规定，纸质专用发票和防伪税控开票系统中专用发票电子信息同时作废，并及时报主管税务机关。纳税人在以后月份发现的，应按有关规定开具负数专用发票。

②主管税务机关按照有关规定追究有关人员责任，同时将有关情况，如发生原因、主管税务机关名称、编号、纳税人名称、纳税人识别号、发票代码号码(包括错误的和正确的)、发生时间、责任人以及处理意见或请求等，逐级上报至总局。

③对涉及发票数量多、影响面较大的，总局将按规定程序对“全国作废发票数据库”进行修正。

(4)在未收回专用发票抵扣联及发票联，或虽已收回专用发票抵扣联及发票联但购货方已将专用发票抵扣联报送税务机关认证的情况下，销货方一律不得作废已开具的专用发票。

2.9.6.5　税务机关代开增值税专用发票管理办法

(1)代开专用发票是指主管税务机关为所管辖范围内的增值税纳税人(指已办理税务登记的小规模纳税人，包括个体经营者以及国家税务总局确定的其他可予代开增值税专用发票的纳税人)代开专用发票，其他单位和个人不得代开。主管税务机关应设立代开专用发票岗位和税款征收岗位，并分别确定专人负责代开专用发票和税款征收工作。

(2)代开专用发票统一使用增值税防伪税控代开票系统开具。通过防伪税控报税子系统采集代开增值税专用发票开具信息，不再填报《代开发票开具清单》，同时停止使用非防伪税控系统为纳税人代开增值税专用发票(包括手写版增值税专用发票和计算机开具不带密码的电脑版增值税专用发票)。非防伪税控代开票系统开具的代开专用发票不得作为增值税进项税额抵扣凭证。增值税防伪税控代开票系统由防伪税控企业发行岗位按规定发行。

(3)增值税纳税人发生增值税应税行为需要开具专用发票时，可向其主管税务机关申请代开。申请代开专用发票时，应填写代开增值税专用发票缴纳税款申报单，连同税务登记证副本，到主管税务机关税款征收岗位按专用发票上注明的税额全额申报缴纳税款，同时缴纳专用发票工本费。

(4)税款征收岗位接到《申报单》后，应对以下事项进行审核：①是否属于本税务机关管辖的增值税纳税人；②《申报单》上增值税征收率填写、税额计算是否正确。审核无误后，税款征收岗位应通过防伪税控代开票征收子系统录入《申报单》的相关信息，按照《申报单》上注明的税额征收税款，开具税收完税凭证，同时收取专用发票工本费，按照规定开具有关票证，将有关征税电子信息及时传递给代开发票岗位。在防伪税控代开票证征税子系统未使用前暂传递纸质凭证。

税务机关可采取税银联网划款、银行卡(POS 机)划款或现金收取三种方式征收税款。

(5)增值税纳税人缴纳税款后，凭《申报单》和税收完税凭证及税务登记副本，到代开专用发票岗位收取代开专用发票。

代开发票岗位确认税款征收岗位传来的征税电子信息与《申报单》和税收完税凭证上的金额、税额相符后，按照《申报单》、完税凭证和专用发票一一对应即“一单一证一票”原则，为增值税纳税人代开专用发票。

3 消费税纳税服务外包

消费税纳税服务外包的主要业务是消费税纳税申报。消费税纳税申报是指纳税人按照消费税纳税申报要求，计算当期应纳消费税额，填制消费税纳税申报表，在规定的纳税申报期内向主管税务机关报送纳税申报资料，履行消费税纳税申报义务。与增值税纳税服务外包相似，消费税纳税申报服务外包是根据委托人委托的服务内容不同，分为消费税申报准备服务，消费税代理申报服务和消费税申报准备并代理申报服务等纳税申报代理类型。其中，代理计算纳税人当期应纳消费税、填制消费税纳税申报表和办理消费税纳税申报手续是消费税纳税申报服务外包的主要内容。

3.1 消费税的概念与特点

3.1.1 概念

消费税是指对消费品和特定的消费行为按消费流转额征收的一种商品税。广义上，消费税一般指对所有消费品包括生活必需品和日用品普遍课税，一般概念上，消费税主要指对特定消费品或特定消费行为如奢侈品等课税。消费税主要以消费品为课税对象，在此情况下，税收随价格转嫁给消费者承担，消费者是实际的赋税人。消费税的征收具有较强的选择性，是国家贯彻消费政策、引导消费结构从而引导产业结构的重要手段，因而在保证国家财政收入、体现国家经济政策等方面具有十分重要的意义。

3.1.2 特点

我国现行消费税的特点：

(1)征收范围具有选择性。我国消费税在征收范围上根据产业政策与消费政策仅选择部分消费品征税，而不是对所有消费品都征收消费税。

(2)一般情况下征税环节具有单一性。主要在生产和进口环节上征收。

(3)平均税率水平比较高且税负差异大。消费税的平均税率水平一般定得比较高，并且不同征税项目的税负差异较大，对需要限制或控制消费的消费品，通常税负较重。

(4)征收方法具有灵活性。既采用对消费品制定单位税额，以消费品的数量实行从量定额的征收方法，也采用对消费品制定比例税率，以消费品的价格实行从价定率的征收方法。

3.2 消费税纳税义务人和征税范围

3.2.1 消费税纳税义务人

在中华人民共和国境内生产、委托加工和进口消费税暂行条例规定的消费品的单位和个人，以及国务院确定的销售《消费税暂行条例》规定的消费品的其他单位和个人，为消费税的纳税人，应当依照《消费税暂行条例》缴纳消费税。

单位是指企业、行政单位、事业单位、军事单位、社会团体及其他单位。

个人是指个体工商户及其他个人。

在中华人民共和国境内，是指生产、委托加工和进口属于应当缴纳消费税的消费品的起运地或者所在地境内。

3.2.2 消费税征税范围

目前，消费税的征税范围分布于四个环节。

3.2.2.1 生产应税消费品

生产应税消费品销售是消费税征收的主要环节，因为消费税具有单一环节征税的特点，在生产销售环节征税以后，货物在流通环节无论再转销多少次，不用再缴纳消费税。生产应税消费品除了直接对外销售应征收消费税外，纳税人将生产的应税消费品换取生产资料、消费资料、投资入股、偿还债务，以及用于继续生产应税消费品以外的其他方面都应缴纳消费税。另外，工业企业以外的单位和个人的下列行为视为应税消费品的生产行为，按规定征收消费税。

(1)将外购的消费税非应税产品以消费税应税产品对外销售的。

(2)将外购的消费税低税率应税产品以高税率应税产品对外销售的。

3.2.2.2 委托加工应税消费品

委托加工应税消费品是指委托方提供原料和主要材料，受托方只收取加工费和代垫部分辅助材料加工的应税消费品。由受托方提供原材料或其他情形的一律不能视同加工应税消费品。委托加工的应税消费品收回后，再继续用于生产应税消费品销售且符合现行政策规定的，其加工环节缴纳的消费税款可以扣除。

3.2.2.3 进口应税消费品

单位和个人进口货物属于消费税征税范围的，在进口环节要缴纳消费税。为了减少征税成本，进口环节缴纳的消费税由海关代征。

3.2.2.4 零售应税消费品

经国务院批准，自 1995 年 1 月 1 日起，金银首饰消费税由生产销售环节征收改为零售环节征收。改在零售环节征收消费税的金银首饰仅限于金基、银基合金首饰以及金、银和金基、银基合金的镶嵌首饰，进口环节暂不征收，零售环节适用税率为 5%，在纳税人销售金银首饰、钻石及钻石饰品时征收。其计税依据是不含增值税的销售额。

对既销售金银首饰，又销售非金银首饰的生产、经营单位，应将两类商品划分清楚，分别核算销售额。凡划分不清楚或不能分别核算的，在生产环节销售的，一律从高适用税率征收消费税；在零售环节销售的，一律按金银首饰征收消费税。金银首饰与其他产品组成成套消费品销售的，应按销售额全额征收消费税。

金银首饰连同包装物销售的，无论包装是否单独计价，也无论会计上如何核算，均应并入金银首饰的销售额，计征消费税。带料加工的金银首饰，应按受托方销售同类金银首饰的销售价格确定计税依据征收消费税。没有同类金银首饰销售价格的，按照组成计税价格计算纳税。纳税人采用以旧换新(含翻新改制)方式销售的金银首饰，应按实际收取的不含增值税的全部价款确定计税依据征收消费税。

3.3 税目和税率

3.3.1 税目

按照《消费税暂行条例》规定，2014 年 12 月调整后，确定征收消费税的只有烟、酒、化妆品等 15 个税目，有的税目还进一步划分若干子目。消费税属于价内税，一般在应税消费品的生产、委托加工和进口环节缴纳。

3.3.1.1 烟

凡是以烟叶为原料加工生产的产品，不论使用何种辅料，均属于本税目的征收范围。包括卷烟(进口卷烟、白包卷烟、手工卷烟和未经国务院批准纳入计划的企业及个人生产的卷烟)、雪茄烟和烟丝。

在烟税目下分卷烟等子目，卷烟又分甲类卷烟和乙类卷烟。其中，甲类卷烟是指每标准条(200 支，下同)调拨价格在 70 元(不含增值税)以上(含 70 元)的卷烟；乙类卷烟是指每标准条调拨价格在 70 元(不含增值税)以下的卷烟。自 2009 年 5 月 1 日起，在卷烟批发环节加征一道从价税，在中华人民共和国境内从事卷烟批发业务的单位和个人，批发销售的所有牌号规格的卷烟，按其销售额(不含增值税)征收 5% 的消费税。纳税人应将卷烟销售额与其他商品销售额分开核算，未分开核算的，一并征收消费税。纳税人销售给纳税人以外的单位和个人的卷烟于销售时纳税。纳税人之间销售的卷烟不缴纳消费税。卷烟批发企业的机构所在地，总机构与分支机构不在同一地区的，由总机构申报纳税。卷烟消费税在生产和批发两个环节征收后，批发企业在计算纳税时不得扣除已含的生产环节的消费税税款。

3.3.1.2 酒

酒是指酒精度在 1 度以上的各种酒类饮料。酒类包括粮食白酒、薯类白酒、黄酒、啤酒和其他酒。啤酒每吨出厂价(含包装物及包装物押金)在 3000 元(含 3000 元，不含增值税)以上的是甲类啤酒，每吨出厂价(含包装物及包装物押金)在 3000 元(不含增值税)以下的是乙类啤酒。包装物押金不包括重复使用的塑料周转箱的押金。对饮食业、商业、娱乐业举办的啤酒屋(啤酒坊)利用啤酒生产设备生产的啤酒，应当征收消费税。

果啤属于啤酒，按啤酒征收消费税。配制酒(露酒)是指以发酵酒、蒸馏酒或食用酒精为酒基，加入可食用或药食两用的辅料或食品添加剂，进行调配、混合或再加工制成的并改变了其原酒基风格的饮料酒。具体规定如下：

(1)以蒸馏酒或食用酒精为酒基，具有国家相关部门批准的国食健字或卫食健字文号并且酒精度低于38度(含)的配制酒，按消费税税目税率表“其他酒”10%适用税率征收消费税。

(2)以发酵酒为酒基，酒精度低于20度(含)的配制酒，按消费税税目税率表“其他酒”10%适用税率征收消费税。

(3)其他配制酒，按消费税税目税率表“白酒”适用税率征收消费税。

3.3.1.3 高档化妆品

高档化妆品是指高档美容、修饰类化妆品，高档护肤类化妆品和成套化妆品。这类化妆品是指生产(进口)环节销售(完税)价格(不含增值税)在10元/毫升(克)或15元/片(张)及以上的美容、修饰类化妆品和护肤类化妆品。

3.3.1.4 贵重首饰及珠宝玉石

贵重首饰及珠宝玉石包括凡以金、银、白金、宝石、珍珠、钻石、翡翠、珊瑚、玛瑙等高贵稀有物质以及其他金属、人造宝石等制作的各种纯金银首饰及镶嵌首饰和经采掘、打磨、加工的各种珠宝玉石。对出国人员免税商店销售的金银首饰征收消费税。

3.3.1.5 鞭炮、焰火

包括各种鞭炮、焰火。体育上用的发令纸、鞭炮药引线，不按本税目征收。

3.3.1.6 成品油

本税目包括汽油、柴油、石脑油、溶剂油、航空煤油、润滑油、燃料油7个子目；航空煤油暂缓征收。

1. 汽油

汽油是指用原油或其他原料加工生产的辛烷值不小于66的可用作汽油发动机燃料的各种轻质油。取消车用含铅汽油消费税，汽油税目不再划分二级子目，统一按照无铅汽油税率征收消费税。以汽油、汽油组分调和生产的甲醇汽油、乙醇汽油也属于本税目征收范围。

2. 柴油

柴油是指用原油或其他原料加工生产的沸点或凝点在-50号至30号的可用作柴油发动机燃料的各种轻质油和以柴油组分为主、经调和精制可用作柴油发动机燃料的非标油。以柴油、柴油组分调和生产的生物柴油也属于本税目征收范围。

3. 石脑油

石脑油又叫化工轻油，是以原油或其他原料加工生产的用于化工原料的轻质油。石脑油的征收范围包括除汽油、柴油、航空煤油、溶剂油以外的各种轻质油。非标汽油、重整生成油、拔头油、烃原料油、轻裂解料(减压柴油VGO和常压柴油AGO)、重裂解料、加氢裂化尾油、戊烃，属于石脑油征收范围。

4. 溶剂油

溶剂油是用原油或其他原料加工生产的用于涂料、油漆、食用油、印刷油墨、皮革、农药、橡胶、化妆品生产和机械清洗、胶粘行业的轻质油。橡胶填充油、溶剂油原料，属于溶剂油征收范围。

5. 航空煤油

航空煤油也叫喷气燃料，是用原油或其他原料加工生产的用作喷气发动机和喷气推进系统燃料的各种轻质油。航空煤油的消费税暂缓征收。

6. 润滑油

润滑油是用原油或其他原料加工生产的用于内燃机、机械加工过程的润滑产品。润滑油分为矿物性润滑油、植物性润滑油、动物性润滑油和化工原料合成润滑油。润滑油的征收范围包括矿物性润滑油、矿物性润滑油基础油、植物性润滑油、动物性润滑油和化工原料合成润滑油。以植物性、动物性和矿物性基础油（或矿物性润滑油）混合掺配而成的“混合性”润滑油不论矿物性基础油（或矿物性润滑油）所占比例高低，均属润滑油的征收范围。另外，用原油或其他原料加工生产的用于内燃机、机械加工过程的润滑产品均属于润滑油征税范围。润滑脂是润滑产品，生产、加工润滑脂应当征收消费税。变压器油、导热类油等绝缘油类产品不属于润滑油，不征收消费税。

7. 燃料油

燃料油也称重油、渣油，是用原油或其他原料加工生产，主要用作电厂发电、锅炉用燃料、加热炉燃料、冶金和其他工业炉燃料。腊油、船用重油、常压重油、减压重油、180CTS 燃料油、7 号燃料油、糠醛油、工业燃料、4 ～ 6 号燃料油等油品的主要用途是作为燃料燃烧，属于燃料油征收范围。

3.3.1.7 小汽车

小汽车是指由动力驱动，具有 4 个或 4 个以上车轮的非轨道承载的车辆。

本税目征收范围包括含驾驶员座位在内最多不超过 9 个座位（含）的，在设计和技术特性上用于载运乘客和货物的各类乘用车和含驾驶员座位在内的座位数在 10 ～ 23 座（含 23 座）的在设计和技术特性上用于载运乘客和货物的各类中轻型商用客车。用排气量小于 1.5 升（含）的乘用车底盘（车架）改装、改制的车辆属于乘用车征收范围。用排气量大于 1.5 升的乘用车底盘（车架）或用中轻型商用客车底盘（车架）改装、改制的车辆属于中轻型商用客车征收范围。含驾驶员人数（额定载客）为区间值的（如 8 ～ 10 人、17 ～ 26 人）小汽车，按其区间值下限人数确定征收范围。电动汽车不属于本税目征收范围。车身长度大于 7 米（含），并且座位在 10 ～ 23 座（含）以下的商用客车，不属于中轻型商用客车征税范围，不征收消费税。沙滩车、雪地车、卡丁车、高尔夫车不属于消费税征收范围，不征收消费税。

3.3.1.8 摩托车

包括轻便摩托车和摩托车两种。对最大设计车速不超过 50 千米/小时，发动机气缸总工作容量不超过 50cm^3 的三轮摩托车不征收消费税。气缸容量 250 毫升（不含）以下的小排量摩托车不征收消费税。

3.3.1.9 高尔夫球及球具

高尔夫球及球具是指从事高尔夫球运动所需的各种专用装备，包括高尔夫球、高尔夫球杆及高尔夫球包（袋）等。高尔夫球是指重量不超过 45. 93 克、直径不超过 42. 67

毫米的高尔夫球运动比赛、练习用球；高尔夫球杆是指被设计用来打高尔夫球的工具，由杆头、杆身和握把三部分组成；高尔夫球包(袋)是指专用于盛装高尔夫球及球杆的包(袋)。

本税目征收范围包括高尔夫球、高尔夫球杆、高尔夫球包(袋)。高尔夫球杆的杆头、杆身和握把属于本税目的征收范围。

3.3.1.10 高档手表

高档手表是指销售价格(不含增值税)每只在1000元(含)以上的各类手表。本税目征收范围包括符合以上标准的各类手表。

3.3.1.11 游艇

游艇是指长度大于8米小于90米，船体由玻璃钢、钢、铝合金、塑料等多种材料制作，可以在水上移动的水上浮载体。按照动力划分，游艇分为无动力艇、帆艇和机动艇。

本税目征收范围包括艇身长度大于8米(含)小于90米(含)，内置发动机，可以在水上移动，一般为私人或团体购置，主要用于水上运动和休闲娱乐等非营利活动的各类机动艇。

3.3.1.12 木制一次性筷子

木制一次性筷子又称卫生筷子，是指以木材为原料经过锯段、浸泡、旋切、刨切、烘干、筛选、打磨、倒角、包装等环节加工而成的各类供一次性使用的筷子。本税目征收范围包括各种规格的木制一次性筷子。未经打磨、倒角的木制一次性筷子属于本税目征税范围。

3.3.1.13 实木地板

实木地板是指以木材为原料，经锯割、干燥、刨光、截断、开榫、涂漆等工序加工而成的块状或条状的地面装饰材料。实木地板按生产工艺不同，可分为独板(块)实木地板、实木指接地板、实木复合地板三类；按表面处理状态不同，可分为未涂饰地板(白坯板、素板)和漆饰地板两类。本税目征收范围包括各类规格的实木地板、实木指接地板、实木复合地板及用于装饰墙壁、天棚的侧端面为榫、槽的实木装饰板。未经涂饰的素板也属于本税目征税范围。

3.3.1.14 电池

电池是一种将化学能、光能等直接转换为电能的装置，一般由电极、电解质、容器、极端，通常还有隔离层组成的基本功能单元，以及用一个或多个基本功能单元装配成的电池组。包括原电池、蓄电池、燃料电池、太阳能电池和其他电池。自2015年2月1日起对电池(铅蓄电池除外)征收消费税；对无汞原电池、金属氢化物镍蓄电池(又称“氢镍蓄电池”或“镍氢蓄电池”)、锂原电池、锂离子蓄电池、太阳能电池、燃料电池、全钒液流电池免征消费税。2015年12月31日前对铅蓄电池缓征消费税；自2016年1月1日起，对铅蓄电池按4%税率征收消费税。

3.3.1.15 涂料

涂料是指涂于物体表面，能形成具有保护、装饰或特殊性能的固态涂膜的一类液体或固体材料之总称。自2015年2月1日起对施工状态下挥发性有机物(volatile organic compounds，VOC)含量低于420克/升(含)的涂料免征消费税。

3.3.2 税率

消费税采用比例税率和定额税率两种形式，以适应不同应税消费品的实际情况。消费税根据不同的税目或子目确定相应的税率或单位税额。例如，白酒税率为20%，摩托车税率为3%等；黄酒、啤酒、汽油、柴油等分别按单位重量或单位体积确定单位税额。经整理汇总的消费税税目、税率表如表3－1所示。

表3－1 消费税税目、税率表

税目	税率
一、烟	
1. 卷烟	
①甲类卷烟	56%加0.003元/支
②乙类卷烟	36%加0.003元/支
③批发环节	11%加0.005元/支
2. 雪茄烟	36%
3. 烟丝	30%
二、酒	
1. 白酒	20%加0.5元/500克(或者500毫升)
2. 黄酒	240元/吨
3. 啤酒	
①甲类啤酒	250元/吨
②乙类啤酒	220元/吨
4. 其他酒	10%
三、高档化妆品	15%
四、贵重首饰及珠宝玉石	
1. 金银首饰、铂金首饰和钻石及钻石饰品	5%
2. 其他贵重首饰和珠宝玉石	10%
五、鞭炮、焰火	15%
六、成品油	
1. 汽油	1.52元/升
2. 柴油	1.2元/升
3. 航空煤油	1.2元/升
4. 石脑油	1.52元/升
5. 溶剂油	1.52元/升
6. 润滑油	1.52元/升
7. 燃料油	1.2元/升
七、摩托车	
1. 气缸容量为250毫升的	3%
2. 气缸容量为250毫升以上的	10%

续表3－1

税 目	税 率
八、小汽车	
1. 乘用车	
①气缸容量(排气量，下同)在1.0升(含1.0升)以下的	1%
②气缸容量在1.0升以上至1.5升(含1.5升)的	3%
③气缸容量在1.5升以上至2.0升(含2.0升)的	5%
④气缸容量在2.0升以上至2.5升(含2.5升)的	9%
⑤气缸容量在2.5升以上至3.0升(含3.0升)的	12%
⑥气缸容量在3.0升以上至4.0升(含4.0升)的	25%
⑦气缸容量在4.0升以上的	40%
2. 中轻型商用客车	5%
九、高尔夫球及球具	10%
十、高档手表	20%
十一、游艇	10%
十二、木制一次性筷子	5%
十三、实木地板	5%
十四、电池	4%
十五、涂料	4%

3.4 计税依据

按照现行消费税法的基本规定，消费税应纳税额的计算主要分为从价计征、从量计征和从价从量复合计征三种方法。

3.4.1 从价计征

在从价定率计算方法下，应纳税额等于应税消费品的销售额乘以适用税率，应纳税额的多少取决于应税消费品的销售额和适用税率两个因素。

3.4.1.1 销售额的确定

销售额为纳税人销售应税消费品向购买方收取的全部价款和价外费用。销售是指有偿转让应税消费品的所有权；有偿是指从购买方取得货币、货物或者其他经济利益；价外费用是指价外向购买方收取的手续费、补贴、基金、集资费、返还利润、奖励费、违约金、延期付款利息、赔偿金、代收款项、代垫款项、包装费、包装物租金、储备费、邮费、运输装卸费以及其他各种性质的价外收费。但下列项目不包括在内：

1. 同时符合以下条件的代垫运输费用

(1)承运部门的运输费用发票开具给购买方的。

(2)纳税人将该项发票转交给购买方的。

2. 同时符合以下条件代为收取的政府性基金或者行政事业性收费

(1)由国务院或者财政部批准设立的政府性基金，由国务院或者省级人民政府及其财政、价格主管部门批准设立的行政事业性收费。

(2)收取时开具省级以上财政部门印制的财政票据。

(3)所收款项全额上缴财政。

其他价外费用，无论是否属于纳税人的收入均应并入销售额计算征税。

实行从价定率办法计算应纳税额的应税消费品连同包装销售的，无论包装是否单独计价，也不论在会计上如何核算，均应并入应税消费品的销售额中征收消费税。如果包装物不作价随同产品销售，而是收取押金，此项押金则不应并入应税消费品销售额中征税。但对因逾期未收回的包装物不再退还的或者已收取的时间超过 12 个月的押金，应并入应税消费品的销售额，按照应税消费品的适用税率缴纳消费税。

对既作价随同应税消费品销售，又另外收取押金的包装物的押金，凡纳税人在规定的期限内没有退还的，均应并入应税消费品的销售额，按照应税消费品的适用税率缴纳消费税。纳税人销售的应税消费品，以外汇结算销售额的，其销售额的人民币折合率可以选择结算的当天或者当月 1 日的国家外汇牌价(原则上为中间价)。纳税人应在事先确定采取何种折合率，确定后 1 年内不得变更。

3.4.1.2 含增值税销售额的换算

应税消费品在缴纳消费税的同时，与一般货物一样，还应缴纳增值税。按照《消费税暂行条例实施细则》的规定，应税消费品的销售额不包括应向购货方收取的增值税税款。如果纳税人应税消费品的销售额中未扣除增值税税款或者因不得开具增值税专用发票而发生价款和增值税税款合并收取的，在计算消费税时，应将含增值税的销售额换算为不含增值税税款的销售额。其换算公式为：

应税消费品的销售额 = 含增值税的销售额 ÷ (1 + 增值税税率或征收率)

在使用换算公式时，应根据纳税人的具体情况分别使用增值税税率或征收率。如果消费税的纳税人同时又是增值税一般纳税人的，应适用 17% 的增值税税率；如果消费税的纳税人是增值税小规模纳税人的，应适用 3% 的征收率。

3.4.2 从量计征

在从量定额计算方法下，应纳税额等于应税消费品的销售数量乘以单位税额，应纳税额的多少取决于应税消费品的销售数量和单位税额两个因素。

3.4.2.1 销售数量的确定

销售数量是指纳税人生产、加工和进口应税消费品的数量。具体规定为：

(1)销售应税消费品的，为应税消费品的销售数量。

(2)自产自用应税消费品的，为应税消费品的移送使用数量。

(3)委托加工应税消费品的，为纳税人收回的应税消费品数量。

(4)进口的应税消费品，为海关核定的应税消费品进口征税数量。

3.4.2.2 计量单位的换算标准

《消费税暂行条例》规定，黄酒、啤酒是以吨为税额单位；汽油、柴油是以升为税额单位的。但是考虑到在实际销售过程中一些纳税人会把吨或升这两个计量单位混用，故规范了不同产品的计量单位，以准确计算应纳税额，吨与升两个计量单位的换算标准如表3－2所示。

表3－2 计量单位换算表

序号	名 称	计量单位的换算标准
1	黄酒	1 吨＝962 升
2	啤酒	1 吨＝988 升
3	汽油	1 吨＝1388 升
4	柴油	1 吨＝1176 升
5	航空煤油	1 吨＝1246 升
6	石脑油	1 吨＝1385 升
7	溶剂油	1 吨＝1282 升
8	润滑油	1 吨＝1126 升
9	燃料油	1 吨＝1015 升

3.4.3 从价从量复合计征

现行消费税的征税范围中，只有卷烟、白酒采用复合计征方法，应纳税额等于应税销售数量乘以定额税率再加上应税销售额乘以比例税率。

生产销售卷烟、白酒从量定额计税依据为实际销售数量。进口、委托加工、自产自用卷烟、白酒从量定额计税依据分别为海关核定的进口征税数量、委托方收回数量、移送使用数量。

3.4.4 计税依据的特殊规定

（1）纳税人通过自设非独立核算门市部销售的自产应税消费品，应当按照门市部对外销售额或者销售数量征收消费税。

（2）纳税人用于换取生产资料和消费资料，投资入股和抵偿债务等方面的应税消费品，应当以纳税人同类应税消费品的最高销售价格作为计税依据计算消费税。

（3）酒类关联企业间关联交易消费税问题处理。白酒生产企业向商业销售单位收取的“品牌使用费”是随着应税白酒的销售而向购货方收取的，属于应税白酒销售价款的组成部分，因此，不论企业采取何种方式或以何种名义收取价款，均应并入白酒的销售额中缴纳消费税。

(4)兼营不同税率应税消费品的税务处理。纳税人生产销售应税消费品，如果不是单一经营某一税率的产品，而是经营多种不同税率的产品，这就是兼营行为。由于《消费税暂行条例》税目税率表列举的各种应税消费品的税率高低不同，因此，纳税人在兼营不同税率应税消费品时，税法就要针对其不同的核算方式分别规定税务处理办法，以加强税收管理，避免因核算方式不同而出现税款流失的情况。

纳税人兼营不同税率的应税消费品，应当分别核算不同税率应税消费品的销售额、销售数量。未分别核算销售额、销售数量，或者将不同税率的应税消费品组成成套消费品销售的，从高适用税率。

需要解释的是，纳税人兼营不同税率的应税消费品，是指纳税人生产销售两种税率以上的应税消费品。所谓"从高适用税率"，就是对兼营高低不同税率的应税消费品，当不能分别核算销售额、销售数量，或者将不同税率的应税消费品组成成套消费品销售的，就以应税消费品中适用的高税率与混合在一起的销售额、销售数量相乘，得出应纳消费税额。

3.5 应纳税额的计算

3.5.1 生产销售环节应纳消费税的计算

纳税人在生产销售环节应缴纳的消费税，包括直接对外销售应税消费品应缴纳的消费税和自产自用应税消费品应缴纳的消费税。

3.5.1.1 直接对外销售应纳消费税的计算

直接对外销售应税消费品涉及三种计算方法：

1. 从价定率计算

从价定率计算方法为，应纳消费税额等于销售额乘以适用税率。基本计算公式为：

应纳税额 = 应税消费品的销售额 × 比例税率

例3-1 某化妆品生产企业为增值税一般纳税人。2015年3月15日向某大型商场销售高档化妆品一批，开具增值税专用发票，取得不含增值税销售额50万元，增值税额8.5万元；3月20日向某单位销售化妆品一批，开具普通发票，取得含增值税销售额4.68万元。计算该化妆品生产企业上述业务应缴纳的消费税额。

解析 化妆品适用消费税税率为15%，化妆品的应税销售额为

$$50+4.68\div(1+17\%)=54(\text{万元})$$

应缴纳的消费税额为 $54\times15\%=8.1(\text{万元})$

2. 从量定额计算

从量定额计算方法为，应纳税额等于应税消费品的销售数量乘以单位税额。基本计算公式为：

应纳税额 = 应税消费品的销售数量 × 定额税率

例3-2 某啤酒厂2015年4月销售甲类啤酒1000吨，取得不含增值税销售额295

万元，增值税税款50.15万元，另收取包装物押金23.4万元。计算4月份该啤酒厂应纳消费税税额。

解析 销售甲类啤酒，适用定额税率为每吨250元，应纳税额为

$$销售数量 \times 定额税率 = 1000 \times 250 = 250\,000(元)$$

3. 从价定率和从量定额复合计算

现行消费税的征税范围中，只有卷烟、白酒采用复合计算方法。基本计算公式为：

$$应纳税额 = 应税消费品的销售数量 \times 定额税率 + 应税销售额 \times 比例税率$$

例3-3 某白酒生产企业为增值税一般纳税人，2015年4月销售白酒50吨，取得不含增值税的销售额200万元。计算白酒企业4月应缴纳的消费税税额。

解析 白酒适用比例税率20%，定额税率每500克0.5元，应纳税额为

$$50 \times 2000 \times 0.000\,05 + 200 \times 20\% = 45(万元)$$

3.5.1.2 自产自用应纳消费税的计算

所谓自产自用就是纳税人生产应税消费品后，不是用于直接对外销售，而是用于自己连续生产应税消费品或用于其他方面。这种自产自用应税消费品形式在实际经济活动中是很常见的，但也是在是否纳税或如何纳税上最容易出现问题的。例如，有的企业把自己生产的应税消费品，以福利或奖励等形式发给本厂职工，以为不是对外销售，不必计入销售额，无须纳税，这是一种错误的想法。

1. 用于连续生产应税消费品

纳税人自产自用的应税消费品，用于连续生产应税消费品的，不纳税。所谓“纳税人自产自用的应税消费品，用于连续生产应税消费品的”，是指作为生产最终应税消费品的直接材料并构成最终产品实体的应税消费品。例如，卷烟厂生产出烟丝，烟丝已是应税消费品，卷烟厂再用生产出的烟丝连续生产卷烟，这样，用于连续生产卷烟的烟丝就不缴纳消费税，只对生产的卷烟征收消费税。当然，生产出的烟丝如果是直接销售的，则烟丝还是要缴纳消费税的。税法规定对自产自用的应税消费品，用于连续生产应税消费品的不征税，体现了不重复课税且计税简便的原则。

2. 用于其他方面的应税消费品

纳税人自产自用的应税消费品，除用于连续生产应税消费品外，凡用于其他方面的，于移送使用时纳税。用于其他方面的是指纳税人用于生产非应税消费品、在建工程、管理部门、非生产机构，提供劳务，以及用于馈赠、赞助、集资、广告、样品、职工福利、奖励等方面。所谓“用于生产非应税消费品”，是指把自产的应税消费品用于生产消费税条例税目税率表所列15类产品以外的产品。例如，原油加工厂用生产出的应税消费品汽油调和制成溶剂汽油，该溶剂汽油就属于非应税消费品。所谓“用于在建工程”，是指把自产的应税消费品用于本单位的各项建设工程。例如，石化工厂把自己生产的柴油用于本厂基建工程的车辆、设备使用。所谓“用于管理部门、非生产机构”，是指把自己生产的应税消费品用于与本单位有隶属关系的管理部门或非生产机构。例如，汽车制造厂把生产出的小汽车提供给上级主管部门使用。所谓“用于馈赠、赞助、集资、广告、样品、职工福利、奖励”，是指把自己生产的应税消费品无偿赠送给他人或以资金的形式投资于外单位某些事业或作为商品广告、经销样品或以福利、奖励的形

式发给职工。例如，摩托车厂把自己生产的摩托车赠送或赞助给摩托车拉力赛赛手使用，兼作商品广告；酒厂把生产的滋补药酒以福利的形式发给职工等。

3. 组成计税价格及税额的计算

纳税人自产自用的应税消费品，凡用于其他方面，应当纳税的，按照纳税人生产的同类消费品的销售价格计算纳税。同类消费品的销售价格是指纳税人当月销售的同类消费品的销售价格，如果当月同类消费品各期销售价格高低不同，应按销售数量加权平均计算。但销售的应税消费品有下列情况之一的，不得列入加权平均计算：

(1)销售价格明显偏低又无正当理由的；

(2)无销售价格的。

如果当月无销售或者当月未完结，应按照同类消费品上月或者最近月份的销售价格计算纳税。没有同类消费品销售价格的，按照组成计税价格计算纳税。如下。

实行从价定率办法计算纳税的组成计税价格计算公式：

组成计税价格 =（成本 + 利润）÷（1 − 比例税率）

应纳税额 = 组成计税价格 × 比例税率

实行复合计税办法计算纳税的组成计税价格计算公式：

组成计税价格 =（成本 + 利润 + 自产自用数量 × 定额税率）÷（1 − 比例税率）

应纳税额 = 组成计税价格 × 比例税率 + 自产自用数量 × 定额税率

上述公式中所说的“成本”，是指应税消费品的产品生产成本。

上述公式中所说的“利润”，是指根据应税消费品的全国平均成本利润率计算的利润。

应税消费品全国平均成本利润率由国家税务总局确定。

4. 应税消费品全国平均成本利润率

1993 年 12 月 28 日与 2006 年 3 月，国家税务总局颁发的《消费税若干具体问题的规定》，确定了应税消费品全国平均成本利润率表(见表 3 − 3)。

表 3 − 3　应税消费品全国平均成本利润率表

货物名称	利润率/%	货物名称	利润率/%
1. 甲类卷烟	10	10. 贵重首饰及珠宝玉石	6
2. 乙类卷烟	5	11. 摩托车	6
3. 雪茄烟	5	12. 高尔夫球及球具	10
4. 烟丝	5	13. 高档手表	20
5. 粮食白酒	10	14. 游艇	10
6. 薯类白酒	5	15. 木制一次性筷子	5
7. 其他酒	5	16. 实木地板	5
8. 化妆品	5	17. 乘用车	8
9. 鞭炮、焰火	5	18. 中轻型商用客车	5

例3－4 某化妆品公司将一批自产的化妆品用作职工福利，化妆品的成本80 000元，该化妆品无同类产品市场销售价格，但已知其成本利润率为5%，消费税税率为15%。计算该批化妆品应缴纳的消费税税额。

解析 组成计税价格＝成本×(1＋成本利润率)÷(1－消费税税率)

＝80 000×(1＋5%)÷(1－15%)

＝84 000÷0.85＝98 823.53(元)

应纳税额＝98 823.53×15%＝14 823.53(元)

增值税消费税＝98 823.53×17%＝16 800(元)

3.5.2 委托加工环节应税消费品应纳税的计算

企业、单位或个人由于设备、技术、人力等方面的局限或其他方面的原因，常常要委托其他单位代为加工应税消费品，然后，将加工后的应税消费品收回，直接销售或自己使用。这是生产应税消费品的另一种形式，也需要纳入征收消费税的范围。例如，某企业将购来的小客车底盘和零部件提供给某汽车改装厂，加工组装成小客车供自己使用，则加工、组装成的小客车就需要缴纳消费税。按照规定，委托加工的应税消费品，由受托方在向委托方交货时代收代缴税款。

1. 委托加工应税消费品的确定

委托加工的应税消费品是指由委托方提供原料和主要材料，受托方只收取加工费和代垫部分辅助材料加工的应税消费品。对于由受托方提供原材料生产的应税消费品，或者受托方先将原材料卖给委托方，然后再接受加工的应税消费品，以及由受托方以委托方名义购进原材料生产的应税消费品，不论纳税人在财务上是否做销售处理，都不得作为委托加工应税消费品，而应当按照销售自制应税消费品缴纳消费税。

2. 代收代缴税款的规定

对于确实属于委托方提供原料和主要材料，受托方只收取加工费和代垫部分辅助材料加工的应税消费品，按照规定，由受托方在向委托方交货时代收代缴消费税。这样，受托方就是法定的代收代缴义务人。如果受托方对委托加工的应税消费品没有代收代缴或少代收代缴消费税，应按照《税收征收管理法》的规定，承担代收代缴的法律责任。因此，受托方必须严格履行代收代缴义务，正确计算和按时代缴税款。为了加强对受托方代收代缴税款的管理，委托个人(含个体工商户)加工的应税消费品，由委托方收回后缴纳消费税。

委托加工的应税消费品，受托方在交货时已代收代缴消费税，委托方将收回的应税消费品，以不高于受托方的计税价格出售的，为直接出售，不再缴纳消费税；委托方以高于受托方的计税价格出售的，不属于直接出售，需按照规定申报缴纳消费税，在计税时准予扣除受托方已代收代缴的消费税。对于受托方没有按规定代收代缴税款的，不能因此免除委托方补缴税款的责任。在对委托方进行税务检查中，如果发现受其委托加工应税消费品的受托方没有代收代缴税款，则应按照《税收征收管理法》规定，对受托方处以应代收代缴税款50%以上3倍以下的罚款；委托方要补缴税款，对委托方补征税款的计税依据是：如果在检查时，收回的应税消费品已经直接销售的，按销售额计税；收回的应税消费品尚未销售或不能直接销售的(如收回后用于连续生产等)，按组成计税价格计税。

3. 组成计税价格及应纳税额的计算

委托加工的应税消费品，按照受托方的同类消费品的销售价格计算纳税，同类消费品的销售价格是指受托方(即代收代缴义务人)当月销售的同类消费品的销售价格，如果当月同类消费品各期销售价格高低不同，应按销售数量加权平均计算。但销售的应税消费品有下列情况之一的，不得列入加权平均计算：

(1)销售价格明显偏低又无正当理由的；

(2)无销售价格的。

如果当月无销售或者当月未完结，应按照同类消费品上月或最近月份的销售价格计算纳税。没有同类消费品销售价格的，按照组成计税价格计算纳税。

实行从价定率办法计算纳税的组成计税价格计算公式：

$$组成计税价格=(材料成本+加工费)\div(1-比例税率)$$

实行复合计税办法计算纳税的组成计税价格计算公式：

$$组成计税价格=(材料成本+加工费+委托加工数量\times定额税率)\div(1-比例税率)$$

上述组成计税价格公式中有两个重要的专用名词需要解释。

(1)材料成本。按照《消费税暂行条例实施细则》的解释，“材料成本”是指委托方所提供加工材料的实际成本。

委托加工应税消费品的纳税人，必须在委托加工合同上如实注明(或以其他方式提供)材料成本，凡未提供材料成本的，受托方所在地主管税务机关有权核定其材料成本。从这一条规定可以看出，税法对委托方提供原料和主要材料，并要以明确的方式如实提供材料成本，要求是很严格的，其目的就是为了防止假冒委托加工应税消费品或少报材料成本，逃避纳税的现象。

(2)加工费。《消费税暂行条例实施细则》规定，“加工费”是指受托方加工应税消费品向委托方所收取的全部费用(包括代垫辅助材料的实际成本，不包括增值税税金)，这是税法对受托方的要求。受托方必须如实提供向委托方收取的全部费用，这样才能既保证组成计税价格及代收代缴消费税准确地计算出来，也使受托方按加工费得以正确计算其应纳的增值税。

例3－5 某鞭炮企业2015年4月受托为某单位加工一批鞭炮，委托单位提供的原材料金额为60万元，收取委托单位不含增值税的加工费8万元，鞭炮企业无同类产品市场价格。计算鞭炮企业应代收代缴的消费税。

解析 鞭炮的适用税率为15%，组成计税价格为

$$(60+8)\div(1-15\%)=80(万元)$$

应代收代缴消费税为 $80\times15\%=12(万元)$

3.5.3 进口环节应纳消费税的计算

进口的应税消费品于报关进口时缴纳消费税；进口的应税消费品的消费税由海关代征；进口的应税消费品由进口人或者其代理人向报关地海关申报纳税；纳税人进口应税消费品，按照关税征收管理的相关规定，应当自海关填发海关进口消费税专用缴款书之

日起15日内缴纳税款。

1993年12月，国家税务总局、海关总署联合颁发的《关于对进口货物征收增值税、消费税有关问题的通知》规定，进口应税消费品的收货人或办理报关手续的单位和个人，为进口应税消费品消费税的纳税义务人。进口应税消费品消费税的税目、税率（税额），依照《消费税暂行条例》所附的《消费税税目税率（税额）表》执行。纳税人进口应税消费品，按照组成计税价格和规定的税率计算应纳税额。计算方法如下：

1. 从价定率计征应纳税额的计算

实行从价定率办法计算纳税的组成计税价格计算公式：

组成计税价格 =（关税完税价格 + 关税）÷（1 - 消费税比例税率）

应纳税额 = 组成计税价格 × 消费税比例税率

例3-6 某商贸公司2015年5月从国外进口一批应税消费品，已知该批应税消费品的关税完税价格为90万元，按规定应缴纳关税18万元，假定进口的应税消费品的消费税税率为10%。请计算该批消费品进口环节应缴纳消费税税额。

解析 组成计税价格为 (90 + 18) ÷（1 - 10%）= 120（万元）
应缴纳消费税税额为 120 × 10% = 12（万元）

公式中"关税完税价格"是指海关核定的关税计税价格。

2. 实行从量定额计征应纳税额的计算

应纳税额的计算公式：

应纳税额 = 应税消费品数量 × 消费税定额税率

3. 实行从价定率和从量定额复合计税办法应纳税额的计算

应纳税额的计算公式：

组成计税价格 =（关税完税价格 + 关税 + 进口数量 × 消费税定额税率）÷（1 - 消费税比例税率）

应纳税额 = 组成计税价格 × 消费税税率 + 应税消费品进口数量 × 消费税定额税率

进口环节消费税除国务院另有规定者外，一律不得给予减税、免税。

3.5.4 已纳消费税扣除的计算

为了避免重复征税，现行消费税规定，将外购应税消费品和委托加工收回的应税消费品继续生产应税消费品销售的，可以将外购应税消费品和委托加工收回应税消费品已缴纳的消费税给予扣除。

3.5.4.1 外购应税消费品已纳税款的扣除

1. 外购应税消费品连续生产应税消费品

由于某些应税消费品是用外购已缴纳消费税的应税消费品连续生产出来的，在对这些连续生产出来的应税消费品计算征税时，税法规定应按当期生产领用数量计算准予扣除外购的应税消费品已纳的消费税税款。扣除范围包括：

（1）外购已税烟丝生产的卷烟。

（2）外购已税化妆品生产的化妆品。

（3）外购已税珠宝玉石生产的贵重首饰及珠宝玉石。

(4)外购已税鞭炮、焰火生产的鞭炮、焰火。

(5)外购已税杆头、杆身和握把为原料生产的高尔夫球杆。

(6)外购已税木制一次性筷子为原料生产的木制一次性筷子。

(7)外购已税实木地板为原料生产的实木地板。

(8)外购已税汽油、柴油、石脑油、燃料油、润滑油用于连续生产应税成品油;

(9)外购已税摩托车连续生产应税摩托车(如用外购两轮摩托车改装三轮摩托车)。

上述当期准予扣除外购应税消费品已纳消费税税款的计算公式为:

当期准予扣除的外购应税消费品已纳税款 = 当期准予扣除的外购应税消费品买价 × 外购应税消费品适用税率

当期准予扣除的外购应税消费品买价 = 期初库存的外购应税消费品的买价 + 当期购进的应税消费品的买价 - 期末库存的外购应税消费品的买价

外购已税消费品的买价是指购货发票上注明的销售额(不包括增值税税款)。由于我国近期多次调整成品油消费税税率,纳税人外购应税油品连续生产应税成品油,根据其取得的外购应税油品增值税专用发票开具时间来确定具体扣除金额,如果增值税专用发票开具时间为调整前,则按照调整前的成品油消费税税率计算扣除消费税;如果增值税专用发票开具时间为调整后,则按照调整后的成品油消费税税率计算扣除消费税。

例3-7 某卷烟生产企业,某月初库存外购应税烟丝金额50万元,当月又外购应税烟丝金额500万元(不含增值税),月末库存烟丝金额30万元,其余被当月生产卷烟领用。请计算卷烟厂当月准许扣除的外购烟丝已缴纳的消费税税额。

解析 烟丝适用的消费税税率为30%,当期准许扣除的外购烟丝买价为

$$50 + 500 - 30 = 520(\text{万元})$$

当月准许扣除的外购烟丝已缴纳的消费税额为

$$520 \times 30\% = 156(\text{万元})$$

需要说明的是,纳税人用办购的已税珠宝玉石生产的改在零售环节征收消费税的金银首饰(镶嵌首饰),在计税时一律不得扣除外购珠宝玉石的已纳税款。

2. 外购应税消费品后销售

对自己不生产应税消费品,而只是购进后再销售应税消费品的工业企业,其销售的化妆品,护肤护发品,鞭炮焰火和珠宝玉石,凡不能构成最终消费品直接进入消费品市场,而需进一步生产加工的(如需进一步)深加工、包装、贴标,组合的珠宝玉石、化妆品、酒、鞭炮焰火等,应当征收消费税,同时允许扣除上述外购应税消费品的已纳税款。

3.5.4.2 委托加工收回的应税消费品已纳税款的扣除

委托加工的应税消费品因为已由受托方代收代缴消费税,因此,委托方收回货物后用于连续生产应税消费品的,其已纳税款准予按照规定从连续生产的应税消费品应纳消费税税额中抵扣。按照国家税务总局的规定,下列连续生产的应税消费品准予从应纳消费税税额中按当期生产领用数量计算扣除委托加工收回的应税消费品已纳消费税税款:

(1)以委托加工收回的已税烟丝为原料生产的卷烟。

(2)以委托加工收回的已税化妆品为原料生产的化妆品。

(3)以委托加工收回的已税珠宝玉石为原料生产的贵重首饰及珠宝玉石。

(4)以委托加工收回的已税鞭炮、焰火为原料生产的鞭炮、焰火。

(5)以委托加工收回的已税杆头、杆身和握把为原料生产的高尔夫球杆。

(6)以委托加工收回的已税木制一次性筷子为原料生产的木制一次性筷子。

(7)以委托加工收回的已税实木地板为原料生产的实木地板。

(8)以委托加工收回的已税汽油、柴油、石脑油、燃料油、润滑油用于连续生产应税成品油。

(9)以委托加工收回的已税摩托车连续生产应税摩托车(如用外购两轮摩托车改装三轮摩托车)。

上述当期准予扣除委托加工收回的应税消费品已纳消费税税款的计算公式是:

当期准予扣除的委托加工应税消费品已纳税款 = 期初库存的委托加工应税消费品已纳税款 + 当期收回的委托加工应税消费品已纳税款 - 期末库存的委托加工应税消费品已纳税款

纳税人以进口、委托加工收回应税油品连续生产应税成品油，分别依据海关进口消费税专用缴款书、税收缴款书(代扣代收专用)，按照现行政策规定计算扣除应税油品已纳消费税税款。

需要说明的是，纳税人用委托加工收回的已税珠宝玉石生产的改在零售环节征收消费税的金银首饰，在计税时一律不得扣除委托加工收回的珠宝玉石的已纳消费税税款。

3.5.5 消费税出口退税的计算

对纳税人出口应税消费品，免征消费税；国务院另有规定的除外。

1. 出口免税并退税

有出口经营权的外贸企业购进应税消费品直接出口，以及外贸企业受其他外贸企业委托代理出口应税消费品。外贸企业只有受其他外贸企业委托，代理出口应税消费品才可办理退税，外贸企业受其他企业(主要是非生产性的商贸企业)委托，代理出口应税消费品是不予退(免)税的。

属于从价定率计征消费税的，为已征且未在内销应税消费品应纳税额中抵扣的购进出口货物金额；属于从量定额计征消费税的，为已征且未在内销应税消费品应纳税额中抵扣的购进出口货物数量；属于复合计征消费税的，按从价定率和从量定额的计税依据分别确定。

消费税应退税额 = 从价定率计征消费税的退税计税依据 × 比例税率 + 从量定额计征消费税的退税计税依据 × 定额税率

2. 出口免税但不退税

有出口经营权的生产性企业自营出口或生产企业委托外贸企业代理出口自产的应税消费品，依据其实际出口数量免征消费税，不予办理退还消费税。免征消费税是指对生产性企业按其实际出口数量免征生产环节的消费税。不予办理退还消费税，因已免征生产环节的消费税，该应税消费品出口时，已不含有消费税，所以无须再办理退还消费税。

3. 出口不免税也不退税

除生产企业、外贸企业外的其他企业，具体是指一般商贸企业，这类企业委托外贸企业代理出口应税消费品一律不予退(免)税。出口货物的消费税应退税额的计税依据，按购进出口货物的消费税专用缴款书和海关进口消费税专用缴款书确定。

3.6 征收管理

3.6.1 纳税义务发生时间

纳税人生产的应税消费品于销售时纳税，进口消费品应当于应税消费品报关进口环节纳税，但金银首饰、钻石及钻石饰品在零售环节纳税。消费税纳税义务发生的时间，以货款结算方式或行为发生时间分别确定。

(1)纳税人销售的应税消费品，其纳税义务的发生时间为：

①纳税人采取赊销和分期收款结算方式的，为书面合同约定的收款日期的当天，书面合同没有约定收款日期或者无书面合同的，为发出应税消费品的当天。

②纳税人采取预收货款结算方式的，其纳税义务的发生时间为发出应税消费品的当天。

③纳税人采取托收承付和委托银行收款方式销售的应税消费品，其纳税义务的发生时间为发出应税消费品并办妥托收手续的当天。

④纳税人采取其他结算方式的，其纳税义务的发生时间为收讫销售款或者取得索取销售款凭据的当天。

(2)纳税人自产自用的应税消费品，其纳税义务的发生时间为移送使用的当天。

(3)纳税人委托加工的应税消费品，其纳税义务的发生时间为纳税人提货的当天。

(4)纳税人进口的应税消费品，其纳税义务的发生时间为报关进口的当天。

3.6.2 纳税期限

按照《消费税暂行条例》规定，消费税的纳税期限分别为1日、3日、5日、10日、15日、1个月或者1个季度。纳税人的具体纳税期限，由主管税务机关根据纳税人应纳税额的大小分别核定；不能按照固定期限纳税的，可以按次纳税。

纳税人以1个月或以1个季度为一期纳税的，自期满之日起15日内申报纳税；以1日、3日、5日、10日或者15日为一期纳税的，自期满之日起5日内预缴税款，于次月1日起至15日内申报纳税并结清上月应纳税款。纳税人进口应税消费品，应当自海关填发海关进口消费税专用缴款书之日起15日内缴纳税款。如果纳税人不能按照规定的纳税期限依法纳税，将按《税收征收管理法》的有关规定处理。

3.6.3 纳税地点

消费税具体纳税地点有：

(1)纳税人销售的应税消费品，以及自产自用的应税消费品，除国务院财政、税务主管部门另有规定外，应当向纳税人机构所在地或者居住地的主管税务机关申报纳税。

(2)委托加工的应税消费品，除受托方为个人外，由受托方向机构所在地或者居住地的主管税务机关解缴消费税税款。

(3)进口的应税消费品，由进口人或者其代理人向报关地海关申报纳税。

(4)纳税人到外县(市)销售或者委托外县(市)代销自产应税消费品的，于应税消费品销售后，向机构所在地或者居住地主管税务机关申报纳税。

纳税人的总机构与分支机构不在同一县(市)，但在同一省(自治区、直辖市)范围内，经省(自治区、直辖市)财政厅(局)、国家税务总局审批同意，可以由总机构汇总向总机构所在地的主管税务机关申报缴纳消费税。省(自治区、直辖市)财政厅(局)、国家税务总局应将审批同意的结果，上报财政部、国家税务总局备案。

(5)纳税人销售的应税消费品，如因质量等原因由购买者退回时，经所在地主管税务机关审核批准后，可退还已征收的消费税税款。但不能自行直接抵减应纳税款。

表3-4　酒类应税消费品消费税纳税申报表

税款所属期：　　年　月　日至　　年　月　日

纳税人名称(公章)：纳税人识别号：＿＿＿＿＿＿＿＿＿＿＿＿

填表日期：　年　月　日　　　　　　　　　　　　　　　　金额单位：元(列至角)

项　目 应税消费品名	使用税率		销售数量	销售额	应纳税额
	定额税率	比例税率			
粮食白酒	0.5 元/斤	20%			
薯类白酒	0.5 元/斤	20%			
啤酒	250 元/吨	—			
啤酒	220 元/吨	—			
黄酒	240 元/吨	—			
其他酒	—	10%			
合计	—	—	—	—	

<table>
<tr><td>本期准予抵减税额：</td><td rowspan="3">声明
此纳税申报是根据国家税收法律规定填报的，我确定它是真实的、可靠的、完整的。
经办人(签章)：
财务负责人(签章)：
联系电话：</td></tr>
<tr><td>本期减(免)税额：</td></tr>
<tr><td>期初未缴税额：</td></tr>
<tr><td>本期缴纳前期应纳税额：</td><td rowspan="4">(如果你已委托代理人申报，请填写)
授权声明
为代理一切税务事宜，现授权＿＿＿＿＿＿
(地址)＿＿＿＿＿＿＿＿
为本纳税人的代理申报人，任何与本申报表有关的往来文件，都可寄予此人。
授权人签章：</td></tr>
<tr><td>本期预缴税额：</td></tr>
<tr><td>本期应补(退)税额：</td></tr>
<tr><td>期末未缴税额：</td></tr>
</table>

以下由税务机关填写

受理人(签章)：　　　　受理日期：　　年　月　日　　受理税务机关(章)：

表3－5 其他应税消费品消费税纳税申报表

税款所属期：　　　年　月　日至　　　年　月　日

纳税人名称（公章）：　　　　纳税人识别号：□□□□□□□□□□□□□□□□□□□□

填表日期：　　　年　　月　日　　　　　　　　　　　　　　　　金额单位：元（列至角）

项目 应税消费品名	使用税率	销售数量	销售额	应纳税额
合计	—	—	—	

<table>
<tr><td>本期准予抵减税额：</td><td rowspan="3">声明
此纳税申报是根据国家税收法律规定填报的，我确定它是真实的、可靠的、完整的。
经办人（签章）：
财务负责人（签章）：
联系电话：</td></tr>
<tr><td>本期减（免）税额：</td></tr>
<tr><td>期初未缴税额：</td></tr>
<tr><td>本期缴纳前期应纳税额：</td><td rowspan="4">（如果你已委托代理人申报，请填写）
授权声明
为代理一切税务事宜，现授权__________（地址）__________为本纳税人的代理申报人，任何与本申报表有关的往来文件，都可寄予此人。
授权人签章：</td></tr>
<tr><td>本期预缴税额：</td></tr>
<tr><td>本期应补（退）税额：</td></tr>
<tr><td>期末未缴税额：</td></tr>
</table>

以下由税务机关填写

受理人（签章）：　　　受理日期：　　年　月　日　　受理税务机关（章）：

4 企业所得税纳税服务外包

企业所得税纳税服务外包是企业纳税服务外包的重要组成部分。企业所得税适用面广，税前扣除项目的计算和报表填报内容繁杂。企业纳税服务外包单位必须在指导企业正确核算会计所得的前提下，按照《中华人民共和国企业所得税法》(以下简称《企业所得税法》)和征收管理的有关规定，将其会计所得调整为应税所得后，再计算填报企业所得税申报表及其附表。企业还可以将企业所得税汇算清缴纳税申报鉴证业务外包给企业纳税服务外包单位，以提高企业涉税效率。同时还可以开展税务咨询、税收筹划和涉税培训等涉税服务业务外包，以降低管理成本、优化资源配置。

4.1 企业所得税的概念与作用

1. 概念

企业所得税是对我国境内的企业和其他取得收入的组织的生产经营所得和其他所得征收的一种税。

2. 作用

(1)促进企业改善经营管理活动，提升企业的盈利能力。

(2)调节产业结构，促进经济发展。

(3)为国家建设筹集财政资金。

4.2 纳税义务人、征税对象与税率

4.2.1 纳税义务人

企业所得税的纳税义务人是指在中华人民共和国境内的企业和其他取得收入的组织。《企业所得税法》第一条规定，除个人独资企业、合伙企业不适用企业所得税法外，凡在我国境内，企业和其他取得收入的组织(以下统称企业)为企业所得税的纳税人，依照本法规定缴纳企业所得税。

企业所得税的纳税人分为居民企业和非居民企业，这是根据企业纳税义务范围的宽窄进行的分类方法，不同的企业在向中国政府缴纳所得税时，纳税义务不同。把企业分为居民企业和非居民企业，是为了更好地保障我国税收管辖权的有效行使。税收管辖权是一国

政府在征税方面的主权，是国家主权的重要组成部分。根据国际上的通行做法，我国选择了地域管辖权和居民管辖权的双重管辖权标准，最大限度地维护我国的税收利益。

1. 居民企业

居民企业是指依法在中国境内成立，或者依照外国（地区）法律成立但实际管理机构在中国境内的企业。这里的企业包括国有企业、集体企业、私营企业、联营企业、股份制企业、外商投资企业、外国企业以及有生产、经营所得和其他所得的其他组织。其中，有生产、经营所得和其他所得的其他组织，是指经国家有关部门批准，依法注册、登记的事业单位、社会团体等组织。由于我国的一些社会团体组织、事业单位在完成国家事业计划的过程中，开展多种经营和有偿服务活动，取得除财政部门各项拨款、财政部和国家物价部门批准的各项规费收入以外的经营收入，具有了经营的特点，应当视同企业纳入征税范围。其中，实际管理机构，是指对企业的生产经营、人员、账务、财产等实施实质性全面管理和控制的机构。

2. 非居民企业

非居民企业是指依照外国（地区）法律成立且实际管理机构不在中国境内，但在中国境内设立机构、场所的，或者在中国境内未设立机构、场所，但有来源于中国境内所得的企业。

上述所称机构、场所是指在中国境内从事生产经营活动的机构、场所，包括：

(1)管理机构、营业机构、办事机构。

(2)工厂、农场、开采自然资源的场所。

(3)提供劳务的场所。

(4)从事建筑、安装、装配、修理、勘探等工程作业的场所。

(5)其他从事生产经营活动的机构、场所。

非居民企业委托营业代理人在中国境内从事生产经营活动的，包括委托单位或者个人经常代其签订合同，或者储存、交付货物等，该营业代理人视为非居民企业在中国境内设立的机构、场所。

4.2.2 征税对象

企业所得税的征税对象，是指企业的生产经营所得、其他所得和清算所得。

1. 居民企业的征税对象

居民企业应就来源于中国境内、境外的所得作为征税对象。所得包括销售货物所得、提供劳务所得、转让财产所得、股息红利等权益性投资所得、利息所得、租金所得、特许权使用费所得、接受捐赠所得和其他所得。

2. 非居民企业的征税对象

非居民企业在中国境内设立机构、场所的，应当就其所设机构、场所取得的来源于中国境内的所得，以及发生在中国境外但与其所设机构、场所有实际联系的所得，缴纳企业所得税。非居民企业在中国境内未设立机构、场所的，或者虽设立机构、场所但取得的所得与其所设机构、场所没有实际联系的，应当就其来源于中国境内的所得缴纳企业所得税。

上述所称实际联系，是指非居民企业在中国境内设立的机构、场所拥有的据以取得所得的股权、债权，以及拥有、管理、控制据以取得所得的财产。

3. 所得来源的确定

(1)销售货物所得，按照交易活动发生地确定。

(2)提供劳务所得，按照劳务发生地确定。

(3)转让财产所得：①不动产转让所得按照不动产所在地确定。②动产转让所得按照转让动产的企业或者机构、场所所在地确定。③权益性投资资产转让所得按照被投资企业所在地确定。

(4)股息、红利等权益性投资所得，按照分配所得的企业所在地确定。

(5)利息所得、租金所得、特许权使用费所得，按照负担、支付所得的企业或者机构、场所所在地确定，或者按照负担、支付所得的个人的住所地确定。

(6)其他所得，由国务院财政、税务主管部门确定。

4.2.3 税率

企业所得税税率是体现国家与企业分配关系的核心要素。税率设计的原则是兼顾国家、企业、职工个人三者利益，既要保证财政收入的稳定增长，又要使企业在发展生产、经营方面有一定的财力保证；既要考虑到企业的实际情况和负担能力，又要维护税率的统一性。

企业所得税实行比例税率。比例税率简便易行，透明度高，不会因征税而改变企业间收入分配比例，有利于促进效率的提高。现行规定是：

(1)基本税率为25%。适用于居民企业和在中国境内设有机构、场所且所得与机构、场所有关联的非居民企业。

(2)低税率为20%。适用于在中国境内未设立机构、场所的，或者虽设立机构、场所但所得与其所设机构、场所没有实际联系的非居民企业。我国企业所得税税率为25%，在国际上属于适中的水平。据有关资料，全世界134个实行企业所得税的国家(地区)平均税率为22.19%，其中，高于我国税率水平的国家(地区)有50个，与我国税率一样的有14个，其他的69个国家(地区)税率比我国低，从GDP排名前20的国家来看，平均税率为27.63%，其中高于我国的有11个国家，与我国相同的有2个国家，低于我国的只有6个国家。

4.3 应纳税所得额的计算

应纳税所得额是企业所得税的计税依据，按照企业所得税法的规定，应纳税所得额为企业每一个纳税年度的收入总额，减除不征税收入、免税收入、各项扣除以及允许弥补的以前年度亏损后的余额。基本公式为：

应纳税所得额＝收入总额－不征税收入－免税收入－各项扣除－允许弥补的以前年度亏损

企业应纳税所得额的计算以权责发生制为原则，属于当期的收入和费用，不论款项是否收付，均作为当期的收入和费用；不属于当期的收入和费用，即使款项已经在当期收付，均不作为当期的收入和费用。应纳税所得额的正确计算直接关系到国家财政收入和企业的税收负担，并且同成本、费用核算关系密切。因此，企业所得税法对应纳税所得额计算做了明确规定。主要内容包括收入总额、扣除范围和标准、资产的税务处理、亏损弥补等。

4.3.1 收入总额

企业的收入总额包括以货币形式和非货币形式从各种来源取得的收入，具体有：销售货物收入，提供劳务收入，转让财产收入，股息、红利等权益性投资收益，利息收入，租金收入，特许权使用费收入，接受捐赠收入，其他收入。企业取得收入的货币形式，包括现金、存款、应收账款、应收票据、准备持有至到期的债券投资以及债务的豁免等；纳税人以非货币形式取得的收入，包括固定资产、生物资产、无形资产、股权投资、存货、不准备持有至到期的债券投资、劳务以及有关权益等，这些非货币资产应当按照公允价值确定收入额，公允价值是指按照市场价格确定的价值。收入的具体构成为：

4.3.1.1 一般收入的确认

(1)销售货物收入是指企业销售商品、产品、原材料、包装物、低值易耗品以及其他存货取得的收入。

(2)劳务收入是指企业从事建筑安装、修理修配、交通运输、仓储租赁、金融保险、邮电通信、咨询经纪、文化体育、科学研究、技术服务、教育培训、餐饮住宿、中介代理、卫生保健、社区服务、旅游、娱乐、加工以及其他劳务服务活动取得的收入。

(3)转让财产收入是指企业转让固定资产、生物资产、无形资产、股权、债权等财产取得的收入。

企业转让股权收入，应于转让协议生效且完成股权变更手续时，确认收入的实现。转让股权收入扣除为取得该股权所发生的成本后，为股权转让所得。企业在计算股权转让所得时，不得扣除被投资企业未分配利润等股东留存收益中按该项股权所可能分配的金额。

(4)股息、红利等权益性投资收益是指企业因权益性投资从被投资方取得的收入。股息、红利等权益性投资收益，除国务院财政、税务主管部门另有规定外，按照被投资方做出利润分配决定的日期确认收入的实现。

(5)利息收入是指企业将资金提供他人使用但不构成权益性投资，或者因他人占用本企业资金取得的收入，包括存款利息、贷款利息、债券利息、欠款利息等收入。利息收入按照合同约定的债务人应付利息的日期确认收入的实现。

企业混合性投资业务是指兼具权益和债权双重特性的投资业务。自 2013 年 9 月 1 日起，同时符合下列条件的混合性投资业务，按下列规定进行企业所得税处理。

①被投资企业接受投资后，需要按投资合同或协议约定的利率定期支付利息(或定期支付保底利息、固定利润、固定股息，下同)。

②有明确的投资期限或特定的投资条件。

③投资企业对被投资企业净资产不拥有所有权；

④投资企业不具有选举权和被选举权；

⑤投资企业不参与被投资企业日常生产经营活动。

符合上述①至⑤条规定的混合性投资业务，按下列规定进行企业所得税处理：

①对于被投资企业支付的利息，投资企业应于被投资企业应付利息的日期，确认收入的实现并计入当期应纳税所得额；被投资企业应于应付利息的日期确认利息支出，并按税法和《国家税务总局关于企业所得税若干问题的公告》(国家税务总局公告 2011 年第 34 号)第一条的规定，进行税前扣除。

②对于被投资企业赎回的投资，投资双方应于赎回时将赎价与投资成本之间的差额确认为债务重组损益，分别计入当期应纳税所得额。

(6)租金收入是指企业提供固定资产、包装物或者其他有形资产的使用权取得的收入。租金收入按照合同约定的承租人应付租金的日期确认收入的实现。其中，如果交易合同或协议中规定租赁期限跨年度，且租金提前一次性支付的，根据《实施条例》第九条规定的收入与费用配比原则，出租人可对上述已确认的收入，在租赁期内，分期均匀计入相关年度收入。

(7)特许权使用费收入是指企业提供专利权、非专利技术、商标权、著作权以及其他特许权的使用权取得的收入。特许权使用费收入按照合同约定的特许权使用人应付特许权使用费的日期确认收入的实现。

(8)接受捐赠收入是指企业接受的来自其他企业、组织或者个人无偿给予的货币性资产、非货币性资产。接受捐赠收入按照实际收到捐赠资产的日期确认收入的实现。

(9)其他收入是指企业取得的除以上收入外的其他收入，包括企业资产溢余收入、逾期未退包装物押金收入、确实无法偿付的应付款项、已作坏账损失处理后又收回的应收款项、债务重组收入、补贴收入、违约金收入、汇兑收益等。

4.3.1.2 特殊收入的确认

(1)以分期收款方式销售货物的，按照合同约定的收款日期确认收入的实现。

(2)企业受托加工制造大型机械设备、船舶、飞机，以及从事建筑、安装、装配工程业务或者提供其他劳务等，持续时间超过 12 个月的，按照纳税年度内完工进度或者完成的工作量确认收入的实现。

(3)采取产品分成方式取得收入的，按照企业分得产品的日期确认收入的实现，其收入额按照产品的公允价值确定。

(4)企业发生非货币性资产交换，以及将货物、财产、劳务用于捐赠、偿债、赞助、集资、广告、样品、职工福利或者利润分配等用途的，应当视同销售货物、转让财产或者提供劳务，但国务院财政、税务主管部门另有规定的除外。

4.3.1.3 处置资产收入的确认

(1)企业发生下列情形的处置资产，除将资产转移至境外以外，由于资产所有权属在形式和实质上均不发生改变，可作为内部处置资产，不视同销售确认收入，相关资产的计税基础延续计算。

①将资产用于生产、制造、加工另一产品。

②改变资产形状、结构或性能。

③改变资产用途（如自建商品房转为自用或经营）。

④将资产在总机构及其分支机构之间转移。

⑤上述两种或两种以上情形的混合。

⑥其他不改变资产所有权属的用途。

（2）企业将资产移送他人的下列情形，因资产所有权属已发生改变而不属于内部处置资产，应按规定视同销售确定收入。

①用于市场推广或销售。

②用于交际应酬。

③用于职工奖励或福利。

④用于股息分配。

⑤用于对外捐赠。

⑥其他改变资产所有权属的用途。

企业发生第（2）条规定情形时，属于企业自制的资产应按企业同类资产同期对外销售价格确定销售收入；属于外购的资产可按购入时的价格确定销售收入。

4.3.1.4 非货币性资产投资企业所得税处理

非货币性资产是指现金、银行存款、应收账款、应收票据以及准备持有至到期的债券投资等货币性资产以外的资产。

（1）居民企业（以下简称企业）以非货币性资产对外投资确认的非货币性资产转让所得，可在不超过5年期限内分期均匀计入相应年度的应纳税所得额，按规定计算缴纳企业所得税。

（2）企业以非货币性资产对外投资，应对非货币性资产进行评估并按评估后的公允价值扣除计税基础后的余额计算确认非货币性资产转让所得。

企业以非货币性资产对外投资，应于投资协议生效并办理股权登记手续时确认非货币性资产转让收入的实现。

（3）企业以非货币性资产对外投资而取得被投资企业的股权，应以非货币性资产的原计税成本为计税基础，加上每年确认的非货币性资产转让所得，逐年进行调整。

被投资企业取得非货币性资产的计税基础，应按非货币性资产的公允价值确定。

（4）企业在对外投资5年内转让上述股权或投资收回的，应停止执行递延纳税政策，并就递延期内尚未确认的非货币性资产转让所得，在转让股权或投资收回当年的企业所得税年度汇算清缴时，一次性计算缴纳企业所得税。

企业在对外投资5年内注销的，应停止执行递延纳税政策，并就递延期内尚未确认的非货币性资产转让所得，在注销当年的企业所得税年度汇算清缴时，一次性计算缴纳企业所得税。

（5）此处所称非货币性资产投资，限于以非货币性资产出资设立新的居民企业，或将非货币性资产注入现存的居民企业。

（6）企业发生非货币性资产投资，符合《财政部国家税务总局关于企业重组业务企业所得税处理若干问题的通知》（财税〔2009〕59号）等文件规定的特殊性税务处理条件的，也可选择按特殊性税务处理规定执行。

4.3.1.5 企业转让上市公司限售股有关所得税处理

根据国家税务总局公告2011年第39号规定，自2011年7月1日起，企业转让上市公司限售股有关所得税的处理按以下规定执行。

1. 纳税义务人的范围界定问题

根据《企业所得税法》第一条及其《实施条例》第三条的规定，转让限售股取得收入的企业(包括事业单位、社会团体、民办非企业单位等)，为企业所得税的纳税义务人。

2. 企业转让代个人持有的限售股征税问题

因股权分置改革造成原由个人出资而由企业代持有的限售股，企业在转让时按以下规定处理：

(1)企业转让上述限售股取得的收入，应作为企业应税收入计算纳税。

上述限售股转让收入扣除限售股原值和合理税费后的余额为该限售股转让所得。企业未能提供完整、真实的限售股原值凭证，不能准确计算该限售股原值的，主管税务机关一律按该限售股转让收入的15%核定为该限售股原值和合理税费。

依照本条规定完成纳税义务后的限售股转让收入余额转付给实际所有人时不再纳税。

(2)依法院判决、裁定等原因，通过证券登记结算公司，企业将其代持的个人限售股直接变更到实际所有人名下的，不视同转让限售股。

3. 企业在限售股解禁前转让限售股征税问题

企业在限售股解禁前将其持有的限售股转让给其他企业或个人(以下简称“受让方”)，其企业所得税问题按以下规定处理：

(1)企业应按减持在证券登记结算机构登记的限售股取得的全部收入，计入企业当年度应税收入计算纳税。

(2)企业持有的限售股在解禁前已签订协议转让给受让方，但未变更股权登记、仍由企业持有的，企业实际减持该限售股取得的收入，依照上述第2条第(1)项规定纳税后，其余额转付给受让方的，受让方不再纳税。

4.3.1.6 企业接收政府和股东划入资产的企业所得税处理

1. 企业接收政府划入资产的企业所得税处理

(1)县级以上人民政府(包括政府有关部门，下同)将国有资产明确以股权投资方式投入企业，企业应作为国家资本金(包括资本公积)处理。该项资产如为非货币性资产，应按政府确定的接收价值确定计税基础。

(2)县级以上人民政府将国有资产无偿划入企业，凡指定专门用途并按《财政部国家税务总局关于专项用途财政性资金企业所得税处理问题的通知》(财税〔2011〕70号)规定进行管理的，企业可作为不征税收入进行企业所得税处理。其中，该项资产属于非货币性资产的，应按政府确定的接收价值计算不征税收入。

(3)县级以上人民政府将国有资产无偿划入企业，属于上述第(1)、(2)项以外情形的，应按政府确定的接收价值计入当期收入总额计算缴纳企业所得税。政府没有确定接收价值的，按资产的公允价值计算确定应税收入。

2. 企业接收股东划入资产的企业所得税处理

(1)企业接收股东划入资产(包括股东赠与资产、上市公司在股权分置改革过程中接收原非流通股股东和新非流通股股东赠与的资产、股东放弃本企业的股权，下同)，凡合同、协议约定作为资本金(包括资本公积)且在会计上已做实际处理的，不计入企业的收入总额，企业应按公允价值确定该项资产的计税基础。

(2)企业接收股东划入资产，凡作为收入处理的，应按公允价值计入收入总额，计算缴纳企业所得税，同时按公允价值确定该项资产的计税基础。

4.3.1.7 相关收入实现的确认

除企业所得税法及实施条例前述收入的规定外，企业销售收入的确认，必须遵循权责发生制原则和实质重于形式原则。

1)企业销售商品同时满足下列条件的，应确认收入的实现。

(1)商品销售合同已经签订，企业已将商品所有权相关的主要风险和报酬转移给购货方。

(2)企业对已售出的商品既没有保留通常与所有权相联系的继续管理权，也没有实施有效控制。

(3)收入的金额能够可靠地计量。

(4)已发生或将发生的销售方的成本能够可靠地核算。

2)符合上款收入确认条件，采取下列商品销售方式的，应按以下规定确认收入实现时间。

(1)销售商品采用托收承付方式的，在办妥托收手续时确认收入。

(2)销售商品采取预收款方式的，在发出商品时确认收入。

(3)销售商品需要安装和检验的，在购买方接受商品以及安装和检验完毕时确认收入。如果安装程序比较简单，可在发出商品时确认收入。

(4)销售商品采用支付手续费方式委托代销的，在收到代销清单时确认收入。

3)采用售后回购方式销售商品的，销售的商品按售价确认收入，回购的商品作为购进商品处理。有证据表明不符合销售收入确认条件的，如以销售商品方式进行融资，收到的款项应确认为负债，回购价格大于原售价的，差额应在回购期间确认为利息费用。

4)销售商品以旧换新的，销售商品应当按照销售商品收入确认条件确认收入，回收的商品作为购进商品处理。

5)企业为促进商品销售而在商品价格上给予的价格扣除属于商业折扣，商品销售涉及商业折扣的，应当按照扣除商业折扣后的金额确定销售商品收入金额。债权人为鼓励债务人在规定的期限内付款而向债务人提供的债务扣除属于现金折扣，销售商品涉及现金折扣的，应当按扣除现金折扣前的金额确定销售商品收入金额，现金折扣在实际发生时作为财务费用扣除。

企业因售出商品的质量不合格等原因而在售价上给予的减让属于销售折让；企业因售出商品质量、品种不符合要求等原因而发生的退货属于销售退回。企业已经确认销售收入的售出商品发生销售折让和销售退回，应当在发生当期冲减当期销售商品收入。

6)企业在各个纳税期末，提供劳务交易的结果能够可靠估计的，应采用完工进度

(完工百分比)法确认提供劳务收入。

(1)提供劳务交易的结果能够可靠估计，是指同时满足下列条件：

①收入的金额能够可靠地计量。

②交易的完工进度能够可靠地确定。

③交易中发生和将发生的成本能够可靠地核算。

(2)企业提供劳务完工进度的确定，可选用下列方法：

①已完工作的测量。

②按照提供劳务占劳务总量的比例。

③发生成本占总成本的比例。

(3)企业应按照从接受劳务方已收或应收的合同或协议价款确定劳务收入总额，根据纳税期末提供劳务收入总额乘以完工进度扣除以前纳税年度累计已确认提供劳务收入后的金额，确认为当期劳务收入；同时，按照提供劳务估计总成本乘以完工进度扣除以前纳税期间累计已确认劳务成本后的金额；结转为当期劳务成本。

(4)下列提供劳务满足收入确认条件的，应按规定确认收入：

①安装费。应根据安工进度确认收入。安装工作是商品销售附带条件的，安装费在确认商品销售实现时确认收入。

②宣传媒介的收费。在相关的广告或商业行为出现于公众面前时确认收入。广告的制作费应根据制作广告的完工进度确认收入。

③软件费。为特定客户开发软件的收费，应根据开发的完工进度确认收入。

④服务费。包含在商品售价内可区分的服务费，在提供服务的期间分期确认收入。

⑤艺术表演、招待宴会和其他特殊活动的收费。在相关活动发生时确认收入。收费涉及几项活动的，预收的款项应合理分配给每项活动，分别确认收入。

⑥会员费。申请入会或加入会员，只允许取得会籍，所有其他服务或商品都要另行收费的，在取得该会员费时确认收入。申请入会或加入会员后，会员在会员期内不再付费就可得到各种服务或商品，或者以低于非会员的价格销售商品或提供服务的，该会员费应在整个受益期内分期确认收入。

⑦特许权费。属于提供设备和其他有形资产的特许权费，在交付资产或转移资产所有权时确认收入；属于提供初始及后续服务的特许权费，在提供服务时确认收入。

⑧劳务费。长期为客户提供重复的劳务收取的劳务费，在相关劳务活动发生时确认收入。

7)企业以买一赠一等方式组合销售本企业商品的，不属于捐赠，应将总的销售金额按各项商品的公允价值的比例来分摊确认各项的销售收入。

8)企业取得财产(包括各类资产、股权、债权等)转让收入、债务重组收入、接受捐赠收入、无法偿付的应付款收入等，不论是以货币形式还是非货币形式体现，除另有规定外，均应一次性计入确认收入的年度计算缴纳企业所得税。

4.3.2 不征税收入和免税收入

国家为了扶持和鼓励某些特殊的纳税人和特定的项目，或者避免因征税影响企业的正常经营，对企业取得的某些收入予以不征税或免税的特殊政策，以减轻企业的负担，促进经济的协调发展。或准予抵扣应纳税所得额，或者是对专项用途的资金作为非税收入处理，减轻企业的税负，增加企业可用资金。

4.3.2.1 不征税收入

1. 财政拨款

财政拨款是指各级人民政府对纳入预算管理的事业单位、社会团体等组织拨付的财政资金，但国务院和国务院财政、税务主管部门另有规定的除外。

2. 依法收取并纳入财政管理的行政事业性收费、政府性基金

行政事业性收费是指依照法律法规等有关规定，按照国务院规定程序批准，在实施社会公共管理，以及在向公民、法人或者其他组织提供特定公共服务过程中，向特定对象收取并纳入财政管理的费用。政府性基金是指企业依照法律、行政法规等有关规定，代政府收取的具有专项用途的财政资金。具体规定如下：

(1)企业按照规定缴纳的、由国务院或财政部批准设立的政府性基金以及由国务院和省、自治区、直辖市人民政府及其财政、价格主管部门批准设立的行政事业性收费，准予在计算应纳税所得额时扣除。

企业缴纳的不符合上述第(1)条审批管理权限设立的基金、收费，不得在计算应纳税所得额时扣除。

(2)企业收取的各种基金、收费，应计入企业当年收入总额。

(3)对企业依照法律、法规及国务院有关规定收取并上缴财政的政府性基金和行政事业性收费，准予作为不征税收入，于上缴财政的当年在计算应纳税所得额时从收入总额中减除；未上缴财政的部分，不得从收入总额中减除。

3. 国务院规定的其他不征税收入

这是指企业取得的，由国务院财政、税务主管部门规定专项用途并经国务院批准的财政性资金。

财政性资金是指企业取得的来源于政府及其有关部门的财政补助、补贴、贷款贴息，以及其他各类财政专项资金，包括直接减免的增值税和即征即退、先征后退、先征后返的各种税收，但不包括企业按规定取得的出口退税款。

(1)企业取得的各类财政性资金，除属于国家投资和资金使用后要求归还本金的以外，均应计入企业当年收入总额。国家投资是指国家以投资者身份投入企业并按有关规定相应增加企业实收资本(股本)的直接投资。

(2)对企业取得的由国务院财政、税务主管部门规定专项用途并经国务院批准的财政性资金，准予作为不征税收入，在计算应纳税所得额时从收入总额中减除。

(3)纳入预算管理的事业单位、社会团体等组织按照核定的预算和经费报领关系收到的由财政部门或上级单位拨入的财政补助收入，准予作为不征税收入，在计算应纳税所得额时从收入总额中减除，但国务院和国务院财政、税务主管部门另有规定的除外。

4. 专项用途财政性资金企业所得税处理的具体规定

根据财税〔2011〕70 号通知(以下简称《通知》)规定，自 2011 年 1 月 1 日起，企业取得的专项用途财政性资金企业所得税处理按以下规定执行。

(1)企业从县级以上各级人民政府财政部门及其他部门取得的应计入收入总额的财政性资金，凡同时符合以下条件的，可以作为不征税收入，在计算应纳税所得额时从收入总额中减除。

①企业能够提供规定资金专项用途的资金拨付文件；

②财政部门或其他拨付资金的政府部门对该资金有专门的资金管理办法或具体管理要求；

③企业对该资金以及以该资金发生的支出单独进行核算。

(2)根据《实施条例》第二十八条的规定，上述不征税收入用于支出所形成的费用，不得在计算应纳税所得额时扣除；用于支出所形成的资产，其计算的折旧、摊销不得在计算应纳税所得额时扣除。

(3)企业将符合上述第(1)条规定条件的财政性资金做不征税收入处理后，在5年(60个月)内未发生支出且未缴回财政部门或其他拨付资金的政府部门的部分，应计入取得该资金第六年的应税收入总额；计入应税收入总额的财政性资金发生的支出，允许在计算应纳税所得额时扣除。

另外，企业取得的不征税收入，应按照《通知》的规定进行处理。凡未按照《通知》规定进行管理的，应作为企业应税收入计入应纳税所得额，依法缴纳企业所得税。

4.3.2.2 免税收入

1. 国债利息收入

为鼓励企业积极购买国债，支援国家建设，税法规定，企业因购买国债所得的利息收入，免征企业所得税。

2. 符合条件的居民企业之间的股息、红利等权益性收益

这是指居民企业直接投资于其他居民企业取得的投资收益。

3. 在中国境内设立机构、场所的非居民企业从居民企业取得与该机构、场所有实际联系的股息、红利等权益性投资收益

上一项和本项所称的权益性收益(投资收益)均不包括连续持有居民企业公开发行并上市流通的股票不足12个月取得的投资收益。

4. 非营利组织的下列收入为免税收入

(1)接受其他单位或者个人捐赠的收入。

(2)除《企业所得税法》第七条规定的财政拨款以外的其他政府补助收入，但不包括因政府购买服务取得的收入。

(3)按照省级以上民政、财政部门规定收取的会费。

(4)不征税收入和免税收入孳生的银行存款利息收入。

(5)财政部、国家税务总局规定的其他收入。

其他符合条件的非营利组织的收入。符合条件的非营利组织是指：

(1)依法履行非营利组织登记手续。

(2)从事公益性或者非营利性活动。

(3)取得的收入除用于与该组织有关的、合理的支出外，全部用于登记核定或者章程规定的公益性或者非营利性事业。

(4)财产及其孳生息不用于分配。

(5)按照登记核定或者章程规定，该组织注销后的剩余财产用于公益性或者非营利性目的，或者由登记管理机关转赠给与该组织性质、宗旨相同的组织，并向社会公告。

(6)投入人对投入该组织的财产不保留或者享有任何财产权利。

(7)工作人员工资福利开支控制在规定的比例内，不变相分配该组织的财产。

(8)国务院财政、税务主管部门规定的其他条件。

《企业所得税法》第二十六条第4项所称符合条件的非营利组织的收入，不包括非营利组织从事营利性活动取得的收入，但国务院财政、税务主管部门另有规定的除外。

4.3.3 扣除原则和范围

4.3.3.1 税前扣除项目的原则

企业申报的扣除项目和金额要真实、合法。所谓真实是指能提供证明有关支出确属已经实际发生；合法是指符合国家税法的规定，若其他法规规定与税收法规规定不一致，应以税收法规的规定为标准。除税收法规另有规定外，税前扣除一般应遵循以下原则：

(1)权责发生制原则。是指企业费用应在发生的所属期扣除，而不是在实际支付时确认扣除。

(2)配比原则。是指企业发生的费用应当与收入配比扣除。除特殊规定外，企业发生的费用不得提前或滞后申报扣除。

(3)相关性原则。是指企业可扣除的费用从性质和根源上必须与取得应税收入直接相关。

(4)确定性原则。是指企业可扣除的费用不论何时支付，其金额必须是确定的。

(5)合理性原则。是指符合生产经营活动常规，应当计入当期损益或者有关资产成本的必要和正常的支出。

4.3.3.2 扣除项目的范围

《企业所得税法》规定，企业实际发生的与取得收入有关的、合理的支出，包括成本、费用、税金、损失和其他支出，准予在计算应纳税所得额时扣除。在实际中，计算应纳税所得额时还应注意三方面的内容：①企业发生的支出应当区分收益性支出和资本性支出。收益性支出在发生当期直接扣除；资本性支出应当分期扣除或者计入有关资产成本，不得在发生当期直接扣除。②企业的不征税收入用于支出所形成的费用或者财产，不得扣除或者计算对应的折旧、摊销扣除。③除企业所得税法和本条例另有规定外，企业实际发生的成本、费用、税金、损失和其他支出，不得重复扣除。

1. 成本

成本是指企业在生产经营活动中发生的销售成本、销货成本、业务支出以及其他耗费，即企业销售商品(产品、材料、下脚料、废料、废旧物资等)、提供劳务、转让固定资产、无形资产(包括技术转让)的成本。

企业必须将经营活动中发生的成本合理划分为直接成本和间接成本。直接成本是可直接计入有关成本计算对象或劳务的经营成本中的直接材料、直接人工等。间接成本是指多个部门为同一成本对象提供服务的共同成本，或者同一种投入可以制造、提供两种或两种以上的产品或劳务的联合成本。

直接成本可根据有关会计凭证、记录直接计入有关成本计算对象或劳务的经营成本中。间接成本必须根据与成本计算对象之间的因果关系、成本计算对象的产量等，以合理的方法分配计入有关成本计算对象中。

2. 费用

费用是指企业每一个纳税年度为生产、经营商品和提供劳务等所发生的销售(经营)费用、管理费用和财务费用。已经计入成本的有关费用除外。

销售费用是指应由企业负担的为销售商品而发生的费用，包括广告费、运输费、装卸费、包装费、展览费、保险费、销售佣金(能直接认定的进口佣金调整商品进价成本)、代销手续费、经营性租赁费及销售部门发生的差旅费、工资、福利费等费用。

管理费用是指企业的行政管理部门为管理组织经营活动提供各项支援性服务而发生的费用。

财务费用是指企业筹集经营性资金而发生的费用，包括利息净支出、汇兑净损失、金融机构手续费以及其他非资本化支出。

3. 税金

税金是指企业发生的除企业所得税和允许抵扣的增值税以外的企业缴纳的各项税金及其附加。即企业按规定缴纳的消费税、营业税、城市维护建设税、关税、资源税、土地增值税、房产税、车船税、土地使用税、印花税、教育费附加等产品销售税金及附加。这些已纳税金准予税前扣除。准许扣除的税金有两种方式：一是在发生当期扣除；二是在发生当期计入相关资产的成本，在以后各期分摊扣除。

4. 损失

损失是指企业在生产经营活动中发生的固定资产和存货的盘亏、毁损、报废损失，转让财产损失，呆账损失，坏账损失，自然灾害等不可抗力因素造成的损失以及其他损失。

企业发生的损失，减除责任人赔偿和保险赔款后的余额，依照国务院财政、税务主管部门的规定扣除。

企业已经作为损失处理的资产，在以后纳税年度又全部收回或者部分收回时，应当计入当期收入。

5. 扣除的其他支出

扣除的其他支出是指除成本、费用、税金、损失外，企业在生产经营活动中发生的与生产经营活动有关的、合理的支出。

4.3.3.3 扣除项目及其标准

在计算应纳税所得额时，下列项目可按照实际发生额或规定的标准扣除。

1. 工资、薪金支出

(1)企业发生的合理的工资、薪金支出准予据实扣除。工资、薪金支出是企业每一纳税年度支付给本企业任职或与其有雇佣关系的员工的所有现金或非现金形式的劳动报酬，包括基本工资、奖金、津贴、补贴、年终加薪、加班工资，以及与任职或者是受雇有关的其他支出。

合理的工资、薪金是指企业按照股东大会、董事会、薪酬委员会或相关管理机构制定的工资薪金制度规定实际发放给员工的工资薪金。税务机关在对工资薪金进行合理性确认时，可按以下原则掌握：

①企业制定了较为规范的员工工资薪金制度。

②企业所制定的工资薪金制度符合行业及地区水平。

③企业在一定时期所发放的工资薪金是相对固定的，工资薪金的调整是有序进行的。

④企业对实际发放的工资薪金，已依法履行了代扣代缴个人所得税义务。

⑤有关工资薪金的安排不以减少或逃避税款为目的。

(2)属于国有性质的企业，其工资薪金不得超过政府有关部门给予的限定数额；超过部分不得计入企业工资薪金总额，也不得在计算企业应纳税所得额时扣除。

(3)企业因雇用季节工、临时工、实习生、返聘离退休人员以及接受外部劳务派遣用工所实际发生的费用，应区分为工资薪金支出和职工福利费支出，并按《企业所得税法》规定在企业所得税前扣除。其中属于工资薪金支出的，准予计入企业工资薪金总额的基数，作为计算其他各项相关费用扣除的依据。

(4)企业福利性补贴支出税前扣除。国家税务总局 2015 年第 34 号规定，列入企业员工工资薪金制度，固定与工资薪金一起发放的福利性补贴，符合《国家税务总局关于企业员工工资薪金及职工福利费扣除问题的通知》(国税函〔2009〕3 号)第一条规定的合理工资，薪金支出条件，可作为企业发生的工资薪金支出，按规定在税前扣除。

不能同时符合上述合理工资、薪金支出条件的福利性补贴，应作为国税函〔2009〕3号文件第三条规定的职工福利费，按规定计算限额税前扣除。

(5)企业年度汇算清缴结束前支付汇缴年度薪金税前扣除。未超过标准的按实际数扣除，超过标准的只能按标准扣除。

2. 职工福利费、工会经费、职工教育经费

企业发生的职工福利费、工会经费、职工教育经费按标准扣除，未超过标准的按实际数扣除，超过标准的只能按标准扣除。

(1)企业发生的职工福利费支出，不超过工资薪金总额 14% 的部分准予扣除。

企业职工福利费包括以下内容：

①尚未实行分离办社会职能的企业，其内设福利部门所发生的设备、设施和人员费用，包括职工食堂、职工浴室、理发室、医务所、托儿所、疗养院等集体福利部门的设备、设施及维修保养费用和福利部门工作人员的工资薪金、社会保险费、住房公积金、劳务费等。

②为职工卫生保健、生活、住房、交通等所发放的各项补贴和非货币性福利，包括企业向职工发放的因公外地就医费用、未实行医疗统筹企业职工医疗费用、职工供养直系亲属医疗补贴、供暖费补贴、职工防暑降温费、职工困难补贴、救济费、职工食堂经费补贴、职工交通补贴等。

③按照其他规定发生的其他职工福利费，包括丧葬补助费、抚恤费、安家费、探亲

假路费等。

(2)企业拨缴的工会经费，不超过工资薪金总额2%的部分准予扣除。

自2010年7月1日起，企业拨缴的职工工会经费，不超过工资薪金总额2%的部分，凭工会组织开具的《工会经费收入专用收据》在企业所得税税前扣除。

自2010年1月1日起，在委托税务机关代收工会经费的地区，企业拨缴的工会经费，也可凭合法、有效的工会经费代收凭据依法在税前扣除。

(3)除国务院财政，税务主管部门另有规定外，企业发生的职工教育经费支出，不超过工资薪金总额2.5%的部分准予扣除，超过部分准予结转以后纳税年度扣除。

注册在中国境内，实行查账征收，经认定的高新技术企业发生的职工教育经费支出，不超过工资薪金总额8%的部分，准予在计算企业所得税应纳税所得额时扣除，超过部分准予在以后年度结转扣除。

上述职工福利费、工会经费、职工教育经费的工资薪金总额是指企业按照规定实际发放的工资薪金总和，不包括企业的职工福利费、职工教育经费、工会经费以及养老保险费、医疗保险费、失业保险费、工伤保险费、生育保险费等社会保险费和住房公积金。属于国有性质的企业，其工资薪金不得超过政府有关部门给予的限定数额；超过部分不得计入企业工资薪金总额，也不得在计算企业应纳税所得额时扣除。

3. 社会保险费

(1)企业依照国务院有关主管部门或者省级人民政府规定的范围和标准为职工缴纳的五险一金，即基本养老保险费、基本医疗保险费、失业保险费、工伤保险费、生育保险费等基本社会保险费和住房公积金，准予扣除。

(2)企业为投资者或者职工支付的补充养老保险费、补充医疗保险费，在国务院财政、税务主管部门规定的范围和标准内，准予扣除。企业依照国家有关规定为特殊工种职工支付的人身安全保险费和符合国务院财政、税务主管部门规定可以扣除的商业保险费准予扣除。

(3)企业参加财产保险，按照规定缴纳的保险费，准予扣除。企业为投资者或者职工支付的商业保险费，不得扣除。

4. 利息费用

企业在生产、经营活动中发生的利息费用，按下列规定扣除。

(1)非金融企业向金融企业借款的利息支出、金融企业的各项存款利息支出和同业拆借利息支出、企业经批准发行债券的利息支出可据实扣除。

(2)非金融企业向非金融企业借款的利息支出，不超过按照金融企业同期同类贷款利率计算数额的部分可据实扣除，超过部分不许扣除。

其中，所谓金融机构是指各类银行、保险公司及经中国人民银行批准从事金融业务的非银行金融机构。包括国家专业银行、区域性银行、股份制银行、外资银行、中外合资银行以及其他综合性银行；还包括全国性保险企业、区域性保险企业、股份制保险企业、中外合资保险企业以及其他专业性保险企业；城市、农村信用社、各类财务公司以及其他从事信托投资、租赁等业务的专业和综合性非银行金融机构。非金融机构是指除上述金融机构以外的所有企业、事业单位以及社会团体等企业或组织。

(3)关联企业利息费用的扣除。企业从其关联方接受的债权性投资与权益性投资的比例超过规定标准而发生的利息支出，不得在计算应纳税所得额时扣除。

①在计算应纳税所得额时，企业实际支付给关联方的利息支出，不超过以下规定比例和税法及其实施条例有关规定计算的部分，准予扣除，超过的部分不得在发生当期和以后年度扣除。

企业实际支付给关联方的利息支出，除符合下面第②条规定外，其接受关联方债权性投资与其权益性投资比例为：金融企业 5∶1；其他企业 2∶1。

②企业如果能够按照税法及其实施条例的有关规定提供相关资料，并证明相关交易活动符合独立交易原则的；或者该企业的实际税负不高于境内关联方的，其实际支付给境内关联方的利息支出，在计算应纳税所得额时准予扣除。

③企业同时从事金融业务和非金融业务，其实际支付给关联方的利息支出，应按照合理方法分开计算；没有按照合理方法分开计算的，一律按前述第①条有关其他企业的比例计算准予税前扣除的利息支出。

④企业自关联方取得的不符合规定的利息收入应按照有关规定缴纳企业所得税。

(4)企业向自然人借款的利息支出在企业所得税税前的扣除。

①企业向股东或其他与企业有关联关系的自然人借款的利息支出，应根据《企业所得税法》第四十六条及《财政部国家税务总局关于企业关联方利息支出税前扣除标准有关税收政策问题的通知》(财税〔2008〕121 号)规定的条件，计算企业所得税扣除额。

②企业向除①规定以外的内部职工或其他人员借款的利息支出，其借款情况同时符合以下条件的，其利息支出在不超过按照金融企业同期同类贷款利率计算的数额的部分，准予扣除。

条件一：企业与个人之间的借贷是真实、合法、有效的，并且不具有非法集资目的或其他违反法律、法规的行为；

条件二：企业与个人之间签订了借款合同。

5. 借款费用

(1)企业在生产经营活动中发生的合理的不需要资本化的借款费用，准予扣除。

(2)企业为购置、建造固定资产、无形资产和经过 12 个月以上的建造才能达到预定可销售状态的存货发生借款的，在有关资产购置、建造期间发生的合理的借款费用，应予以资本化，作为资本性支出计入有关资产的成本；有关资产交付使用后发生的借款利息，可在发生当期扣除。

(3)企业通过发行债券、取得贷款、吸收保户储金等方式融资而发生的合理的费用支出，符合资本化条件的，应计入相关资产成本；不符合资本化条件的，应作为财务费用，准予在企业所得税前据实扣除。

6. 汇兑损失

企业在货币交易中，以及纳税年度终了时将人民币以外的货币性资产、负债按照期末即期人民币汇率中间价折算为人民币时产生的汇兑损失，除已经计入有关资产成本以及与向所有者进行利润分配相关的部分外，准予扣除。

7. 业务招待费

企业发生的与生产经营活动有关的业务招待费支出，按照发生额的60%扣除，但最高不得超过当年销售(营业)收入的5‰。

对从事股权投资业务的企业(包括集团公司总部、创业投资企业等)，其从被投资企业所分配的股息、红利以及股权转让收入，可以按规定的比例计算业务招待费扣除限额。

企业在筹建期间，发生的与筹办活动有关的业务招待费支出，可按实际发生额的60%计入企业筹办费，并按有关规定在税前扣除。

8. 广告费和业务宣传费

企业发生的符合条件的广告费和业务宣传费支出，除国务院财政、税务主管部门另有规定外，不超过当年销售(营业)收入15%的部分，准予扣除；超过部分，准予结转以后纳税年度扣除。

企业在筹建期间发生的广告费和业务宣传费，可按实际发生额计入企业筹办费，可按上述规定在税前扣除。

企业申报扣除的广告费支出应与赞助支出严格区分。企业申报扣除的广告费支出必须符合下列条件：广告是通过工商部门批准的专门机构制作的；已实际支付费用，并已取得相应发票；通过一定的媒体传播。

9. 环境保护专项资金

企业依照法律、行政法规有关规定提取的用于环境保护、生态恢复等方面的专项资金，准予扣除。上述专项资金提取后改变用途的，不得扣除。

10. 保险费

企业参加财产保险，按照规定缴纳的保险费，准予扣除。

11. 租赁费

企业根据生产经营活动的需要租入固定资产支付的租赁费，按照以下方法扣除：

(1)以经营租赁方式租入固定资产发生的租赁费支出，按照租赁期限均匀扣除。经营性租赁是指所有权不转移的租赁。

(2)以融资租赁方式租入固定资产发生的租赁费支出，按照规定构成融资租入固定资产价值的部分应当提取折旧费用，分期扣除。融资租赁是指在实质上转移与一项资产所有权有关的全部风险和报酬的一种租赁。

12. 劳动保护费

企业发生的合理的劳动保护支出，准予扣除。自2011年7月1日起，企业根据其工作性质和特点，由企业统一制作并要求员工工作时统一着装所发生的工作服饰费用，根据《实施条例》第二十七条的规定，可以作为企业合理的支出给予税前扣除。

13. 公益性捐赠支出

公益性捐赠是指企业通过公益性社会团体或者县级(含县级)以上人民政府及其部门，用于《中华人民共和国公益事业捐赠法》规定的公益事业的捐赠。根据2017年十二届全国人大常委会第二十六次会议通过的修改《企业所得税法》的决定，企业发生的公益性捐赠支出在年度利润总额12%以内的部分，准予在计算应纳税所得额时扣除；超过年度利润总额12%的部分，准予结转以后三年内在计算应纳税所得额时扣除。年度利润总额是指企业依照国家统一会计制度的规定计算的年度会计利润。

(1)用于公益事业的捐赠支出是指《中华人民共和国公益事业捐赠法》规定的向公益事业的捐赠支出，具体范围包括：

①救助灾害、救济贫困、扶助残疾人等困难的社会群体和个人的活动。

②教育、科学、文化、卫生、体育事业。

③环境保护、社会公共设施建设。

④促进社会发展和进步的其他社会公共和福利事业。

企事业单位、社会团体以及其他组织捐赠住房作为廉租住房的视同公益性捐赠按上述规定执行。

(2)公益性社会团体是指同时符合下列条件的基金会、慈善组织等社会团体：

①依法登记，具有法人资格。

②以发展公益事业为宗旨，且不以营利为目的。

③全部资产及其增值为该法人所有。

④收益和营运结余主要用于符合该法人设立目的的事业。

⑤终止后的剩余财产不归属任何个人或者营利组织。

⑥不经营与其设立目的无关的业务。

⑦有健全的财务会计制度。

⑧捐赠者不以任何形式参与社会团体财产的分配。

⑨国务院财政、税务主管部门会同国务院民政部门等登记管理部门规定的其他条件。

(3)公益性社会团体和县级以上人民政府及其组成部门和直属机构在接受捐赠时，捐赠资产的价值，按以下原则确认：

①接受捐赠的货币性资产应当按照实际收到的金额计算。

②接受捐赠的非货币性资产应当以其公允价值计算。捐赠方在向公益性社会团体和县级以上人民政府及其组成部门和直属机构捐赠时，应当提供注明捐赠非货币性资产公允价值的证明。如果不能提供上述证明。公益性社会团体和县级以上人民政府及其组成部门和直属机构不得向其开具公益性捐赠票据。

(4)公益性社会团体和县级以上人民政府及其组成部门和直属机构在接受捐赠时，应按照行政管理级次分别使用由财政部或省、自治区、直辖市财政部门印制的公益性捐赠票据，并加盖本单位的印章；对个人索取捐赠票据的，应予以开具。

(5)对符合条件的公益性群众团体，应按照管理权限，由财政部、国家税务总局和省、自治区、直辖市、计划单列市财政、税务部门分别每年联合公布名单。名单应当包括继续获得公益性捐赠税前扣除资格和新获得公益性捐赠税前扣除资格的群众团体，企业和个人在名单所属年度内向名单内的群众团体进行的公益性捐赠支出，可以按规定进行税前扣除。

对存在以下情形之一的公益性群众团体，应取消其公益性捐赠税前扣除资格：

①前3年接受捐赠的总收入用于公益事业的支出比例低于70%的。

②在申请公益性捐赠税前扣除资格时有弄虚作假行为的。

③存在逃避缴纳税款行为或为他人逃避缴纳税款提供便利的。

④存在违反该组织章程的活动，或者接受的捐赠款项用于组织章程规定用途之外的支出等情况的。

⑤受到行政处罚的。

被取消公益性捐赠税前扣除资格的公益性群众团体，3 年内不得重新申请公益性捐赠税前扣除资格。

(6)对于通过公益性群众团体发生的公益性捐赠支出，主管税务机关应对照财政、税务部门联合发布的名单，接受捐赠的群众团体位于名单内，则企业或个人在名单所属年度发生的公益性捐赠支出可按规定进行税前扣除；接受捐赠的群众团体不在名单内，或虽在名单内但企业或个人发生的公益性捐赠支出不属于名单所属年度的，不得扣除。

14. 有关资产的费用

企业转让各类固定资产发生的费用，允许扣除。企业按规定计算的固定资产折旧费、无形资产和递延资产的摊销费，准予扣除。

15. 总机构分摊的费用

非居民企业在中国境内设立的机构、场所，就其中国境外总机构发生的与该机构、场所生产经营有关的费用，能够提供总机构出具的费用汇集范围、定额、分配依据和方法等证明文件，并合理分摊的，准予扣除。

16. 资产损失

企业当期发生的固定资产和流动资产盘亏、毁损净损失，由其提供清查盘存资料经主管税务机关审核后，准予扣除。

17. 依照有关法律、行政法规和国家有关税法规定准予扣除的其他项目

如会员费、合理的会议费、差旅费、违约金、诉讼费用等。

18. 手续费及佣金支出

(1)企业发生的与生产经营有关的手续费及佣金支出，不超过以下规定计算限额以内的部分，准予扣除；超过部分，不得扣除。

①保险企业：财产保险企业按当年全部保费收入扣除退保金等后余额的 15%（含本数，下同)计算限额；人身保险企业按当年全部保费收入扣除退保金等后余额的 10% 计算限额。

②其他企业：按与具有合法经营资格中介服务机构或个人(不含交易双方及其雇员、代理人和代表人等)所签订服务协议或合同确认的收入金额的 5 % 计算限额。

(2)企业应与具有合法经营资格的中介服务企业或个人签订代办协议或合同，并按国家有关规定支付手续费及佣金。除委托个人代理外，企业以现金等非转账方式支付的手续费及佣金不得在税前扣除。企业为发行权益性证券支付给有关证券承销机构的手续费及佣金不得在税前扣除。

(3)企业不得将手续费及佣金支出计入回扣、业务提成、返利、进场费等费用。

(4)企业已计入固定资产、无形资产等相关资产的手续费及佣金支出，应当通过折旧、摊销等方式分期扣除，不得在发生当期直接扣除。

(5)企业支付的手续费及佣金不得直接冲减服务协议或合同金额，并如实入账。

4.3.4 不得扣除的项目

在计算应纳税所得额时，下列支出不得扣除：

(1)向投资者支付的股息、红利等权益性投资收益款项。

(2)企业所得税税款。

(3)税收滞纳金。是指纳税人违反税收法规，被税务机关处以的滞纳金。

(4)罚金、罚款和被没收财物的损失。是指纳税人违反国家有关法律、法规规定，被有关部门处以的罚款，以及被司法机关处以的罚金和被没收财物。

(5)超过规定标准的捐赠支出。

(6)赞助支出。是指企业发生的与生产经营活动无关的各种非广告性质支出。

(7)未经核定的准备金支出。是指不符合国务院财政、税务主管部门规定的各项资产减值准备、风险准备等准备金支出。

(8)企业之间支付的管理费、企业内营业机构之间支付的租金和特许权使用费，以及非银行企业内营业机构之间支付的利息，不得扣除。

(9)与取得收入无关的其他支出。

4.3.5 亏损弥补

对企业发现以前年度实际发生的、按照税收规定应在企业所得税前扣除而未扣除或者少扣除的支出，企业做出专项申报及说明后，准予追补至该项目发生年度计算扣除，但追补确认期限不得超过5年。企业由于上述原因多缴的企业所得税税款，可以在追补确认年度企业所得税应纳税款中抵扣，不足抵扣的，可以向以后年度递延抵扣或申请退税。亏损企业追补确认以前年度未在企业所得税前扣除的支出，或盈利企业经过追补确认后出现亏损的，应首先调整该项支出所属年度的亏损额，然后再按照弥补亏损的原则计算以后年度多缴的企业所得税款，并按前款规定处理。

4.4 税收优惠

税收优惠是指国家对某一部分特定企业和课税对象给予减轻或免除税收负担的一种措施。税法规定的企业所得税的税收优惠方式包括免税、减税、加计扣除、加速折旧、减计收入、税额抵免等。

4.4.1 免征与减征优惠

企业的下列所得，可以免征、减征企业所得税。企业如果从事国家限制和禁止发展的项目，不得享受企业所得税优惠。

4.4.1.1 从事农、林、牧、渔业项目的所得

企业从事农、林、牧、渔业项目的所得，包括免征和减征两部分。

1. 企业从事下列项目的所得，免征企业所得税

(1)蔬菜、谷物、薯类、油料、豆类、棉花、麻类、糖料、水果、坚果的种植。

(2)农作物新品种的选育。

(3)中药材的种植。

(4)林木的培育和种植。

(5)牲畜、家禽的饲养。

(6)林产品的采集。

(7)灌溉、农产品初加工、兽医、农技推广、农机作业和维修等农、林、牧、渔服务业项目。

(8)远洋捕捞。

2. 企业从事下列项目的所得，减半征收企业所得税

(1)花卉、茶以及其他饮料作物和香料作物的种植。

(2)海水养殖、内陆养殖。

4.4.1.2 从事国家重点扶持的公共基础设施项目投资经营的所得

企业所得税法所称国家重点扶持的公共基础设施项目是指《公共基础设施项目企业所得税优惠目录》规定的港口码头、机场、铁路、公路、电力、水利等项目。

(1)企业从事国家重点扶持的公共基础设施项目的投资经营所得，自项目取得第一笔生产经营收入所属纳税年度起，第 1 年至第 3 年免征企业所得税，第 4 年至第 6 年减半征收企业所得税。

(2)企业承包经营、承包建设和内部自建自用本条规定的项目，不得享受本条规定的企业所得税优惠。

(3)企业投资经营符合《公共基础设施项目企业所得税优惠目录》规定条件和标准的公共基础设施项目，采用一次核准、分批次(如码头、泊位、航站楼、跑道、路段、发电机组等)建设的，凡同时符合以下条件的，可按每一批次为单位计算所得，并享受企业所得税“三免三减半”优惠。

①不同批次在空间上相互独立；

②每一批次自身具备取得收入的功能；

③以每一批次为单位进行会计核算，单独计算所得，并合理分摊期间费用。

4.4.1.3 从事符合条件的环境保护、节能节水项目的所得

环境保护、节能节水项目的所得，自项目取得第一笔生产经营收入所属纳税年度起，第 1 年至第 3 年免征企业所得税，第 4 年至第 6 年减半征收企业所得税。

符合条件的环境保护、节能节水项目，包括公共污水处理、公共垃圾处理、沼气综合开发利用、节能减排技术改造、海水淡化等。项目的具体条件和范围由国务院财政、税务主管部门商国务院有关部门制定，报国务院批准后公布施行。

但是以上规定享受减免税优惠的项目，在减免税期限内转让的，受让方自受让之日起，可以在剩余期限内享受规定的减免税优惠；减免税期限届满后转让的，受让方不得就该项目重复享受减免税优惠。

4.4.1.4 符合条件的技术转让所得

1)企业所得税法所称符合条件的技术转让所得免征、减征企业所得税是指一个纳税年度内，居民企业转让技术所有权所得不超过500万元的部分，免征企业所得税；超过500万元的部分，减半征收企业所得税。

2)技术转让的范围包括居民业转让专利技术、计算机软件著作权、集成电路布图设计权、植物新品种、生物医药新品种，以及财政部和国家税务总局确定的其他技术。

3)符合条件的技术转让所得的计算方法

技术转让所得 = 技术转让收入 - 技术转让成本 - 相关税费

或　技术转让所得 = 技术转让收入 - 无形资产摊销费用 - 相关税费 - 应分摊期间费用

(1)技术转让收入是指当事人履行技术转让合同后获得的价款，不包括销售或转让设备、仪器、零部件、原材料等非技术性收入。不属于与技术转让项目密不可分的技术咨询、技术服务、技术培训等收入，不得计入技术转让收入。

可以计入技术转让收入的技术咨询、技术服务、技术培训收入是指转让方为使受让方掌握所转让的技术并投入使用、实现产业化而提供的必要的技术咨询、技术服务、技术培训所产生的收入，应同时符合以下条件：

①在技术转让合同中约定的与该技术转让相关的技术咨询、技术服务、技术培训；

②技术咨询、技术服务、技术培训收入与该技术转让项目收入一并收取价款。

(2)技术转让成本是指转让的无形资产的净值，即该无形资产的计税基础减除在资产使用期间按照规定计算的摊销扣除额后的余额。

(3)相关税费是指技术转让过程中实际发生的有关税费，包括除企业所得税和允许抵扣的增值税以外的各项税金及其附加、合同签订费用、律师费等相关费用及其他支出。

4)享受减免企业所得税优惠的技术转让应符合以下条件：

(1)享受优惠的技术转让主体是企业所得税法规定的居民企业；

(2)技术转让属于财政部、国家税务总局规定的范围；

(3)境内技术转让经省级以上科技部门认定；

(4)向境外转让技术经省级以上商务部门认定；

(5)国务院税务主管部门规定的其他条件。

5)技术转让应签订技术转让合同。其中，境内的技术转让须经省级以上(含省级)科技部门认定登记，跨境的技术转让须经省级以上(含省级)商务部门认定登记，涉及财政经费支持的技术转让，需省级以上(含省级)科技部门审批。

6)居民企业技术出口应由有关部门按照商务部、科技部发布的《中国禁止出口限制出口技术目录》(商务部、科技部令2008年第12号)进行审查。居民企业取得禁止出口和限制出口技术转让所得，不享受技术转让减免企业所得税优惠政策。

7)居民企业从直接或间接持有股权之和达到100%的关联方取得的技术转让所得，不享受技术转让减免企业所得税优惠政策。

8)享受技术转让所得减免企业所得税优惠的企业，应单独计算技术转让所得，并合理分摊企业的期间费用；没有单独计算的，不得享受技术转让所得企业所得税优惠。

9)企业发生技术转让，应在纳税年度终了后至报送年度纳税申报表以前，向主管税务机关办理减免税备案手续。

4.4.2 高新技术企业优惠

4.4.2.1 国家需要重点扶持的高新技术企业

国家需要重点扶持的高新技术企业按15%的税率征收企业所得税。国家需要重点扶持的高新技术企业是指拥有核心自主知识产权，并同时符合下列六方面条件的企业。

(1)拥有核心自主知识产权。是指在中国境内(不含港、澳、台地区)注册的企业，近3年内通过自主研发、受让、受赠、并购等方式，或通过5年以上的独占许可方式，对其主要产品(服务)的核心技术拥有自主知识产权。

(2)产品(服务)属于《国家重点支持的高新技术领域》规定的范围。

(3)研究开发费用占销售收入的比例不低于规定比例。是指企业为获得科学技术(不包括人文、社会科学)新知识，创造性运用科学技术新知识，或实质性改进技术、产品(服务)而持续进行了研究开发活动，且近3个会计年度的研究开发费用总额占销售收入总额的比例符合如下要求：

①最近一年销售收入小于5000万元的企业，比例不低于6%。

②最近一年销售收入在5000万元至20 000万元的企业，比例不低于4%。

③最近一年销售收入在20 000万元以上的企业，比例不低于3%。

其中，企业在中国境内发生的研究开发费用总额占全部研究开发费用总额的比例不低于60%。企业注册成立时间不足3年的，按实际经营年限计算。

(4)高新技术产品(服务)收入占企业总收入的比例不低于规定比例。是指高新技术产品(服务)收入占企业当年总收入的60%以上。

(5)科技人员占企业职工总数的比例不低于规定比例。是指具有大学专科以上学历的科技人员占企业当年职工总数的30%以上，其中研发人员占企业当年职工总数的10%以上。

(6)高技术企业认定管理办法规定的其他条件。《国家重点支持的高新技术领域》和高新技术企业认定管理办法由国务院科技、财政、税务主管部门商国务院有关部门制订，报国务院批准后公布施行。

4.4.2.2 高新技术企业境外所得适用税率及税收抵免规定

根据财税〔2011〕47号规定，自2010年1月1日起，高新技术企业境外所得适用税率及税收抵免有关问题按以下规定执行：

(1)以境内、境外全部生产经营活动有关的研究开发费用总额、总收入、销售收入总额、高新技术产品(服务)收入等指标申请并经认定的高新技术企业，其来源于境外的所得可以享受高新技术企业所得税优惠政策，即对其来源于境外所得可以按照15%的优惠税率缴纳企业所得税，在计算境外抵免限额时，可按照15%的优惠税率计算境内外应纳税总额。

(2)上述高新技术企业境外所得税收抵免的其他事项，仍按照财税〔2009〕125 号文件的有关规定执行。

(3)此处所称高新技术企业是指依照《中华人民共和国企业所得税法》及其实施条例规定，经认定机构按照《高新技术企业认定管理办法》(国科发火〔2008〕172 号)和《高新技术企业认定管理工作指引》(国科发火〔2008〕362 号)认定取得高新技术企业证书并正在享受企业所得税 15% 税率优惠的企业。

4.4.2.3 高新技术企业资格复审期间企业所得税预缴规定

根据《国家税务总局公告》2011 年第 4 号规定，高新技术企业资格复审结果公示之前企业所得税预缴按以下规定执行：

高新技术企业应在资格期满前三个月内提出复审申请，在通过复审之前，在其高新技术企业资格有效期内，其当年企业所得税暂按 15% 的税率预缴。

4.4.3 小型微利企业优惠

4.4.3.1 小型微利企业认定

小型微利企业减按 20% 的税率征收企业所得税。小型微利企业的条件如下：

(1)工业企业。年度应纳税所得额不超过 30 万元，从业人数不超过 100 人，资产总额不超过 3000 万元。

(2)其他企业。年度应纳税所得额不超过 30 万元，从业人数不超过 80 人，资产总额不超过 1000 万元。

上述"从业人数"按企业全年平均从业人数计算，"资产总额"按企业年初和年末的资产总额平均计算。

小型微利企业是指企业的全部生产经营活动产生的所得均负有我国企业所得税纳税义务的企业。因此，仅就来源于我国所得负有我国纳税义务的非居民企业，不适用该条款规定的对符合条件的小型微利企业减按 20% 税率征收企业所得税的政策。

4.4.3.2 小型微利企业的优惠政策

(1)按财税〔2015〕34 号文件规定，自 2015 年 1 月 1 日至 2017 年 12 月 31 日，对年应纳税所得额低于 20 万元(含 20 万元)的小型微利企业，其所得减按 50% 计入应纳税所得额，按 20% 的税率缴纳企业所得税。

(2)按财税〔2015〕99 号文件规定，自 2015 年 10 月 1 日至 2017 年 12 月 31 日，对年应纳税所得额低于 20 万元到 30 万元之间(含 30 万元)的小型微利企业，其所得减按 50% 计入应纳税所得额，按 20% 的税率缴纳企业所得税。

4.4.3.3 小型微利企业的征收管理

1. 符合规定条件的小型微利企业自行申报享受减半征税政策

汇算清缴时，小型微利企业通过填报企业所得税年度纳税申报表中"资产总额、从业人数、所属行业、国家限制和禁止行业"等栏次履行备案手续。

2. 企业预缴时享受小型微利企业所得税优惠政策，按照以下规定执行

(1)查账征收企业。上一纳税年度符合小型微利企业条件的，分别按照以下情况

处理：

①按照实际利润预缴企业所得税的，预缴时累计实际利润不超过30万元（含，下同）的，可以享受减半征税政策；

②按照上一纳税年度应纳税所得额平均额预缴企业所得税的，预缴时可以享受减半征税政策。

（2）定率征收企业。上一纳税年度符合小型微利企业条件，预缴时累计应纳税所得额不超过30万元的，可以享受减半征税政策。

（3）定额征收企业。根据优惠政策规定需要调减定额的，由主管税务机关按照程序调整，依照原办法征收。

（4）上一纳税年度不符合小型微利企业条件的企业。预缴时预计当年符合小型微利企业条件的，可以享受减半征税政策。

（5）本年度新成立小型微利企业，预缴时累计实际利润或应纳税所得额不超过30万元的，可以享受减半征税政策。

3. 企业预缴时享受了减半征税政策，但汇算清缴时不符合规定条件的，应当按照规定补缴税款

4. 小型微利企业2015年第4季度预缴和2015年度汇算清缴的新老政策衔接问题，接以下规定处理

（1）下列两种情形，全额使用减半征税政策：

①全年累计利润或应纳税所得额不超过20万元（含）的小型微利企业；

②2015年10月1日（含，下同）之后成立，全年累计利润或应纳税所得额不超过30万元的小型微利企业。

（2）2015年10月1日之前成立，全年累计利润或应纳税所得额大于20万元但不超过30万元的小型微利企业，分段计算2015年10月1日之前和10月1日之后的利润或应纳税所得额，并按照以下规定处理：

①10月1日之前的利润或应纳税所得额适用企业所得税法第二十八条规定的减按20%的税率征收企业所得税的优惠政策（简称减低税率政策）；10月1日之后的利润或应纳税所得额适用减半征税政策。

②根据财税〔2015〕99号文件规定，小型微利企业2015年10月1日至2015年12月31日期间的利润或应纳税所得额，按照2015年10月1日之后的经营月份数占其2015年度经营月份数的比例计算确定。计算公式如下：

10月1日至12月31日利润额或应纳税所得额＝全年累计实际利润或应纳税所得额×（2015年10月1日之后经营月份数÷2015年度经营月份数）

③15年度新成立企业的起始经营月份，按照税务登记日期所在月份计算。

4.4.4 加计扣除优惠

加计扣除优惠包括以下两项内容：

4.4.4.1 研究开发费用加计扣除

1. 研发活动及研发费用归集范围

研发活动是指企业未获得科学与技术新知识，创造性运用科学技术新知识，或实质性改进技术、产品(服务)、工艺而持续进行的具有明确目标的系统性活动。

企业开展研发活动实际发生的研发费用，未形成无形资产计入当期损益的，在按规定据实扣除的基础上，按照本年度实际发生额的50%，从本年度应纳税所得额中扣除；形成无形资产的，按照无形资产成本的150%在税前摊销。研发费用的具体范围包括：

(1)人员人工费用。直接从事研发活动人员的工资薪金、基本养老保险费、基本医疗保险费、失业保险费、工伤保险费、生育保险费和住房公积金，以及外聘研发人员的劳务费用。

(2)直接投入费用。研发活动直接消耗的材料、燃料和动力费用；用于中间试验和产品试制的模具、工艺装备开发及制造费，不构成固定资产的样品、样机及一般测试手段购置费，试制产品的检验费；用于研发活动的仪器、设备的运行维护、调整、检验、维修等费用，以及通过经营租赁方式租入的用于研发活动的仪器、设备租赁费。

(3)折旧费用。用于研发活动的仪器、设备的折旧费。

(4)无形资产摊销。用于研发活动的软件、专利权、非专利权(包括许可证、专有技术、设计和计算方法等)的摊销费用。

(5)新产品设计费、新工艺规程制定费、新药研制的临床试验费、勘探开发技术的现场试验费。

(6)其他相关费用。与研发活动直接相关的其他费用，如技术图书资料费、资料翻译费、专家咨询费，高新科技研发保险费，研发成果的检索、分析、评议、论证、鉴定、评审、评估、验收费用，知识产权的申请费、注册费、代理费，差旅费、会议费等。此项费用总额不得超过可加计扣除研发费用总额的10%。

(7)财政部和国家税务总局规定的其他费用。

下列活动不适用税前加计扣除政策：

(1)企业产品(服务)的常规性升级。

(2)对某项科研成果的直接应用，如直接采用公开的新工艺、材料、装置、产品、服务或知识等。

(3)企业在商品化后为顾客提供的技术支持活动。

(4)对现存产品、服务、技术、材料或工艺流程进行的重复或简单改变。

(5)市场调查研究、效率调查或管理研究。

(6)作为工业(服务)流程环节或常规的质量控制、测试分析、维修维护。

(7)社会科学、艺术或人文学方面的研究。

2. 特别事项的处理

(1)企业委托外部机构或个人进行研发活动所发生的费用，按照费用实际发生额的80%计入委托方研发费用并计算加计扣除，受托方不得再进行加计扣除。委托外部研究开发费用实际发生额应按照独立交易原则确定。

委托方与受托方存在关联关系的，受托方应向委托方提供研发项目费用支出明细情况。

企业委托境外机构或个人进行研发活动所发生的费用，不得加计扣除。

(2)企业共同合作开发的项目，由合作各方就自身实际承担的研发费用分别计算加计扣除。

(3)企业集团根据生产经营和科技开发的实际情况，对技术要求高、投资数额大，需要集中研发的项目，其实际发生的研发费用，可以按照权利和义务相一致、费用支出和收益分享相配比的原则，合理确定研发费用的分摊方法，在受益成员企业间进行分摊，由相关成员企业分别计算加计扣除。

(4)企业为获得创新性、创意性、突破性的产品进行创意设计活动而发生的相关费用，可按照本通知规定进行税前加计扣除。

创意设计活动是指多媒体软件、动漫游戏软件开发，数字动漫、游戏设计制作；房屋建筑工程设计(绿色建筑评价标准为三星)、风景园林工程专项设计；工业设计、多媒体设计、动漫及衍生产品设计、模型设计等。

3. 会计核算与管理

(1)企业应按照国家财务会计制度要求，对研发支出进行会计处理；同时，对享受加计扣除的研发费用按研发项目设置辅助账，准确归集核算当年可加计扣除的各项研发费用实际发生额。企业在一个纳税年度内进行多项研发活动的，应按照不同研发项目分别归集可加计扣除的研发费用。

(2)企业应对研发费用和生产经营费用分别核算，准确、合计归集各项费用支出，对划分不清的，不得实行加计扣除。

4. 不适用税前加计扣除政策的行业

包括烟草制造业、住宿和餐饮业、批发和零售业、房地产业、租赁和商务服务业、娱乐业、财政部和国家税务总局规定的其他行业。

4.4.4.2 企业安置残疾人员所支付的工资的加计扣除

企业安置残疾人员所支付的工资费用的加计扣除，是指企业安置残疾人员的，在按照支付给残疾职工工资据实扣除的基础上，按照支付给残疾职工工资的100%加计扣除。残疾人员的范围适用《中华人民共和国残疾人保障法》的有关规定。企业安置国家鼓励安置的其他就业人员所支付的工资的加计扣除办法，由国务院另行规定。

4.4.5 加速折旧优惠

1. 可以加速折旧的固定资产

企业的固定资产由于技术进步等原因，确需加速折旧的，可以缩短折旧年限或者采取加速折旧的方法。可采用以上折旧方法的固定资产是指：

(1)由于技术进步，产品更新换代较快的固定资产；

(2)常年处于强震动、高腐蚀状态的固定资产。

采取缩短折旧年限方法的，最低折旧年限不得低于规定折旧年限的60%；采取加速折旧方法的，可以采取双倍余额递减法或者年数总和法。

2. 生物药品制造等六大行业加速折旧规定

依据财税〔2014〕75 号文件，对有关固定资产加速折旧企业所得税政策问题规定如下：

(1)对生物药品制造业，专用设备制造业，铁路、船舶、航空航天和其他运输设备制造业，计算机、通信和其他电子设备制造业，仪器仪表制造业，信息传输、软件和信息技术服务业等 6 个行业的企业 2014 年 1 月 1 日后新购进的固定资产，可缩短折旧年限或采取加速折旧的方法。

(2)对所有行业企业 2014 年 1 月 1 日后新购进的专门用于研发的仪器、设备，单位价值不超过 100 万元的，允许一次性计入当期成本费用在计算应纳税所得额时扣除，不再分年度计算折旧；单位价值超过 100 万元的，可缩短折旧年限或采取加速折旧的方法。

(3)对所有行业企业持有的单位价值不超过 5000 元的固定资产，允许一次性计入当期成本费用在计算应纳税所得额时扣除，不再分年度计算折旧。

(4)企业按上述第(1)条、第(2)条规定缩短折旧年限的，对其购置的新固定资产，最新折旧年限不得低于《企业所得税法实施条例》的折旧年限的 60%；企业购置已使用过的固定资产，其最低折旧年限不得低于《企业所得税法实施条例》规定的最低折旧年限减去已使用年限后剩余年限的 60%。采取加速折旧方法的，可采取双倍余额递减法或者年数总和法。第(1)～(3)条规定之外的企业固定资产加速折旧所得税处理问题，继续按照企业所得税法及其实施条例和现行税收政策规定执行。

3. 轻工、纺织、机械、汽车四个领域重点行业加速折旧规定

(1)对轻工、纺织、机械、汽车四个领域重点行业(以下简称四个领域重点行业)企业 2015 年 1 月 1 日后新购进的固定资产(包括自行建造，下同)，允许缩短折旧年限或采取加速折旧方法。

四个领域重点行业按照财税〔2015〕106 号附件“轻工、纺织、机械、汽车四个领域重点行业范围”确定。今后国家有关部门更新国民经济行业分类与代码，从其规定。

四个领域重点行业企业是指以上述行业业务为主营业务，其固定资产投入使用当年的主营业务收入占企业收入总额 50%(不含)以上的企业。所称收入总额，是指企业所得税法第六条规定的收入总额。

(2)对四个领域重点行业小型微利企业 2015 年 1 月 1 日后新购进的研发和生产经营共同用的仪器、设备，单位价值不超过 100 万元的，允许缩短折旧年限或采取加速折旧方法。

用于研发活动的仪器、设备范围口径，按照《国家税务总局关于印发〈企业研究开发费用税前扣除管理办法(试行)〉的通知》(国税发〔2008〕116 号)或《科学技术部财政部国家税务总局关于印发〈高新技术企业认定发管理工作指引〉的通知》(国科发火〔2008〕362 号)规定执行。

小型微利企业是指企业所得税法第二十八条规定的小型微利企业。

(3)企业按第(1)、(2)条规定缩短折旧年限的，对其购置的新固定资产，最低折旧年限不得低于实施条例第六十条规定的折旧年限的 60%；对其购置的已使用过的固定资产，最低折旧年限不得低于实施条例规定的最低折旧年限减去已使用年限后剩余年限

的60%。最低折旧年限一经确定，不得改变。

(4)企业第(1)、(2)条规定采取加速折旧方法的，可以采用双倍余额递减法或者年数总和法。加速折旧方法一经确定，不得改变。

4.4.6 减计收入优惠

企业综合利用资源，生产符合国家产业政策规定的产品所取得的收入，可以在计算应纳税所得额时减计收入。

企业综合利用资源是指企业以《资源综合利用企业所得税优惠目录》规定的资源作为主要原材料，生产国家非限制和禁止并符合国家和行业相关标准的产品取得的收入，减按90%计入收入总额。

上述所称原材料在生产产品成本中的材料的比例不得低于《资源综合利用企业所得税优惠目录》规定的标准。

4.4.7 税额抵免优惠

所称税额抵免是指企业购置并实际使用《环境保护专用设备企业所得税优惠目录》《节能节水专用设备企业所得税优惠目录》和《安全生产专用设备企业所得税优惠目录》规定的环境保护、节能节水、安全生产等专用设备的，该专用设备的投资额的10%可以从企业当年的应纳税额中抵免；当年不足抵免的，可以在以后5个纳税年度结转抵免。

享受前款规定的企业所得税优惠的企业，应当实际购置并自身实际投入使用前款规定的专用设备；企业购置上述专用设备在5年内转让、出租的，应当停止享受企业所得税优惠，并补缴已经抵免的企业所得税税款。转让的受让方可以按照该专用设备投资额的10%抵免当年企业所得税应纳税额；当年应纳税额不足抵免的，可以在以后5个纳税年度结转抵免。

企业所得税优惠目录由国务院财政，税务主管部门商国务院有关部门制定，报国务院批准后公布施行。

企业同时从事适用不同企业所得税待遇项目的，其优惠项目应当单独计算所得，并合理分摊企业的期间费用；没有单独计算的，不得享受企业所得税优惠。

4.4.8 非居民企业优惠

非居民企业减按10%的税率征收企业所得税，这里的非居民企业是指在中国境内设立机构、场所的，或者虽设立机构场所，但取得的所得与其所设机构、场所没有实际联系的企业，该类非居民企业取得下列所得免征企业所得税。

(1)外国政府向中国政府提供贷款取得的利息所得。

(2)国际金融组织向中国政府和居民企业提供优惠贷款取得的利息所得。

(3)经国务院批准的其他所得。

4.5 应纳税额的计算

4.5.1 居民企业应纳税额的计算

居民企业应缴纳所得税额与应纳税所得额及适用税率有关，基本计算公式为：

应纳税额 = 应纳税所得额 × 适用税率 − 减免税额 − 抵免税额

根据计算公式可以看出，应纳税额的多少取决于应纳税所得额和适用税率两个因素。

在实际过程中，应纳税所得额的计算一般有两种方法。

4.5.1.1 直接计算法

在直接计算法下，企业每一纳税年度的收入总额减除不征税收入、免税收入、各项扣除以及允许弥补的以前年度亏损后的余额为应纳税所得额。计算公式与前述相同，即为：

应纳税所得额 = 收入总额 − 不征税收入 − 免税收入 − 各项扣除金额 − 允许弥补的以前年度亏损

4.5.1.2 间接计算法

间接计算法，是在会计利润总额的基础上加或减按照税法规定调整的项目金额后，即为应纳税所得额。计算公式为：

应纳税所得额 = 会计利润总额 ± 纳税调整项目金额

纳税调整项目金额包括两方面的内容：一是企业的财务会计处理和税收规定不一致的应予以调整的金额；二是企业按税法规定准予扣除的税收金额。

例4－1 某企业为居民企业，2015 年发生经营业务如下：

(1)取得产品销售收入 4000 万元。

(2)发生产品销售成本 2600 万元。

(3)发生销售费用 770 万元(其中广告费 650 万元)；管理费用 480 万元(其中业务招待费 25 万元)；财务费用 60 万元。

(4)销售税金 160 万元(含增值税 120 万元)。

(5)营业外收入 80 万元，营业外支出 50 万元(含通过公益性社会团体向贫困山区捐款 30 万元，支付税收滞纳金 6 万元)。

(6)计入成本、费用中的工资总额 200 万元、拨缴职工工会经费 5 万元、发生职工福利费 31 万元、发生职工教育经费 7 万元。

要求计算该企业 2015 年度实际应纳的企业所得税。

解析 (1)会计利润总额为 4000 + 80 − 2600 − 770 − 480 − 60 − 40 − 50 = 80 (万元)

(2)广告费和业务宣传费调增所得额为 650 − 4000 × 15% = 650 − 600 = 50 (万元)

(3)业务招待费调增所得额为 25 − 25 × 60% = 25 − 15 = 10 (万元)

4000 × 5‰ = 20(万元) > 25 × 60% = 15(万元)

(4)捐赠支出应调增所得额为 30 − 80 × 12% = 20.4(万元)

(5)工会经费应调增所得额为5-200 ×2% =1(万元)

(6)职工福利费应调增所得额为31 -200 ×14% =3(万元)

(7)职工教育经费应调增所得额为7 -200 ×2.5% =2(万元)

(8)应纳税所得额为80 +50 +10 +20.4 +6 +1 +3 +2 =172.4(万元)

(9)2015年应缴企业所得税为172.4 ×25% =43.1(万元)

例4-2 某工业企业为居民企业，2015年度发生经营业务如下：

全年取得产品销售收入5600万元，发生产品销售成本4000万元；其他业务收入800万元，其他业务成本694万元；取得购买国债的利息收入40万元；缴纳非增值税销售税金及附加300万元；发生的管理费用760万元，其中新技术的研究开发费用60万元、业务招待费用70万元；发生财务费用200万元；取得直接投资其他居民企业的权益性收益34万元(已在投资方所在地按15%的税率缴纳了所得税)；取得营业外收入100万元，发生营业外支出250万元(其中含公益捐赠38万元)。

要求计算该企业2015年应纳的企业所得税。

解析 (1)利润总额为

5600 + 800 + 40 +34 + 100 -4000 -694 -300 -760 -200 -250 =370(万元)

(2)国债利息收入免征企业所得税，应调减所得额40万元

(3)技术开发费调减所得额为60 ×50% =30(万元)

(4)按实际发生业务招待费的60%计算为70 ×60% =42(万元)

按销售(营业)收入的5‰计算(5600 + 800) ×5‰ =32(万元)

按照规定税前扣除限额应为32万元，实际应调增应纳税所得额为70 -32 =38(万元)

(5)取得直接投资其他居民企业的权益性收益属于免税收入，应调减应纳税所得额34万元。

(6)捐赠扣除标准为370 ×12% =44.4(万元)

(7)实际捐赠额38万元小于扣除标准44.4万元，可按实捐数扣除，不做纳税调整。

(8)应纳税所得额为370 -40 -30 +38 -34 =304(万元)

该企业2015年应缴纳企业所得税为304 ×25% =76(万元)

4.5.2 境外所得抵扣税额的计算

企业取得的下列所得已在境外缴纳的所得税税额，可以从其当期应纳税额中抵免，抵免限额为该项所得依照企业所得税法规定计算的应纳税额；超过抵免限额的部分，可以在以后5个年度内，用每年度抵免限额抵免当年应抵税额后的余额进行抵补。

(1)居民企业来源于中国境外的应税所得。

(2)非居民企业在中国境内设立机构、场所，取得发生在中国境外但与该机构、场所有实际联系的应税所得。

居民企业从其直接或者间接控制的外国企业分得的来源于中国境外的股息、红利等权益性投资收益，外国企业在境外实际缴纳的所得税税额中属于该项所得负担的部分，可以作为该居民企业的可抵免境外所得税税额，在企业所得税法规定的抵免限额内抵免。

上述所称直接控制是指居民企业直接持有外国企业20%以上股份。

上述所称间接控制是指居民企业以间接持股方式持有外国企业20%以上股份，具体认定办法由国务院财政、税务主管部门另行制定。

已在境外缴纳的所得税税额是指企业来源于中国境外的所得依照中国境外税收法律以及相关规定应当缴纳并已经实际缴纳的企业所得税性质的税款。企业依照企业所得税法的规定抵免企业所得税税额时，应当提供中国境外税务机关出具的税款所属年度的有关纳税凭证。

抵免限额是指企业来源于中国境外的所得，依照企业所得税法和实施条例的规定计算的应纳税额。除国务院财政、税务主管部门另有规定外，该抵免限额应当分国（地区）不分项计算，计算公式为：

抵免限额 = 中国境内、境外所得依照企业所得税法和条例规定计算的应纳税总额 × 来源于某国（地区）的应纳税所得额 ÷ 中国境内、境外应纳税所得总额

前述5个年度是指从企业取得的来源于中国境外的所得，已经在中国境外缴纳的企业所得税性质的税额超过抵免限额的当年的次年起连续5个纳税年度。

4.5.3 居民企业核定征收应纳税额的计算

为了加强企业所得税征收管理，规范核定征收企业所得税工作，保障国家税款及时足额入库，维护纳税人合法权益，根据《中华人民共和国企业所得税法》及其实施条例、《中华人民共和国税收征收管理法》及其实施细则的有关规定，核定征收企业所得税的有关规定如下：

4.5.3.1 核定征收企业所得税的范围

核定征收办法适用于居民企业纳税人，纳税人具有下列情形之一的，核定征收企业所得税：

（1）依照法律、行政法规的规定可以不设置账簿的。

（2）依照法律、行政法规的规定应当设置但未设置账簿的。

（3）擅自销毁账簿或者拒不提供纳税资料的。

（4）虽设置账簿，但账目混乱或者成本资料、收入凭证、费用凭证残缺不全，难以查账的。

（5）发生纳税义务，未按照规定的期限办理纳税申报，经税务机关责令限期申报，逾期仍不申报的。

（6）申报的计税依据明显偏低，又无正当理由的。

特殊行业、特殊类型的纳税人和一定规模以上的纳税人不适用核定征收办法。上述特定纳税人由国家税务总局另行明确。

根据国家税务总局公告2012年第27号规定，自2012年1月1日起，专门从事股权（股票）投资业务的企业，不得核定征收企业所得税。

对依法按核定应税所得率方式核定征收企业所得税的企业，取得的转让股权（股票）收入等转让财产收入应全额计入应税收入额，按照主营项目（业务）确定适用的应税所得率计算征税；若主营项目（业务）发生变化，应在当年汇算清缴时，按照变化后的主营项目（业务）重新确定适用的应税所得率计算征税。

4.5.3.2 核定征收的办法

税务机关应根据纳税人具体情况，对核定征收企业所得税的纳税人，核定应税所得率或者核定应纳所得税额。

1. 具有下列情形之一的，核定其应税所得率

(1)能正确核算(查实)收入总额，但不能正确核算(查实)成本费用总额的。

(2)能正确核算(查实)成本费用总额，但不能正确核算(查实)收入总额的。

(3)通过合理方法，能计算和推定纳税人收入总额或成本费用总额的。

纳税人不属于以上情形的，核定其应纳所得税额。

2. 税务机关采用下列方法核定征收企业所得税

(1)参照当地同类行业或者类似行业中经营规模和收入水平相近的纳税人的税负水平核定。

(2)按照应税收入额或成本费用支出额定率核定。

(3)按照耗用的原材料、燃料、动力等推算或测算核定。

(4)按照其他合理方法核定。

采用前款所列一种方法不足以正确核定应纳税所得额或应纳税额的，可以同时采用两种以上的方法核定。采用两种以上方法测算的应纳税额不一致时，可按测算的应纳税额从高核定。

采用应税所得率方式核定征收企业所得税的，应纳所得税额计算公式如下：

$$应纳所得税额 = 应纳税所得额 \times 适用税率$$

$$应纳税所得额 = 应税收入额 \times 应税所得率$$

或：应纳税所得额 = 成本(费用)支出额 + (1 - 应税所得率) × 应税所得率

实行应税所得率方式核定征收企业所得税的纳税人，经营多业的，无论其经营项目是否单独核算，均由税务机关根据其主营项目确定适用的应税所得率。

主营项目应为纳税人所有经营项目中收入总额或者成本(费用)支出额或者耗用原材料、燃料、动力数量所占比重最大的项目。

应税所得率按表 4 - 1 规定的幅度标准确定。

表 4 - 1 应税所得率的幅度标准

行业	应税所得率/%
农、林、牧、渔业	3 ～ 10
制造业	5 ～ 15
批发和零售贸易业	4 ～ 15
交通运输业	7 ～ 15
建筑业	8 ～ 20
饮食业	8 ～ 25
娱乐业	15 ～ 30
其他行业	10 ～ 30

纳税人的生产经营范围、主营业务发生重大变化，或者应纳税所得额或应纳税额增减变化达到20%的，应及时向税务机关申报调整已确定的应纳税额或应税所得率。

4.5.3.3 核定征收企业所得税的管理

(1)主管税务机关应及时向纳税人送达企业所得税核定征收鉴定表，及时完成对其核定征收企业所得税的鉴定工作。

纳税人应在收到企业所得税核定征收鉴定表后10个工作日内，填好该表并报送主管税务机关。企业所得税核定征收鉴定表一式三联，主管税务机关和县税务机关各执一联，另一联送达纳税人执行。主管税务机关还可根据实际工作需要，适当增加联次备用。

纳税人收到企业所得税核定征收鉴定表后，未在规定期限内填列、报送的，税务机关视同纳税人已经报送，按上述程序进行复核认定。

(2)纳税人实行核定应税所得率方式的，按下列规定申报纳税：

①主管税务机关根据纳税人应纳税额的大小确定纳税人按月或者按季预缴，年终汇算清缴。预缴方法一经确定，一个纳税年度内不得改变。

②纳税人应依照确定的应税所得率计算纳税期间实际应缴纳的税额，进行预缴。按实际数额预缴有困难的，经主管税务机关同意，可按上一年度应纳税额的1/12或1/4预缴，或者按经主管税务机关认可的其他方法预缴。

③纳税人预缴税款或年终进行汇算清缴时，应按规定填写中华人民共和国企业所得税月(季)度预缴纳税申报表(B类)，在规定的纳税申报时限内报送主管税务机关。

(3)纳税人实行核定应纳所得税额方式的，按下列规定申报纳税：

①纳税人在应纳所得税额尚未确定之前，可暂按上年度应纳所得税额的1/12或1/4预缴，或者按经主管税务机关认可的其他方法，按月或按季分期预缴。

②在应纳所得税额确定以后，减除当年已预缴的所得税额，余额按剩余月份或季度均分，以此确定以后各月或各季的应纳税额，由纳税人按月或按季填写中华人民共和国企业所得税月(季)度预缴纳税申报表(B类)，在规定的纳税申报期限内进行纳税申报。

③纳税人年度终了后，在规定的时限内按照实际经营额或实际应纳税额向税务机关申报纳税。申报额超过核定经营额或应纳税额的，按申报额缴纳税款；申报额低于核定经营额或应纳税额的，按核定经营额或应纳税额缴纳税款。

(4)对违反核定征收规定的行为，按照《中华人民共和国税收征收管理法》及其实施细则的有关规定处理。

4.5.4 非居民企业应纳税额的计算

4.5.4.1 应纳所得额的计算

对于在中国境内未设立机构、场所的，或者虽设立机构、场所但取得的所得与其所设机构、场所没有实际联系的非居民企业的所得，按下列方法计算应纳税所得额。

(1)股息、红利等权益性投资收益和利息、租金、特许权使用费所得，以收入全额为应纳税所得额。

营业税改征增值税试点的非居民企业，应以不含增值税的收入全额作为应纳税所得额。

(2)转让财产所得，以收入全额减除财产净值后的余额为应纳税所得额。

(3)其他所得，参照前两项规定的方法计算应纳税所得额。

财产净值是指财产的计税基础减除已经按照规定扣除的折旧、折耗、摊销、准备金等后的余额。

4.5.4.2 征收管理

具体征收管理规定如下：

(1)扣缴义务人在每次向非居民企业支付或者到期应支付所得时，应从支付或者到期应支付的款项中扣缴企业所得税。

到期应支付的款项是指支付人按照权责发生制原则应当计入相关成本、费用的应付款项。

扣缴义务人每次代扣代缴税款时，应当向其主管税务机关报送中华人民共和国扣缴企业所得税报告表(以下简称扣缴表)及相关资料，并自代扣之日起7日内缴入国库。

(2)扣缴企业所得税应纳税额计算。

扣缴企业所得税应纳税额 = 应纳税所得额 × 实际征收率

应纳税所得额的计算，以4.5.4.1节(1)~(3)的规定为标准；实际征收率是指企业所得税法及其实施条例等相关法律法规规定的税率，或者税收协定规定的更低的税率。

(3)扣缴义务人对外支付或者到期应支付的款项为人民币以外货币的，在申报扣缴企业所得税时，应当按照扣缴当日国家公布的人民币汇率中间价，折合成人民币计算应纳税所得额。

(4)扣缴义务人与非居民企业签订应税所得有关的业务合同时，凡合同中约定由扣缴义务人负担应纳税款的，应将非居民企业取得的不含税所得换算为含税所得后计算征税。

(5)按照企业所得税法及其实施条例和相关税收法规规定，给予非居民企业减免税优惠的，应按相关税收减免管理办法和行政审批程序的规定办理。对未经审批或者减免税申请未得到批准之前，扣缴义务人发生支付款项的，应按规定代扣代缴企业所得税。

(6)非居民企业可以适用的税收协定与国内相关法规有不同规定的，可申请执行税收协定规定；非居民企业未提出执行税收协定规定申请的，按国内税收法律法规的有关规定执行。

(7)非居民企业已按国内税收法律法规的有关规定征税后，提出享受减免税或税收协定待遇申请的，主管税务机关经审核确认应享受减免税或税收协定待遇的，对多缴纳的税款应依据税收征管法及其实施细则的有关规定予以退税。

(8)因非居民企业拒绝代扣税款的，扣缴义务人应当暂停支付相当于非居民企业应纳税款的款项，并在1天之内向其主管税务机关报告，并报送书面情况说明。

(9)扣缴义务人未依法扣缴或者无法履行扣缴义务的，非居民企业应于扣缴义务人支付或者到期应支付之日起7日内，到所得发生地主管税务机关申报缴纳企业所得税。股权转让交易双方为非居民企业且在境外交易的，由取得所得的非居民企业自行或委托代理人向被转让股权的境内企业所在地主管税务机关申报纳税。被转让股权的境内企业应协助税务机关向非居民企业征缴税款。

扣缴义务人所在地与所得发生地不在一地的，扣缴义务人所在地主管税务机关应自行确定。

扣缴义务人未依法扣缴或者无法履行扣缴义务之1日起5个工作日内，向所得发生地主管税务机关发送非居民企业税务事项联络函，告知非居民企业的申报纳税事项。

(10)非居民企业依照有关规定申报缴纳企业所得税，但在中国境内存在多处所得发生地，并选定其中之一申报缴纳企业所得税的，应向申报纳税所在地主管税务机关如实报告有关情况。

(11)非居民企业未依照有关规定申报缴纳企业所得税，由申报纳税所在地主管税务机关责令限期缴纳，逾期仍未缴纳的，申报纳税所在地主管税务机关可以收集、查实该非居民企业在中国境内其他收入项目及其支付人(以下简称“其他支付人”)的相关信息，并向其他支付人发出税务事项通知书，从其他支付人应付的款项中追缴该非居民企业的应纳税款和滞纳金。

其他支付人所在地与申报纳税所在地不在一地的，其他支付人所在地主管税务机关应给予配合和协助。

(12)对多次付款的合同项目，扣缴义务人应当在履行合同最后一次付款前15日内，向主管税务机关报送合同全部付款明细、前期扣缴表和完税凭证等资料，办理扣缴税款清算手续。

4.5.5 非居民企业所得税核定征收办法

非居民企业因会计账簿不健全，资料残缺难以查账，或者其他原因不能准确计算并据实申报其应纳税所得额的，税务机关有权采取以下方法核定其应纳税所得额。

(1)按收入总额核定应纳税所得额。适用于能够正确核算收入或通过合理方法推定收入总额，但不能正确核算成本费用的非居民企业。计算公式如下：

应纳税所得额 = 收入总额 × 经税务机关核定的利润率

(2)按成本费用核定应纳税所得额。适用于能够正确核算成本费用，但不能正确核算收入总额的非居民企业。计算公式如下：

应纳税所得额 = 成本费用总额 ÷ (1 − 经税务机关核定的利润率) × 经税务机关核定的利润率

(3)按经费支出换算收入核定应纳税所得额：适用于能够正确核算经费支出总额，但不能够正确核算收入总额和成本费用的非居民企业。计算公式如下：

应纳税所得额 = 经费支出总额 ÷ (1 − 经税务机关核定的利润率 − 营业税税率) × 经税务机关核定的利润率

(4)税务机关可按照以下标准确定非居民企业的利润率。

①从事承包工程作业、设计和咨询劳务的，利润率为15%～30%。

②从事管理服务的，利润率为30%～50%。

③从事其他劳务或劳务以外经营活动的，利润率不低于15%。税务机关有根据认为非居民企业的实际利润率明显高于上述标准的，可以按照比上述标准更高的利润率核定其应纳税所得额。

(5)非居民企业与中国居民企业签订机器设备或货物销售合同，同时提供设备安装、装配、技术培训、指导、监督服务等劳务，其销售货物合同中未列明提供上述劳务服务收费金额，或者计价不合理的，主管税务机关可以根据实际情况，参照相同或相近业务的计价标准核定劳务收入。无参照标准的，以不低于销售货物合同总价款的10%为原则，确定非居民企业的劳务收入。

(6)非居民企业为中国境内客户提供劳务取得的收入，凡其提供的服务全部发生在中国境内的，应全额在中国境内申报缴纳企业所得税。凡其提供的服务同时发生在中国境内外的，应以劳务发生地为原则划分其境内外收入，并就其在中国境内取得的劳务收入申报缴纳企业所得税。税务机关对其境内外收入划分的合理性和真实性有疑义的，可以要求非居民企业提供真实有效的证明，并根据工作量、工作时间、成本费用等因素合理划分其境内外收入；如非居民企业不能提供真实有效的证明，税务机关可视同其提供的服务全部发生在中国境内，确定其劳务收入并据以征收企业所得税。

(7)采取核定征收方式征收企业所得税的非居民企业，在中国境内从事适用不同核定利率的经营活动，并取得应税所得的，应分别核算并适用相应的利润率计算缴纳企业所得税；凡不能分别核算的，应从高适用利润率，计算缴纳企业所得税。

(8)拟采取核定征收方式的非居民企业应填写《非居民企业所得税征收方式鉴定表》(以下简称《鉴定表》)，报送主管税务机关。主管税务机关应对企业报送的《鉴定表》的适用行业及其所适用的利润率进行审核，并签注意见。对经审核不符合核定征收条件的非居民企业，主管税务机关应自收到企业提交的《鉴定表》后15个工作日内向其下达《税务事项通知书》，将鉴定结果告知企业。非居民企业未在上述期限内收到《税务事项通知书》的，其征收方式视同已被认可。

(9)税务机关发现非居民企业采用核定征收方式计算申报的应纳税所得额不真实，或者明显与其承担的功能风险不相匹配的，有权予以调整。

4.6 扣缴源泉

1. 扣缴义务人

(1)对非居民企业在中国境内未设立机构、场所的，或者虽设立机构、场所但取得的所得与其所设机构、场所没有实际联系的所得应缴纳的所得税，实行源泉扣缴，以支付人为扣缴义务人。税款由扣缴义务人在每次支付或者到期应支付时，从支付或者到期应支付的款项中扣缴。

上述所称支付人是指依照有关法律规定或者合同约定对非居民企业直接负有支付相关款项义务的单位或者个人。

上述所称支付包括现金支付、汇拨支付、转账支付和权益兑价支付等货币支付和非货币支付。

上述所称到期应支付的款项是指支付人按照权责发生制原则应当计入相关成本、费用的应付款项。

(2)对非居民企业在中国境内取得工程作业和劳务所得应缴纳的所得税，税务机关可以指定工程价款或者劳务费的支付人为扣缴义务人。

2. 扣缴方法

(1)扣缴义务人扣缴税款时，按4.5.4节非居民企业应纳税额的计算方法计算税款。

(2)应当扣缴的所得税，扣缴义务人未依法扣缴或者无法履行扣缴义务的，由企业在所得发生地缴纳。企业未依法缴纳的，税务机关可以从该企业在中国境内其他收入项目的支付人应付的款项中，追缴该企业的应纳税款。

上述所称所得发生地是指依照实施条例第七条规定的原则确定的所得发生地。在中国境内存在多处所得发生地的，由企业选择其中之一申报缴纳企业所得税。

上述所称该企业在中国境内其他收入是指该企业在中国境内取得的其他各种来源的收入。

(3)税务机关在追缴该企业应纳税款时，应当将追缴理由、追缴数额、缴纳期限和缴纳方式等告知该企业。

(4)扣缴义务人每次代扣的税款，应当自代扣之日起7日内缴入国库，并向所在地税务机关报送扣缴企业所得税报告表。

4.7 征收管理

4.7.1 纳税地点

(1)除税收法律、行政法规另有规定外，居民企业以企业登记注册地为纳税地点；但登记注册地在境外的，以实际管理机构所在地为纳税地点。企业注册登记地是指企业依照国家有关规定登记注册的住所地。

(2)居民企业在中国境内设立不具有法人资格的营业机构的，应当汇总计算并缴纳企业所得税。企业汇总计算并缴纳企业所得税时，应当统一核算应纳税所得额，具体办法由国务院财政、税务主管部门另行制定。

(3)非居民企业在中国境内设立机构、场所的，应当就其所设机构、场所取得的来源于中国境内的所得，以及发生在中国境外但与其所设机构、场所有实际联系的所得，以机构、场所所在地为纳税地点。非居民企业在中国境内设立两个或者两个以上机构、场所的，经税务机关审核批准，可以选择由其主要机构、场所汇总缴纳企业所得税。非居民企业经批准汇总缴纳企业所得税后，需要增设、合并、迁移、关闭机构、场所或者停止机构、场所业务的，应当事先由负责汇总申报缴纳企业所得税的主要机构、场所向其所在地税务机关报告；需要变更汇总缴纳企业所得税的主要机构、场所的，依照前款规定办理。

(4)非居民企业在中国境内未设立机构、场所的，或者虽设立机构、场所但取得的所得与其所设机构、场所没有实际联系的所得，以扣缴义务人所在地为纳税地点。

(5)除国务院另有规定外，企业之间不得合并缴纳企业所得税。

4.7.2 纳税期限

企业所得税按年计征，分月或者分季预缴，年终汇算清缴，多退少补。

企业所得税的纳税年度，自公历1月1日起至12月31日止。企业在一个纳税年度的中间开业，或者由于合并、关闭等原因终止经营活动，使该纳税年度的实际经营期不足12个月的，应当以其实际经营期为1个纳税年度。企业清算时，应当以清算期间作为1个纳税年度。

自年度终了之日起5个月内，向税务机关报送年度企业所得税纳税申报表，并汇算清缴，结清应缴应退税款。

企业在年度中间终止经营活动的，应当自实际经营终止之日起60日内，向税务机关办理当期企业所得税汇算清缴。

4.7.3 纳税申报

按月或按季预缴的，应当自月份或者季度终了之日起15日内，向税务机关报送预缴企业所得税纳税申报表，预缴税款。

企业在报送企业所得税纳税申报表时，应当按照规定附送财务会计报告和其他有关资料。

企业应当在办理注销登记前，就其清算所得向税务机关申报并依法缴纳企业所得税。

依照企业所得税法缴纳的企业所得税，以人民币计算。所得以人民币以外的货币计算的，应当折合成人民币计算并缴纳税款。

企业在纳税年度内无论盈利或者亏损，都应当依照《企业所得税法》第五十四条规定的期限，向税务机关报送预缴企业所得税纳税申报表、年度企业所得税纳税申报表、财务会计报告和税务机关规定应当报送的其他有关资料。

4.7.4 跨地区经营汇总纳税企业所得税征收管理

4.7.4.1 基本原则和适用范围

1. 基本原则

属于中央与地方共享范围的跨省市总分机构企业缴纳的企业所得税，按照统一规范、兼顾总机构和分支机构所在地利益的原则，实行“统一计算、分级管理、就地预缴、汇总清算、财政调库”的处理办法，总分机构统一计算的当期应纳税额的地方分享部分中，25%由总机构所在地分享，50%由各分支机构所在地分享，25%按一定比例在各地间进行分配。

统一计算是指居民企业应统一计算包括各个不具有法人资格营业机构在内的企业全部应纳税所得额、应纳税额。总机构和分支机构适用税率不一致的，应分别按适用税率计算应纳所得税额。

分级管理是指居民企业总机构、分支机构分别由所在地主管税务机关属地进行监督和管理。

就地预缴是指居民企业总机构、分支机构应按本办法规定的比例分别就地按月或者按季向所在地主管税务机关申报、预缴企业所得税。

汇总清算是指在年度终了后，总机构、分支机构企业根据统一计算的年度应纳税所得额、应纳所得税额，抵减总机构、分支机构当年已就地分期预缴的企业所得税款后，多退少补。

财政调库是指财政部定期将缴入中央总金库的跨省市总机构、分支机构企业所得税待分配收入，按照核定的系数调整至地方国库。

2. 适用范围

跨省市总机构、分支机构企业是指跨省（自治区、直辖市和计划单列市，下同）设立的不具有法人资格分支机构的居民企业。

总机构和具有主体生产经营职能的二级分支机构就地预缴企业所得税。

按照现行财政体制的规定，国有邮政企业（包括中国邮政集团公司及其控股公司和直属单位）、中国工商银行股份有限公司、中国农业银行股份有限公司、中国银行股份有限公司、国家开发银行股份有限公司、中国农业发展银行、中国进出口银行、中国投资有限责任公司、中国建设银行股份有限公司、中国建银投资有限责任公司、中国信达资产管理股份有限公司、中国石油天然气股份有限公司、中国石油化工股份有限公司、海洋石油天然气企业（包括中国海洋石油总公司、中海石油（中国）有限公司、中海油田服务股份有限公司、海洋石油工程股份有限公司）、中国长江电力股份有限公司等企业总机构、分支机构缴纳的企业所得税（包括滞纳金、罚款收入）为中央收入，全额上缴中央国库，不实行本办法。

4.7.4.2 税款预缴

由总机构统一计算企业应纳税所得额和应纳所得税额，并分别由总机构、分支机构按月或按季就地预缴。

1. 分支机构分摊预缴税款

总机构在每月或每季终了之日起 10 日内，按照上年度各省市分支机构的营业收入、职工薪酬和资产总额三个因素，将统一计算的企业当期应纳税额的 50% 在各分支机构之间进行分摊（总机构所在省市同时设有分支机构的，同样按三个因素分摊），各分支机构根据分摊税款就地办理缴库，所缴纳税款收入由中央与分支机构所在地按 60：40 分享。分摊时三个因素权重依次为 0. 35、0. 35 和 0. 3。当年新设立的分支机构第 2 年起参与分摊；当年撤销的分支机构自办理注销税务登记之日起不参与分摊。

分支机构营业收入是指分支机构销售商品、提供劳务、让渡资产使用权等日常经营活动实现的全部收入。其中，生产经营企业分支机构营业收入是指生产经营企业分支机构销售商品、提供劳务、让渡资产使用权等取得的全部收入；金融企业分支机构营业收入是指金融企业分支机构取得的利息、手续费、佣金等全部收入；保险企业分支机构营业收入是指保险企业分支机构取得的保费等全部收入。

分支机构职工薪酬是指分支机构为获得职工提供的服务而给予职工的各种形式的报酬以及其他相关支出。

分支机构资产总额是指分支机构在 12 月 31 日拥有或者控制的资产合计额。

各分支机构分摊预缴额按下列公式计算：

某分支机构分摊税款＝所有分支机构分摊税款总额×该分支机构分摊比例

其中：

所有分支机构分摊税款总额＝汇总纳税企业当期应纳所得税额×50%

该分支机构分摊比例＝（该分支机构营业收入÷各分支机构营业收入之和）×0.35＋（该分支机构职工薪酬/各分支机构职工薪酬之和）×0.35 ＋（该分支机构资产总额÷各分支机构资产总额之和）×0.3

以上公式中，分支机构仅指需要参与就地预缴的分支机构。

2. 总机构就地预缴税款

总机构应将统一计算的企业当期应纳税额的25%就地办理缴库，所缴纳税款收入由中央与总机构所在地按60：40分享。

3. 总机构预缴中央国库税款

总机构应将统一计算的企业当期应纳税额的剩余25%就地全额缴入中央国库，所缴纳税款收入60%为中央收入，40%由财政部按照2004—2006年各省市三年实际分享企业所得税占地方分享总额的比例定期向各省市分配。

4.7.4.3 汇总清算

企业总机构汇总计算企业年度应纳所得税额，扣除总机构和各境内分支机构已预缴的税款，计算出应补应退税款，分别由总机构和各分支机构（不包括当年已办理注销税务登记的分支机构）就地办理税款缴库或退库。

1. 补缴的税款按照预缴的分配比例

50%由各分支机构就地办理缴库，所缴纳税款收入由中央与分支机构所在地按60：40分享；25%由总机构就地办理缴库，所缴纳税款收入由中央与总机构所在地按60：40分享；其余25%就地全额缴入中央国库，所缴纳税款收入中60%为中央收入，40%由财政部按照2004—2006年各省市三年实际分享企业所得税占地方分享总额的比例定期向各省市分配。

2. 多缴的税款按照预缴的分配比例

50%由各分支机构就地办理退库，所退税款由中央与分支机构所在地按60：40分担；25%由总机构就地办理退库，所退税款由中央与总机构所在地按60：40分担；其余25%就地从中央国库退库，其中60%从中央级1010442项“总机构汇算清缴所得税”下有关科目退付，40%从中央级1010443项“企业所得税待分配收入”下有关科目退付。

4.7.5 合伙企业所得税的征收管理

自2008年1月1日起，合伙企业缴纳的所得税按下列规定处理，此前规定与下列规定有抵触的，以下列规定为准。

1. 合伙企业以每一个合伙人为纳税义务人

合伙企业合伙人是自然人的，缴纳个人所得税；合伙人是法人和其他组织的，缴纳企业所得税。

2. 合伙企业生产经营所得和其他所得采取先分后税的原则

具体应纳税所得额的计算按照《关于个人独资企业和合伙企业投资者征收个人所得税的规定》(财税〔2000〕91号)及《财政部国家税务总局关于调整个体工商户个人独资企业和合伙企业个人所得税税前扣除标准有关问题的通知》(财税〔2008〕65号)的有关规定执行。前款所称生产经营所得和其他所得，包括合伙企业分配给所有合伙人的所得和企业当年留存的所得(利润)。

3. 合伙企业的合伙人按照下列原则确定应纳税所得额

(1)合伙企业的合伙人以合伙企业的生产经营所得和其他所得，按照合伙协议约定的分配比例确定应纳税所得额。

(2)合伙协议未约定或者约定不明确的，以全部生产经营所得和其他所得，按照合伙人协商决定的分配比例确定应纳税所得额。

(3)协商不成的，以全部生产经营所得和其他所得，按照合伙人实缴出资比例确定应纳税所得额。

(4)无法确定出资比例的，以全部生产经营所得和其他所得，按照合伙人数量平均计算每个合伙人的应纳税所得额。合伙协议不得约定将全部利润分配给部分合伙人。

4. 合伙企业的合伙人是法人和其他组织的

合伙人在计算其缴纳企业所得税时，不得用合伙企业的亏损抵减其盈利。

4.7.6 新增企业所得税征管范围调整

自2009年1月1日起，新增企业所得税纳税人中，应缴纳增值税的企业，其企业所得税由国税局管理；应缴纳营业税的企业，其企业所得税由地税局管理。以2008年为基年，2008年年底之前国税局、地税局各自管理的企业所得税纳税人不做调整。

从2009年起，企业所得税全额为中央收入的企业和在国税局缴纳营业税的企业，其企业所得税由国税局管理。银行(信用社)、保险公司的企业所得税由国税局管理。除前述规定外的其他各类金融企业的企业所得税由地税局管理。外商投资企业和外国企业常驻代表机构的企业所得税仍由国税局管理。

如2008年年底之前已成立跨区经营汇总纳税企业，从2009年起新设立的分支机构，其企业所得税的征管部门应与总机构企业所得税征管部门相一致；从2009年起新增跨区经营汇总纳税企业，总机构按基本规定确定的原则划分征管归属，其分支机构企业所得税的管理部门也应与总机构企业所得税管理部门相一致。按税法规定免缴流转税的企业，按其免缴的流转税税种确定企业所得税征管归属；既不缴纳增值税，也不缴纳营业税的企业，其企业所得税暂由地税局管理。既缴纳增值税又缴纳营业税的企业，原则上按照其税务登记时自行申报的主营业务应缴纳的流转税税种确定征管归属；企业税务登记时无法确定主营业务的，一般以工商登记注明的第一项业务为准；一经确定，原则上不再调整。

4.7.7 居民企业报告境外投资和所得信息的管理

为规范居民企业境外投资和所得信息报告的内容和方式，国家税务总局公布《关于

居民企业报告境外投资和所得信息有关问题的公告》(国家税务总局公告 2014 年第 38 号),具体规定如下:

(1)居民企业成立或参股外国企业,或者处置已持有的外国企业股份或有表决权股份,符合以下情形之一,且按照中国会计制度可确认的,应当在办理企业所得税预缴申报时向主管税务机关填报《居民企业参股外国企业信息报告表》。

①在该规定施行之日,居民企业直接或间接持有外国企业股份或有表决权股份达到 10%(含)以上;

②在该规定施行之日后,居民企业在被投资外国企业中直接或间接持有的股份或有表决权股份自不足 10% 的状态改变为达到或超过 10% 的状态;

③在该规定施行之日后,居民企业在被投资外国企业中直接或间接持有的股份或有表决权股份自达到或超过 10% 的状态改变为不足 10% 的状态。

(2)居民企业在办理企业所得税年度申报时,还应附报以下与境外所得相关的资料信息。

①有适用《企业所得税法》第四十五条情形或者需要适用《特别纳税调整实施办法(试行)》(国税发〔2009〕2 号)第八十四条规定的居民企业填报《受控外国企业信息报告表》;

②纳入《企业所得税法》第二十四条规定抵免范围的外国企业或符合《企业所得税法》第四十五条规定的受控外国企业按照中国会计制度编报的年度独立财务报表。

(3)在税务检查(包括纳税评估、税务审计及特别纳税调整调查等)时,主管税务机关可以要求居民企业限期报告与其境外所得相关的必要信息。

(4)居民企业能够提供合理理由,证明确实不能按照本办法规定期限报告境外投资和所得信息的,可以依法向主管税务机关提出延期要求。限制提供相关信息的境外法律规定、商业合同或协议,不构成合理理由。

(5)主管税务机关应当为纳税人报告境外投资和所得信息提供便利,及时受理纳税人报告的各类信息,并依法保密。

(6)居民企业未按照本办法规定报告境外投资和所得信息,经主管税务机关责令限期改正,逾期仍不改正的,主管税务机关可根据税收征管法及其实施细则以及其他有关法律、法规的规定,按已有信息合理认定相关事实,并据以计算或调整应纳税款。

(7)非居民企业在境内设立机构、场所,取得发生在境外但与其所设机构、场所有实际联系的所得的,参照本公告规定报告相关信息。

(8)上述规定自 2014 年 9 月 1 日起施行。在施行之日以前发生,但与施行之日以后应报告信息相关或者属于施行之日以后纳税年度的应报告信息,仍适用该规定。

4.7.8 纳税申报填写方法

中华人民共和国企业所得税年度纳税申报表(A 类)的格式与内容见表 4-2。

表4－2　中华人民共和国企业所得税年度纳税申报表(A类)

行次	类别	项目	金额
1	利润总额计算	一、营业收入(填写 A101010\101020\103000)	
2		减：营业成本(填写 A102010\102020\103000)	
3		营业税金及附加	
4		销售费用(填写 A104000)	
5		管理费用(填写 A104000)	
6		财务费用(填写 A104000)	
7		资产减值损失	
8		加：公允价值变动收益	
9		投资收益	
10		二、营业利润(1－2－3－4－5－6－7＋8＋9)	
11		加：营业外收入(填写 A101010\101020\103000)	
12		减：营业外支出(填写 A102010\102020\103000)	
13		三、利润总额(10＋11－12)	
14	应纳税所得额的计算	减：境外所得(填写 A108010)	
15		加：纳税调整增加额(填写 A105000)	
16		减：纳税调整减少额(填写 A105000)	
17		减：免税、减计收入及加计扣除(填写 A107010)	
18		加：境外应税所得抵减境内亏损(填写 A108000)	
19		四、纳税调整后所得(13－14＋15－16－17＋18)	
20		减：所得减免(填写 A107020)	
21		减：抵扣应纳税所得额(填写 A107030)	
22		减：弥补以前年度亏损(填写 A106000)	
23		五、应纳税所得额(19－20－21－22)	
24	应纳税额计算	税率(25%)	
25		六、应纳所得税额(23×24)	
26		减：减免所得税额(填写 A107040)	
27		减：抵免所得税额(填写 A107050)	
28		七、应纳税额(25－26－27)	
29		加：境外所得应纳所得税额(填写 A108000)	
30		减：境外所得抵免所得税额(填写 A108000)	
31		八、实际应纳所得税额(28＋29－30)	
32		减：本年累计实际已预缴的所得税额	
33		九、本年应补(退)所得税额(31－32)	
34		其中：总机构分摊本年应补(退)所得税额(填写 A109000)	
35		财政集中分配本年应补(退)所得税额(填写 A109000)	
36		总机构主体生产经营部门分摊本年应补(退)所得税额(填写 A109000)	
37	附列资料	以前年度多缴的所得税额在本年抵减额	
38		以前年度应缴未缴在本年入库所得税额	

5 个人所得税纳税服务外包

我国个人所得税的特点是以个人为纳税主体，按分类设置所得税率，实行自行申报和代扣代缴两种征税方法。随着社会各阶层个人收入的提高，个人所得税的税源增长显著。在沿海开放地区，个人所得税在地方税收中已占据相当大的比重。个人所得税纳税服务外包主要包括个人所得税纳税申报。代理个人所得税纳税申报的关键问题是能否全面、真实地反映纳税义务人的应税所得，由于个人收入结算与支付具有一定的隐蔽性，会给纳税外包单位带来一定的困难和风险。为确保办税质量，在界定纳税义务人性质的前提下，纳税服务外包单位应该严格按规范程序操作。

5.1 个人所得税的概念与分类

5.1.1 概念

个人所得税是以自然人取得的各类应税所得为征税对象而征收的一种所得税，是政府利用税收对个人收入进行调节的一种手段。个人所得税的纳税人不仅包括个人还包括具有自然人性质的企业。

5.1.2 个人所得税的税制模式

从世界范围看个人所得税的税制模式有三种：分类征收制、综合征收制与混合征收制。分类征收制就是将纳税人不同来源、性质的所得项目，分别规定不同的税率征税；综合征收制是对纳税人全年的各项所得加以汇总，就其总额进行征税；混合征收制是对纳税人不同来源、性质的所得先分别按照不同的税率征税，然后将全年的各项所得进行汇总征税。三种不同的征收模式各有其优缺点。目前，我国个人所得税的征收采用的是第一种模式，即分类征收制，改革方向是由分类征收制向分类与综合相结合的模式转变。个人所得税在组织财政收入、提高公民纳税意识，尤其在调节个人收入分配差距方面具有重要作用。

5.2 纳税义务人与征税范围

5.2.1 纳税义务人

个人所得税的纳税义务人，包括中国公民、个体工商业户、个人独资企业、合伙企业投资者、在中国有所得的外籍人员(包括无国籍人员，下同)和香港、澳门、台湾同胞。上述纳税义务人依据住所和居住时间两个标准，区分为居民和非居民，分别承担不同的纳税义务。

5.2.1.1 居民纳税义务人

居民纳税义务人负有无限纳税义务。其所取得的应纳税所得，无论是来源于中国境内还是中国境外任何地方，都要在中国缴纳个人所得税。根据《个人所得税法》规定，居民纳税义务人是指在中国境内有住所，或者无住所而在中国境内居住满1年的个人。

所谓在中国境内有住所的个人，是指因户籍、家庭、经济利益关系，而在中国境内习惯性居住的个人。这里所说的习惯性居住，是判定纳税义务人属于居民还是非居民的一个重要依据。它是指个人因学习、工作、探亲等原因消除之后，没有理由在其他地方继续居留时，所要回到的地方，而不是指实际居住或在某一个特定时期内的居住地。一个纳税人因学习、工作、探亲、旅游等原因，原来是在中国境外居住，但是在这些原因消除之后，如果必须回到中国境内居住的，则中国为该人的习惯性居住地。尽管该纳税义务人在一个纳税年度内，甚至连续几个纳税年度，都未在中国境内居住过1天，他仍然是中国居民纳税义务人，应就其来自全球的应纳税所得，向中国缴纳个人所得税。

所谓在境内居住满1年，是指在一个纳税年度(即公历1月1日起至12月31日止，下同)内，在中国境内居住满365日。在计算居住天数时，对临时离境应视同在华居住，不扣减其在华居住的天数。这里所说的临时离境，是指在一个纳税年度内，一次不超过30日或者多次累计不超过90日的离境。综上可知，个人所得税的居民纳税义务人包括以下两类：

(1)在中国境内定居的中国公民和外国侨民。但不包括虽具有中国国籍，却并没有在中国大陆定居，而是侨居海外的华侨和居住在香港、澳门、台湾的同胞。

(2)从公历1月1日起至12月31日止，居住在中国境内的外国人、海外侨胞和香港、澳门、台湾同胞。这些人如果在一个纳税年度内，一次离境不超过30日，或者多次离境累计不超过90日的，仍应被视为全年在中国境内居住，从而判定为居民纳税义务人。例如，一个外籍人员从1997年10月起到中国境内的公司任职，在1998纳税年度内，曾于3月7～12日离境回国，向其总公司述职，12月23日又离境回国欢度圣诞节和元旦。这两次离境时间相加，没有超过90日的标准，应视作临时离境，不扣减其在华居住天数。因此，该纳税义务人应为居民纳税义务人。

现行税法中关于“中国境内”的概念，是指中国大陆地区，目前还不包括香港、澳门和台湾地区。

5.2.1.2 非居民纳税义务人

非居民纳税义务人是指不符合居民纳税义务人判定标准(条件)的纳税义务人。非居民纳税义务人承担有限纳税义务，即仅就其来源于中国境内的所得，向中国缴纳个人所得税。《个人所得税法》规定，非居民纳税义务人是“在中国境内无住所又不居住或者无住所而在境内居住不满1年的个人”。也就是说，非居民纳税义务人是指习惯性居住地不在中国境内，而且不在中国居住，或者在一个纳税年度内，在中国境内居住不满1年的个人。在现实生活中，习惯性居住地不在中国境内的个人，只有外籍人员、华侨或香港、澳门和台湾同胞。因此，非居民纳税义务人实际上只能是在一个纳税年度中，没有在中国境内居住，或者在中国境内居住不满1年的外籍人员、华侨或香港、澳门、台湾同胞。

自2004年7月1日起，对境内居住的天数和境内实际工作期间按以下规定判定。

1. 判定纳税义务及计算在中国境内居住的天数

对在中国境内无住所的个人，需要计算确定其在中国境内居住的天数，以便依照税法和协定或安排的规定判定其在华负有何种纳税义务时，均应以该个人实际在华逗留天数计算。上述个人入境、离境、往返或多次往返境内外的当日，均按1天计算其在华实际逗留天数。

2. 个人入、离境当日及在中国境内实际工作期间的判定

对在中国境内、境外机构同时担任职务或仅在境外机构任职的境内无住所个人，在按《国家税务总局关于在中国境内无住所的个人计算缴纳个人所得税若干具体问题的通知》(国税函发〔1995〕125号)第一条的规定计算其境内工作期间时，对其入境、离境、往返或多次往返境内外的当日，均按半天计算在华实际工作天数。

5.2.2 征税范围

下列各项个人所得应缴纳个人所得税。

5.2.2.1 工资、薪金所得

工资、薪金所得是指个人因任职或者受雇而取得的工资、薪金、奖金、年终加薪、劳动分红、津贴、补贴以及与任职或者受雇有关的其他所得。

一般来说，工资、薪金所得属于非独立个人劳动所得。所谓非独立个人劳动是指个人所从事的是由他人指定、安排并接受管理的劳动，工作或服务于公司、工厂、行政事业单位的人员(私营企业主除外)均为非独立劳动者。他们从上述单位取得的劳动报酬，是以工资、薪金的形式体现的。在这类报酬中，工资和薪金的收入主体略有差异。通常情况下，把直接从事生产、经营或服务的劳动者(工人)的收入称为工资，即所谓“蓝领阶层”所得；而将从事社会公职或管理活动的劳动者(公职人员)的收入称为薪金，即所谓“白领阶层”所得。但实际立法过程中，各国都从简便易行的角度考虑，将工资、薪金合并为一个项目计征个人所得税。

除工资、薪金以外，奖金、年终加薪、劳动分红、津贴、补贴也被确定为工资、薪金范畴。其中，年终加薪、劳动分红不分种类和取得情况，一律按工资、薪金所得课税。津贴、补贴等则有例外。根据我国目前个人收入的构成情况，规定对于一些不属于

工资、薪金性质的补贴、津贴或者不属于纳税人本人工资、薪金所得项目的收入，不予征税。这些项目包括：

(1)独生子女补贴。

(2)执行公务员工资制度未纳入基本工资总额的补贴、津贴差额和家属成员的副食品补贴。

(3)托儿补助费。

(4)差旅费津贴、误餐补助。其中，误餐补助是指按照财政部规定，个人因公在城区、郊区工作，不能在工作单位或返回就餐的，根据实际误餐顿数，按规定的标准领取的误餐费。单位以误餐补助名义发给职工的津贴不能包括在内。

奖金是指所有具有工资性质的奖金，免税奖金的范围在税法中另有规定。

公司职工取得的用于购买企业国有股权的劳动分红，按“工资、薪金所得”项目计征个人所得税。

出租汽车经营单位对出租车驾驶员采取单车自承包或承租方式运营，出租车驾驶员从事客货营运取得的收入，按工资、薪金所得征税。

5.2.2.2 个体工商户的生产、经营所得

个体工商户的生产、经营所得，是指：

(1)个体工商户从事工业、手工业、建筑业、交通运输业、商业、饮食业、服务业、修理业及其他行业取得的所得。

(2)个人经政府有关部门批准，取得执照，从事办学、医疗、咨询以及其他有偿服务活动取得的所得。

(3)上述个体工商户和个人取得的与生产、经营有关的各项应税所得。

(4)个人因从事彩票代销业务而取得的所得，应按照“个体工商户的生产、经营所得”项目计征个人所得税。

(5)从事个体出租车运营的出租车驾驶员取得的收入，按个体工商户的生产、经营所得项目缴纳个人所得税。

出租车属个人所有，但挂靠出租汽车经营单位或企事业单位，驾驶员向挂靠单位缴纳管理费的，或出租汽车经营单位将出租车所有权转移给驾驶员的，出租车驾驶员从事客货运营取得的收入，比照个体工商户的生产、经营所得项目征税。

(6)个体工商户和从事生产、经营的个人，取得与生产、经营活动无关的其他各项应税所得，应分别按照其他应税项目的有关规定，计算征收个人所得税。如取得银行存款的利息所得、对外投资取得的股息所得，应按“股息、利息、红利”税目的规定单独计征个人所得税。

(7)个人独资企业、合伙企业的个人投资者以企业资金为本人、家庭成员及其相关人员支付与企业生产经营无关的消费性支出及购买汽车、住房等财产性支出，视为企业对个人投资者利润分配，并入投资者个人的生产经营所得，依照“个体工商户的生产、经营所得”项目计征个人所得税。

(8)其他个人从事个体工商业生产、经营取得的所得。

5.2.2.3 对企事业单位的承包经营、承租经营所得

对企事业单位的承包经营、承租经营所得是指个人承包经营或承租经营以及转包、转租取得的所得。承包项目可分多种，如生产经营、采购、销售、建筑安装等各种承包。转包包括全部转包或部分转包。

5.2.2.4 劳务报酬所得

劳务报酬所得指个人独立从事各种非雇用的劳务所取得的所得。内容如下：

(1)设计。指按照客户的要求，代为制定工程、工艺等各类设计业务。

(2)装潢。指接受委托，对物体进行装饰、修饰，使之美观或具有特定用途的作业。

(3)安装。指按照客户要求，对各种机器、设备的装配、安置，以及与机器、设备相连的附属设施的装设和被安装机器设备的绝缘、防腐、保温、油漆等工程作业。

(4)制图。指受托按实物或设想物体的形象，依体积、面积、距离等，用一定比例绘制成平面图、立体图、透视图等的业务。

(5)化验。指受托用物理或化学的方法，检验物质的成分和性质等业务。

(6)测试。指利用仪器仪表或其他手段代客对物品的性能和质量进行检测试验的业务。

(7)医疗。指从事各种病情诊断、治疗等医护业务。

(8)法律。指受托担任辩护律师、法律顾问，撰写辩护词、起诉书等法律文书的业务。

(9)会计。指受托从事会计核算的业务。

(10)咨询。指对客户提出的政治、经济、科技、法律、会计、文化等方面的问题进行解答、说明的业务。

(11)讲学。指应邀(聘)进行讲课、作报告、介绍情况等业务。

(12)新闻。指提供新闻信息、编写新闻消息的业务。

(13)广播。指从事播音等劳务。

(14)翻译。指受托从事中、外语言或文字的翻译(包括笔译和口译)的业务。

(15)审稿。指对文字作品或图形作品进行审查、核对的业务。

(16)书画。指按客户要求，或自行从事书法、绘画、题词等业务。

(17)雕刻。指代客镌刻图章、牌匾、碑、玉器、雕塑等业务。

(18)影视。指应邀或应聘在电影、电视节目中出任演员，或担任导演、音响、化妆、道具、制作、摄影等与拍摄影视节目有关的业务。

(19)录音。指用录音器械代客录制各种音响带的业务，或者应邀演讲、演唱、采访而被录音的服务。

(20)录像。指用录像器械代客录制各种图像、节目的业务，或者应邀表演、采访被录像的业务。

(21)演出。指参加戏剧、音乐、舞蹈、曲艺等文艺演出活动的业务。

(22)表演。指从事杂技、体育、武术、健美、时装、气功以及其他技巧性表演活动的业务。

(23)广告。指利用图书、报纸、杂志、广播、电视、电影、招贴、路牌、橱窗、霓虹灯、灯箱、墙面及其他载体，为介绍商品、经营服务项目、文体节目或通告、声明等事项所做的宣传和提供相关服务的业务。

(24)展览。指举办或参加书画展、影展、盆景展、邮展、个人收藏品展、花鸟虫鱼展等各种展示活动的业务。

(25)技术服务。指利用一技之长而进行技术指导、提供技术帮助的业务。

(26)介绍服务。指介绍供求双方商谈，或者介绍产品、经营服务项目等服务的业务。

(27)经纪服务。指经纪人通过中介介绍，促成各种交易和提供劳务等服务的业务。

(28)代办服务。指代委托人办理受托范围内的各项事宜的业务。

(29)其他劳务。指上述列举28项劳务项目之外的各种劳务。

自2004年1月20日起，对商品营销活动中，企业和单位对其营销业绩突出的非雇员以培训班、研讨会、工作考察等名义组织旅游活动，通过免收差旅费、旅游费对个人实行的营销业绩奖励(包括实物、有价证券等)，应根据所发生费用的全额作为该营销人员当期的劳务收入，按照"劳务报酬所得"项目征收个人所得税，并由提供上述费用的企业和单位代扣代缴。

在实际操作过程中，还可能出现难以判定一项所得是属于工资、薪金所得，还是属于劳务报酬所得的情况。这两者的区别在于：工资、薪金所得是属于非独立个人劳务活动，即在机关、团体、学校、部队、企业、事业单位及其他组织中任职、受雇而得到的报酬；而劳务报酬所得则是个人独立从事各种技艺、提供各项劳务取得的报酬。

5.2.2.5 稿酬所得

稿酬所得是指个人因其作品以图书、报刊形式出版、发表而取得的所得。将稿酬所得独立划归一个征税项目，而对不以图书、报刊形式出版、发表的翻译、审稿、书画所得归为劳务报酬所得，主要是考虑了出版、发表作品的特殊性。第一，它是一种依靠较高智力创作的精神产品；第二，它具有普遍性；第三，它与社会主义精神文明和物质文明密切相关；第四，它的报酬相对偏低。因此，稿酬所得应当与一般劳务报酬相区别，并给予适当优惠照顾。

5.2.2.6 特许权使用费所得

特许权使用费所得是指个人提供专利权、商标权、著作权、非专利技术以及其他特许权的使用权取得的所得。提供著作权的使用权取得的所得不包括稿酬所得。

专利权是由国家专利主管机关依法授予专利申请人或其权利继承人在一定期间内实施其发明创造的专有权。对于专利权，许多国家只将提供他人使用取得的所得列入特许权使用费，而将转让专利权所得列为资本利得税的征税对象。我国没有开征资本利得税，故将个人提供和转让专利权取得的所得都列入特许权使用费所得征收个人所得税。

商标权即商标注册人享有的商标专用权。著作权即版权，是作者依法对文学、艺术和科学作品享有的专有权。个人提供或转让商标权、著作权、专有技术或技术秘密、技术诀窍取得的所得，应当依法缴纳个人所得税。

5.2.2.7 利息、股息、红利所得

利息、股息、红利所得是指个人拥有债权、股权而取得的利息、股息、红利所得。利息是指个人拥有债权而取得的利息，包括存款利息、贷款利息和各种债券的利息。按税法规定，个人取得的利息所得，除国债和国家发行的金融债券利息外，应当依法缴纳个人所得税。股息、红利是指个人拥有股权取得的股息、红利。按照一定的比率对每股发给的息金叫股息；公司、企业应分配的利润，按股份分配的叫红利。股息、红利所得，除另有规定外，都应当缴纳个人所得税。

除个人独资企业、合伙企业以外的其他企业的个人投资者，以企业资金为本人、家庭成员及其相关人员支付与企业生产经营无关的消费性支出及购买汽车、住房等财产性支出，视为企业对个人投资者的红利分配，依照“利息、股息、红利所得”项目计征个人所得税。企业的上述支出不允许在所得税前扣除。

纳税年度内个人投资者从其投资企业(个人独资企业、合伙企业除外)借款，在该纳税年度终了后既不归还又未用于企业生产经营的，其未归还的借款可视为企业对个人投资者的红利分配，依照“利息、股息、红利所得”项目计征个人所得税。

5.2.2.8 财产租赁所得

财产租赁所得是指个人出租建筑物、土地使用权、机器设备、车船以及其他财产取得的所得。

个人取得的财产转租收入，属于“财产租赁所得”的征税范围，由财产转租人缴纳个人所得税。

5.2.2.9 财产转让所得

财产转让所得是指个人转让有价证券、股权、建筑物、土地使用权、机器设备、车船以及其他财产取得的所得。

在现实生活中，个人进行的财产转让主要是个人财产所有权的转让。财产转让实际上是一种买卖行为，当事人双方通过签订、履行财产转让合同，形成财产买卖的法律关系，使出让财产的个人从对方取得价款(收入)或其他经济利益。财产转让所得因其性质的特殊性，需要单独列举项目征税。对个人取得的各项财产转让所得，除股票转让所得外，都要征收个人所得税。具体规定为：

1. 股票转让所得

根据《个人所得税法实施条例》规定，对股票转让所得征收个人所得税的办法，由财政部另行制定，报国务院批准施行。鉴于我国证券市场发育还不成熟，股份制还处于试点阶段，对股票转让所得的计算、征税办法和纳税期限的确认等都需要做深入的调查研究后，结合国际通行的做法，作出符合我国实际的规定。因此国务院决定，对股票转让所得暂不征收个人所得税。

2. 量化资产股份转让

集体所有制企业在改制为股份合作制企业时，对职工个人以股份形式取得的拥有所有权的企业量化资产，暂缓征收个人所得税；待个人将股份转让时，就其转让收入额，减除个人取得该股份时实际支付的费用支出和合理转让费用后的余额，按“财产转让所得”项目计征个人所得税。

5.2.2.10 偶然所得

偶然所得是指个人得奖、中奖、中彩以及其他偶然性质的所得。得奖是指参加各种有奖竞赛活动，取得名次得到的奖金；中奖、中彩是指参加各种有奖活动，如有奖销售、有奖储蓄或者购买彩票，经过规定程序，抽中、摇中号码而取得的奖金。偶然所得应缴纳的个人所得税税款，一律由发奖单位或机构代扣代缴。

5.2.2.11 经国务院财政部门确定征税的其他所得

除上述列举的各项个人应税所得外，其他确有必要征税的个人所得，由国务院财政部门确定。个人取得的所得，难以界定应纳税所得项目的，由主管税务机关确定。

5.2.3 所得来源地的确定

下列所得，不论支付地点是否在中国境内，均为来源于中国境内的所得：

(1)因任职、受雇、履约等而在中国境内提供劳务取得的所得。

(2)将财产出租给承租人在中国境内使用而取得的所得。

(3)转让中国境内的建筑物、土地使用权等财产或者在中国境内转让其他财产取得的所得。

(4)许可各种特许权在中国境内使用而取得的所得。

(5)从中国境内的公司、企业以及其他经济组织或者个人取得的利息、股息、红利所得。

在中国境内无住所，但是居住1年以上5年以下的个人，其来源于中国境外的所得，经主管税务机关批准，可以只就由中国境内公司、企业以及其他经济组织或者个人支付的部分缴纳个人所得税；居住超过5年的个人，从第6年起，应当就其来源于中国境外的全部所得缴纳个人所得税。

在中国境内无住所，但是在一个纳税年度中在中国境内连续，或者累计居住不超过90日的个人，其来源于中国境内的所得，由境外雇主支付并且不由该雇主在中国境内的机构、场所负担的部分，免予缴纳个人所得税。

5.3 税率与应纳税所得额的确定

5.3.1 税率

1. 工资、薪金所得适用税率

工资、薪金所得适用七级超额累进税率，税率为3%～45%（见表5－1）。

表5-1 工资、薪金所得个人所得税税率表

级数	全月含税应纳税所得额	全月不含税应纳税所得额	税率(%)	速算扣除数(元)
1	不超过1500元的	不超过1455元的	3	0
2	超过1500～4500元的部分	超过1455～4155元的部分	10	105
3	超过4500～9000元的部分	超过4155～7755元的部分	20	555
4	超过9000～35000元的部分	超过7755～27255元的部分	25	1005
5	超过35000～55000元的部分	超过27255～41255元的部分	30	2755
6	超过55000～80000元的部分	超过41255～57505元的部分	35	5505
7	超过80000元的部分	超过57505元的部分	45	13505

注：本表所称全月含税应纳税所得额和全月不含税应纳税所得额是指依照税法的规定，以每月收入额减除费用3500元后的余额或者再减除附加减除费用后的余额。

2. 个体工商户生产、经营所得和企事业单位的承包经营、承租经营适用税率

个体工商户包括依法取得个体工商户营业执照，从事生产经营的个体工商户；经政府有关部门批准，从事办学、医疗、咨询等有偿服务活动的个人以及其他从事个体生产、经营的个人。个体工商户以业主为个人所得税纳税义务人。

(1)个体工商户的生产、经营所得和企事业单位的承包经营、承租经营所得适用5%～35%的五级超额累进税率(见表5-2)。

表5-2 个体工商户的生产、经营所得和企事业单位的承包经营、承租经营所得个人所得税税率表

级数	全月含税应纳税所得额	全月不含税应纳税所得额	税率(%)	速算扣除数(元)
1	不超过15000元的	不超过14250元的	5	0
2	超过15000～30000元的部分	超过14250～27750元的部分	10	750
3	超过30000～60000元的部分	超过27750～51750元的部分	20	3750
4	超过60000～100000元的部分	超过51750～79750元的部分	30	9750
5	超过100000元的部分	超过79750元的部分	35	14750

注：本表所称全年含税应纳税所得额和全年不含税应纳税所得额，个体工商户的生产、经营所得，是指以每一纳税年度的收入总额减除成本、费用、相关税费以及损失后的余额；企事业单位的承包经营、承租经营所得是指以每一纳税年度的收入总额减除必要费用后的余额。

(2)个人独资企业和合伙企业的个人投资者取得的生产经营所得也适用5%～35%的五级超额累进税率。

3. 稿酬所得适用税率

稿酬所得适用比例税率，税率为20%，并按应纳税额减征30%。

4. 劳务报酬所得适用税率

劳务报酬所得适用比例税率，税率为20%。对劳务报酬所得一次收入畸高的，可

以实行加成征收，具体办法由国务院规定。

根据《个人所得税法实施条例》规定，“劳务报酬所得一次收入畸高”是指个人一次取得劳务报酬，其应纳税所得额超过 20 000 元。对应纳税所得额超过 20 000 ～ 50 000 元的部分，依照税法规定计算应纳税额后再按照应纳税额加征五成；超过 50 000 元的部分，加征十成。因此，劳务报酬所得实际上适用 20%、30%、40% 的三级超额累进税率（见表 5－3）。

表 5－3　劳务报酬所得个人所得税税率表

级数	每次应纳税所得额	税率（%）
1	不超过 20000 元的部分	20
2	超过 20000 ～ 50000 元的部分	30
3	超过 50000 元的部分	40

注：本表所称每次应纳税所得额，是指每次收入额减除费用 800 元（每次收入额不超过 4000 元时）或者减除 20% 的费用（每次收入额超过 4000 元时）后的余额。

5. 特许权使用费所得，利息、股息、红利所得，财产租赁所得，财产转让所得，偶然所得和其他所得适用税率

特许权使用费所得，利息、股息、红利所得，财产租赁所得，财产转让所得，偶然所得和其他所得，适用比例税率，税率为 20%。

5.3.2　应纳税所得额的规定

由于个人所得税的应税项目不同，并且取得某项所得所需费用也不相同，因此，计算个人应纳税所得额，需按不同应税项目分项计算。以某项应税项目的收入额减去税法规定的该项目费用减除标准后的余额，为该应税项应纳税所得额。

5.3.2.1　每次收入的确定

《个人所得税法》对纳税义务人的征税方法有三种：一是按年计征，如个体工商户和承包、承租经营所得；二是按月计征，如工资、薪金所得；三是按次计征，如劳务报酬所得，稿酬所得，特许权使用费所得，利息、股息、红利所得，财产租赁所得，偶然所得和其他所得等 7 项所得。在按次征收情况下，由于扣除费用依据每次应纳税所得额的大小，分别规定了定额和定率两种标准。因此，无论是从正确贯彻税法的立法精神、维护纳税义务人的合法权益方面来看，还是从避免税收漏洞、防止税款流失、保证国家税收收入方面来看，如何准确划分“次”，都是十分重要的。劳务报酬所得等 7 个项目的“次”，《个人所得税法实施条例》中作出了明确规定。

1. 劳务报酬所得

根据不同劳务项目的特点，分别规定为：

（1）只有一次性收入的以取得该项收入为一次。例如，从事设计、安装、装潢、制图、化验、测试等劳务，往往是接受客户的委托，按照客户的要求，完成一次劳务后取得收入。因此，是属于只有一次性的收入，应以每次提供劳务取得的收入为一次。

(2)属于同一事项连续取得收入的，以1个月内取得的收入为一次。例如，某歌手与一卡拉OK厅签约，在1年内每天到卡拉OK厅演唱一次，每次演出后付酬50元。在计算其劳务报酬所得时，应视为同一事项的连续性收入，以其1个月内取得的收入为一次计征个人所得税，而不能以每天取得的收入为一次。

2. 稿酬所得

以每次出版、发表取得的收入为一次。具体又可细分为：

(1)同一作品再版取得的所得，应视作另一次稿酬所得计征个人所得税。

(2)同一作品先在报刊上连载，然后再出版，或先出版，再在报刊上连载的，应视为两次稿酬所得征税。即连载作为一次，出版作为另一次。

(3)同一作品在报刊上连载取得收入的，以连载完成后取得的所有收入合并为一次，计征个人所得税。

(4)同一作品在出版和发表时，以预付稿酬或分次支付稿酬等形式取得的稿酬收入，应合并计算为一次。

(5)同一作品出版、发表后，因增加印数而追加稿酬的，应与以前出版、发表时取得的稿酬合并计算为一次，计征个人所得税。

3. 特许权使用费所得

以某项使用权的一次转让所取得的收入为一次。一个纳税义务人可能不仅拥有一项特许权利，每一项特许权的使用权也可能不止一次地向他人提供。因此，对特许权使用费所得的“次”的界定，明确为每一项使用权的每次转让所取得的收入为一次。如果该次转让取得的收入是分笔支付的，则应将各笔收入相加为一次的收入，计征个人所得税。

4. 财产租赁所得

以1个月内取得的收入为一次。

5. 利息、股息、红利所得

以支付利息、股息、红利时取得的收入为一次。

6. 偶然所得

以每次收入为一次。

7. 其他所得

以每次收入为一次。

5.3.2.2 费用减除标准

(1)工资、薪金所得，以每月收入额减除费用3500元以及附加减除费用后的余额为应纳税所得额。

(2)个体工商户的生产、经营所得，以每一纳税年度的收入总额减除成本、费用以及损失后的余额，为应纳税所得额。成本、费用是指纳税义务人从事生产、经营所发生的各项直接支出和分配计入成本的间接费用以及销售费用、管理费用、财务费用；所说的损失是指纳税义务人在生产、经营过程中发生的各项营业外支出。

从事生产、经营的纳税义务人未提供完整、准确的纳税资料，不能正确计算应纳税所得额的，由主管税务机关核定其应纳税所得额。

个人独资企业的投资者以全部生产经营所得为应纳税所得额；合伙企业的投资者按照合伙企业的全部生产经营所得和合伙协议约定的分配比例确定应纳税所得额，合伙协议没有约定分配比例的，以全部生产经营所得和合伙人数量平均计算每个投资者的应纳税所得额。

上述所称生产经营所得包括企业分配给投资者个人的所得和企业当年留存的所得(利润)。

对个体工商户业主、个人独资企业和合伙企业自然人投资者的生产经营所得依法计征个人所得税时，个体工商户业主、个人独资企业和合伙企业是自然人投资者本人的费用扣除标准统一确定为42 000 元/年(3500 元/月)。

(3)对企事业单位的承包经营、承租经营所得，以每一纳税年度的收入总额减除必要费用后的余额为应纳税所得额。每一纳税年度的收入总额是指纳税义务人按照承包经营、承租经营合同规定分得的经营利润和工资、薪金性质的所得；所说的减除必要费用，是指按月减除3500 元。

(4)劳务报酬所得、稿酬所得、特许权使用费所得、财产租赁所得，每次收入不超过4000 元的，减除费用800 元；4000 元以上的，减除20%的费用，其余额为应纳税所得额。财产转让所得以转让财产的收入额减除财产原值和合理费用后的余额为应纳税所得额。财产原值是指：

①有价证券为买入价以及买入时按照规定缴纳的有关费用。

②建筑物为建造费或者购进价格以及其他有关费用。

③土地使用权为取得土地使用权所支付的金额、开发土地的费用以及其他有关费用。

④机器设备、车船为购进价格、运输费、安装费以及其他有关费用。

⑤其他财产参照以上方法确定。

纳税义务人未提供完整、准确的财产原值凭证，不能正确计算财产原值的，由主管税务机关核定其财产原值。

合理费用是指卖出财产时按照规定支付的有关费用。

(5)利息、股息、红利所得，偶然所得和其他所得，以每次收入额为应纳税所得额。

5.3.2.3 附加减除费用适用的范围和标准

上面讲到的计算个人应纳税所得额的费用减除标准，对所有纳税人都是普遍适用的。但是，考虑到外籍人员和在境外工作的中国公民的生活水平比国内公民要高，而且，我国汇率的变化情况对他们的工资、薪金所得也有一定的影响。为了不因征收个人所得税而加重他们的负担，现行税法对外籍人员和在境外工作的中国公民的工资、薪金所得增加了附加减除费用的照顾。

按照税法的规定，对在中国境内无住所而在中国境内取得工资、薪金所得的纳税义务人和在中国境内有住所而在中国境外取得工资、薪金所得的纳税义务人，可以根据其平均收入水平、生活水平以及汇率变化情况确定附加减除费用，附加减除费用适用的范围和标准由国务院规定。

国务院在发布的《个人所得税法实施条例》中，对附加减除费用适用的范围和标准作了具体规定：

1. 附加减除费用适用的范围

(1)在中国境内的外商投资企业和外国企业中工作取得工资、薪金所得的外籍人员。

(2)应聘在中国境内的企事业单位、社会团体、国家机关中工作取得工资、薪金所得的外籍专家。

(3)在中国境内有住所而在中国境外任职或者受雇取得工资、薪金所得的个人。

(4)财政部确定的取得工资、薪金所得的其他人员。

2. 附加减除费用标准

从2011年9月1日起，在每月减除3500元费用的基础上，再附加减除1 300元。

3. 华侨和香港、澳门、台湾同胞

参照上述附加减除费用标准执行。

5.3.2.4 应纳税所得额的其他规定

(1)个人将其所得通过中国境内的社会团体、国家机关向教育和其他社会公益事业以及遭受严重自然灾害地区、贫困地区捐赠，捐赠额未超过纳税义务人申报的应纳税所得额30%的部分，可以从其应纳税所得额中扣除。

(2)个人的所得(不含偶然所得和经国务院财政部门确定征税的其他所得)用于资助非关联的科研机构和高等学校研究开发新产品、新技术、新工艺所发生的研究开发经费，经主管税务机关确定，可以全额在下月(工资、薪金所得)或下次(按次计征的所得)或当年(按年计征的所得)计征个人所得税时，从应纳税所得额中扣除，不足抵扣的，不得结转抵扣。

(3)个人取得的应纳税所得包括现金、实物和有价证券。所得为实物的，应当按照取得的凭证上所注明的价格计算应纳税所得额；无凭证的实物或者凭证上所注明的价格明显偏低的，由主管税务机关参照当地的市场价格核定应纳税所得额。所得为有价证券的，由主管税务机关根据票面价格和市场价格核定应纳税所得额。

5.4 应纳税额的计算

依照税法规定的适用税率和费用扣除标准，各项所得的应纳税额，应分别计算如下。

5.4.1 工资、薪金所得应纳税额的计算

工资、薪金所得应纳税额的计算公式为：

应纳税额 = 应纳税所得额 × 适用税率 − 速算扣除数

= (每月收入额 − 3500元或4800元) × 适用税率 − 速算扣除数

这里需要说明的是，由于工资、薪金所得在计算应纳个人所得税额时，适用的是超额累进税率，所以计算比较烦琐。运用速算扣除数计算法，可以简化计算过程。速算扣除数是指在采用超额累进税率征税的情况下，根据超额累进税率表中划分的应纳税所得额级距和税率，先用全额累进方法计算出税额，再减去用超额累进方法计算的应征税额以后的差额。当超额累进税率表中的级距和税率确定以后，各级速算扣除数也固定不变，成为计算应纳税额时的常数。

例 5 -1 假定某纳税人 2016 年 1 月含税工资收入 4200 元，该纳税人不适用附加减除费用的规定。计算其当月应纳个人所得税税额。

解析 应纳税所得额为 4200 - 3500 = 700(元)

应纳税额为 700 × 3% - 0 = 21(元)

例 5 -2 假定某外商投资企业中工作的美国专家(假设为非居民纳税人)，2016 年 2 月份取得由该企业发放的含税工资收入 10 400 元人民币。请计算其应纳个人所得税税额。

解析 应纳税所得额为 10 400 - 4800 = 5600(元)

应纳税额为 5600 × 20% - 555 = 565(元)

5.4.2 个体工商户的生产、经营所得应纳税额的计算

个体工商户的生产、经营所得应纳税额的计算公式为：

应纳税额 = 应纳税所得额 × 适用税率 - 速算扣除数

或 应纳税额 = (全年收入总额 - 成本、费用以及损失) × 适用税率 - 速算扣除数

个体工商户应纳税所得额的计算，以权责发生制为原则，属于当期的收入和费用，不论款项是否收付，均作为当期的收入和费用；不属于当期的收入和费用，即使款项已经在当期收付，均不作为当期收入和费用。财政部、国家税务总局另有规定的除外。基本规定如下：

5.4.2.1 计税基本规定

依据《个体工商户个人所得税计税办法》(国家税务总局令〔2014〕第 35 号)，其计税基本规定如下：

(1)个体工商户的生产、经营所得，以每一纳税年度的收入总额，减除成本、费用、税金、损失、其他支出以及允许弥补的以前年度亏损后的余额，为应纳税所得额。

(2)个体工商户从事生产经营以及与生产经营有关的活动(以下简称生产经营)取得的货币形式和非货币形式的各项收入为收入总额。包括销售货物收入、提供劳务收入、转让财产收入、利息收入、租金收入、接受捐赠收入，以及其他收入。

前款所称其他收入包括个体工商户资产溢余收入、逾期一年以上的未退包装物押金收入、确实无法偿付的应付款项、已作坏账损失处理后又收回的应收款项、债务重组收入、补贴收入、违约金收入、汇兑收益等。

(3)成本是指个体工商户在生产经营活动中发生的销售成本、销货成本、业务支出以及其他耗费。

(4)费用是指个体工商户在生产经营活动中发生的销售费用、管理费用和财务费

用，已经计入成本的有关费用除外。

(5)税金是指个体工商户在生产经营活动中发生的除个人所得税和允许抵扣的增值税以外的各项税金及其附加。

(6)损失是指个体工商户在生产经营活动中发生的固定资产和存货的盘亏、毁损、报废损失，转让财产损失，坏账损失，自然灾害等不可抗力因素造成的损失以及其他损失。

个体工商户发生的损失，减除责任人赔偿和保险赔款后的余额，参照财政部、国家税务总局有关企业资产损失税前扣除的规定扣除。

个体工商户已经作为损失处理的资产，在以后纳税年度又全部收回或者部分收回时，应当计入收回当期的收入。

(7)其他支出是指除成本、费用、税金、损失外，个体工商户在生产经营活动中发生的与生产经营活动有关的、合理的支出。

(8)个体工商户发生的支出应当区分收益性支出和资本性支出。收益性支出在发生当期直接扣除；资本性支出应当分期扣除或者计入有关资产成本，不得在发生当期直接扣除。

前款所称支出是指与取得收入直接相关的支出。

除税收法律法规另有规定外，个体工商户实际发生的成本、费用、税金、损失和其他支出，不得重复扣除。

(9)个体工商户下列支出不得扣除：

①个人所得税税款。

②税收滞纳金。

③罚金、罚款和被没收财物的损失。

④不符合扣除规定的捐赠支出。

⑤赞助支出。

⑥用于个人和家庭的支出。

⑦与取得生产经营收入无关的其他支出。

⑧国家税务总局规定不准扣除的支出。

(10)个体工商户生产经营活动中，应当分别核算生产经营费用和个人、家庭费用。对于生产经营与个人、家庭生活混用难以分清的费用，其40%视为与生产经营有关费用，准予扣除。

(11)个体工商户纳税年度发生的亏损，准予向以后年度结转，用以后年度的生产经营所得弥补，但结转年限最长不得超过5年。

(12)个体工商户使用或者销售存货，按照规定计算的存货成本，准予在计算应纳税所得额时扣除。

(13)个体工商户转让资产，该项资产的净值准予在计算应纳税所得额时扣除。

(14)本办法所称亏损是指个体工商户依照本办法规定计算的应纳税所得额小于0的数额。

5.4.2.2 扣除项目及标准

(1)个体工商户实际支付给从业人员的合理的工资薪金支出，准予扣除。

个体工商户业主的费用扣除标准，确定为42 000元/年。

个体工商户业主的工资薪金支出不得税前扣除。

(2)个体工商户按照国务院有关主管部门或者省级人民政府规定的范围和标准为其业主和从业人员缴纳的基本养老保险费、基本医疗保险费、失业保险费、生育保险费、工伤保险费和住房公积金，准予扣除。

个体工商户为从业人员缴纳的补充养老保险费、补充医疗保险费，分别在不超过从业人员工资总额5%标准内的部分据实扣除；超过部分不得扣除。

个体工商户业主本人缴纳的补充养老保险费、补充医疗保险费，以当地(地级市)上年度社会平均工资的3倍为计算基数，分别在不超该计算基数5%标准内的部分据实扣除；超过部分不得扣除。

(3)除个体工商户依照国家有关规定为特殊工种从业人员支付的人身安全保险费和财政部、国家税务总局规定可以扣除的其他商业保险费外，个体工商户业主本人或者为从业人员支付的商业保险费不得扣除。

(4)个体工商户在生产经营活动中发生的合理的不需要资本化的借款费用准予扣除。

个体工商户为购置、建造固定资产、无形资产和经过12个月以上的建造才能达到预定可销售状态的存货发生借款的，在有关资产购置、建造期间发生的合理的借款费用，应当作为资本性支出计入有关资产的成本，并依照本办法的规定扣除。

(5)个体工商户在生产经营活动中发生的下列利息支出，准予扣除：

①向金融企业借款的利息支出。

②向非金融企业和个人借款的利息支出，不超过按照金融企业同期同类贷款利率计算的数额的部分。

(6)个体工商户在货币交易中，以及纳税年度终了时将人民币以外的货币性资产、负债按照期末即期人民币汇率中间价折算为人民币时产生的汇兑损失，除已经计入有关资产成本部分外，准予扣除。

(7)个体工商户向当地工会组织拨缴的工会经费、实际发生的职工福利费支出、职工教育经费支出分别在工资薪金总额的2%、14%、2.5%的标准内据实扣除。

工资薪金总额是指允许在当期税前扣除的工资薪金支出数额。

职工教育经费的实际发生数额超出规定比例当期不能扣除的数额，准予在以后纳税年度结转扣除。

个体工商户业主本人向当地工会组织缴纳的工会经费、实际发生的职工福利费支出、职工教育经费支出，以当地(地级市)上年度社会平均工资的3倍为计算基数，在本条第一款规定比例内据实扣除。

(8)个体工商户发生的与生产经营活动有关的业务招待费，按照实际发生额的60%扣除，但最高不得超过当年销售(营业)收入的5‰。

业主自申请营业执照之日起至开始生产经营之日止所发生的业务招待费，按照实际发生额的60%计入个体工商户的开办费。

(9)个体工商户每一纳税年度发生的与其生产经营活动直接相关的广告费和业务宣传费不超过当年销售(营业)收入15%的部分可以据实扣除；超过部分准予在以后纳税年度结转扣除。

(10)个体工商户代其从业人员或者他人负担的税款不得税前扣除。

(11)个体工商户按照规定缴纳的摊位费、行政性收费、协会会费等，按实际发生数额扣除。

(12)个体工商户根据生产经营活动的需要租入固定资产支付的租赁费，按照以下方法扣除：

①以经营租赁方式租入固定资产发生的租赁费支出，按照租赁期限均匀扣除。

②以融资租赁方式租入固定资产发生的租赁费支出，按照规定构成融资租入固定资产价值的部分应当提取折旧费用，分期扣除。

(13)个体工商户参加财产保险，按照规定缴纳的保险费准予扣除。

(14)个体工商户发生的合理的劳动保护支出准予扣除。

(15)个体工商户自申请营业执照之日起至开始生产经营之日止所发生符合本办法规定的费用，除为取得固定资产、无形资产的支出，以及应计入资产价值的汇兑损益、利息支出外，作为开办费，个体工商户可以选择在开始生产经营的当年一次性扣除，也可自生产经营月份起在不短于3年期限内摊销扣除，但一经选定，不得改变。

开始生产经营之日为个体工商户取得第一笔销售(营业)收入的日期。

(16)个体工商户通过公益性社会团体或者县级以上人民政府及其部门，用于《中华人民共和国公益事业捐赠法》规定的公益事业的捐赠，捐赠额不超过其应纳税所得额30%的部分可以据实扣除。

财政部、国家税务总局规定可以全额在税前扣除的捐赠支出项目，按有关规定执行。

个体工商户直接对受益人的捐赠不得扣除。

公益性社会团体的认定，按照财政部、国家税务总局、民政部有关规定执行。

(17)本办法所称赞助支出是指个体工商户发生的与生产经营活动无关的各种非广告性质支出。

(18)个体工商户研究开发新产品、新技术、新工艺所发生的开发费用，以及研究开发新产品、新技术而购置单台价值在10万元以下的测试仪器和试验性装置的购置费准予直接扣除；单台价值在10万元以上(含10万元)的试验仪器和试验性装置，按固定资产管理，不得在当期直接扣除。

例5-3 某小型运输公司系个体工商户，账证齐全，2015年12月取得营业额为220 000元，准许扣除的当月成本、费用(已含个人已计费用按标准扣除的部分)及相关税金共计170 600元。1～11月累计应纳税所得额68 400元，1～11月累计已预缴个人所得税10 200元。计算该个体工商户2015年度应补缴的个人所得税。

解析 按照税收法律、法规和文件规定，先计算全年应纳税所得额，再计算全年应纳税额。

(1)全年应纳税所得额为

$$220\ 000-170\ 600\ +68\ 400-3500\times12=75\ 800(\text{元})$$

(2)全年应缴纳个人所得税为

$$75\ 800\times30\%\ -9\ 750=12\ 990(\text{元})$$

(3)该个体工商户2015年度应补缴的个人所得税为

$$12\ 990-10\ 200=2790(\text{元})$$

5.4.2.3 个人独资企业和合伙企业应纳个人所得税的计算

对个人独资企业和合伙企业生产经营所得，其个人所得税应纳税额的计算有以下两种方法。

1. 查账征税

(1)自2011年9月1日起，个人独资企业和合伙企业投资者的生产经营所得依法计征个人所得税时，个人独资企业和合伙企业投资者本人的费用扣除标准统一确定为42 000元/年，即3500元/月。投资者的工资不得在税前扣除。

(2)投资者及其家庭发生的生活费用不允许在税前扣除。投资者及其家庭发生的生活费用与企业生产经营费用混合在一起，并且难以划分的，全部视为投资者个人及其家庭发生的生活费用，不允许在税前扣除。

(3)企业生产经营和投资者及其家庭生活共用的固定资产难以划分的，由主管税务机关根据企业的生产经营类型、规模等具体情况，核定准予在税前扣除的折旧费用的数额或比例。

(4)企业向其从业人员实际支付的合理的工资、薪金支出，允许在税前据实扣除。

(5)企业拨缴的工会经费、发生的职工福利费、职工教育经费支出分别在工资薪金总额2%、14%、2.5%的标准内据实扣除。

(6)每一纳税年度发生的广告费和业务宣传费用不超过当年销售(营业)收入15%的部分可据实扣除；超过部分准予在以后纳税年度结转扣除。

(7)每一纳税年度发生的与其生产经营业务直接相关的业务招待费支出，按照发生额的60%扣除，但最高不得超过当年销售(营业)收入的5‰。

(8)企业计提的各种准备金不得扣除。

(9)投资者兴办两个或两个以上企业，并且企业性质全部是独资的，年度终了后，汇算清缴时，应纳税款的计算按以下方法进行：汇总其投资兴办的所有企业的经营所得作为应纳税所得额，以此确定适用税率，计算出全年经营所得的应纳税额，再根据每个企业的经营所得占所有企业经营所得的比例，分别计算出每个企业的应纳税额和应补缴税额。计算公式如下：

①应纳税所得额 = $\sum$ 各个企业的经营所得

②应纳税额 = 应纳税所得额 × 税率 − 速算扣除数

③本企业应纳税额 = 应纳税额 × 本企业的经营所得 ÷ $\sum$ 各个企业的经营所得

④本企业应补缴的税额 = 本企业应纳税额 − 本企业预缴的税额

2. 核定征收

核定征收方式包括定额征收、核定应税所得率征收以及其他合理的征收方式。

实行核定应税所得率征收方式的，应纳所得税额的计算公式如下：

(1)应纳所得税额 = 应纳税所得额 × 适用税率

(2)应纳税所得额 = 收入总额 × 应税所得率

或　　　　　　　= 成本费用支出额 ÷ (1 − 应税所得率) × 应税所得率

应税所得率应按表5−4规定的标准执行。

表5−4　个人所得税应税所得率表

行　业	应税所得率(%)
工业、交通运输业、商业	5～20
建筑业、房地产开发业	7～20
饮食服务业	7～25
娱乐业	20～40
其他行业	10～30

企业经营多业的，无论其经营项目是否单独核算，均应根据主营项目确定其适用的应税所得率。

实行核定征税的投资者不能享受个人所得税的优惠政策。

实行查账征税方式的个人独资企业和合伙企业改为核定征税方式后，在查账征税方式下认定的年度经营亏损未弥补完的部分，不得再继续弥补。

个体工商户、个人独资企业和合伙企业因在纳税年度中间开业、合并、注销及其他原因，导致该纳税年度的实际经营期不足1年的，对个体工商户业主、个人独资企业投资者和合伙企业自然人合伙人的生产经营所得计算个人所得税时，以其实际经营期为1个纳税年度。投资者本人的费用扣除标准，应按照其实际经营月份数，以每月3500元的减除标准确定。计算公式如下：

应纳税所得额 = 该年度收入总额 − 成本、费用及损失 − 当年投资者本人的费用扣除额

当年投资者本人的费用扣除额 = 月减除费用(3500元/月) × 当年实际经营月份数

应纳税额 = 应纳税所得额 × 税率 − 速算扣除数

5.4.3　对企事业单位的承包经营、承租经营所得应纳税额的计算

对企事业单位的承包经营、承租经营所得，其个人所得税应纳税额的计算公式为：

应纳税额 = 应纳税所得额 × 适用税率 − 速算扣除数

或　　应纳税额 = (纳税年度收入总额 − 必要费用) × 适用税率 − 速算扣除数

这里需要说明的是：

(1)对企事业单位的承包经营、承租经营所得，以每一纳税年度的收入总额，减除必要费用后的余额为应纳税所得额。

在一个纳税年度中，承包经营或者承租经营期限不足1年的，以其实际经营期为纳税年度。

(2)对企事业单位的承包经营、承租经营所得适用的速算扣除数，同个体工商户的

生产经营所得适用的速算扣除数。

例 5－4 2012 年 1 月 1 日，某个人与事业单位签订承包合同经营招待所，承包期为 3 年。2015 年招待所实现承包经营利润 150 000 元(未扣除含承包人工资报酬)，按合同规定承包人每年应从承包经营利润中上缴承包费 30 000 元。计算该承包人 2015 年应纳个人所得税税额。

解析 2015 年应纳税所得额＝承包经营利润－上缴费用－每月必要费用扣减合计

＝150 000－30 000－3 500 ×12＝78 000(元)

该承包人 2015 年应缴纳个人所得税为

78 000 ×30%－9750＝13 650(元)

5.4.4 劳务报酬所得应纳税额的计算

对劳务报酬所得，其个人所得税应纳税额的计算公式为：

1. 每次收入不足 4000 元的

应纳税额＝应纳税所得额×适用税率

或　应纳税额＝(每次收入额－800)×20%

2. 每次收入在 4 000 元以上的

应纳税额＝应纳税所得额×适用税率

或　应纳税额＝ 每次收入额×(1－20%)×20%

3. 每次收入的应纳税所得额超过 20 000 元的

应纳税额＝应纳税所得额×适用税率－速算扣除数

或　应纳税额＝ 每次收入额×(1－20%)×适用税率－速算扣除数

劳务报酬所得适用的速算扣除数见表 5－5。

表 5－5　劳务报酬所得的速算扣除数表

级数	每次应纳税所得额	税率(%)	速算扣除数(元)
1	不超过 20 000 元的部分	20	0
2	超过 20 000 ～ 50 000 元的部分	30	2000
3	超过 50 000 元的部分	40	7000

例 5－5 歌星刘某一次取得表演收入 40 000 元，扣除 20% 的费用后，应纳税所得额为 32 000 元。请计算其应纳个人所得税税额。

解析 应纳税额＝每次收入额×(1－20%)×适用税率－速算扣除数

＝40 000×(1－20%)×30% －2000＝7600(元)

4. 为纳税人代付税款的计算方法

如果单位或个人为纳税人代付税款的，应当将单位或个人支付给纳税人的不含税支付额(或称纳税人取得的不含税收入额)换算为应纳税所得额，然后按规定计算应代付的个人所得税款。计算公式为：

(1)不含税收入额不超过 3360 元的：

应纳税所得额 =（不含税收入额 - 800）÷（1 - 税率） ①

应纳税额 = 应纳税所得额 × 适用税率 ②

(2)不含税收入额超过3360元的：

应纳税所得额 =［(不含税收入额 - 速算扣除数)×(1 - 20%)］÷［1 - 税率 ×(1 - 20%)］ ③

或 应纳税所得额 =［(不含税收入额 - 速算扣除数)×(1 - 20%)］÷当级换算系数

应纳税额 = 应纳税所得额 × 适用税率 - 速算扣除数 ④

公式中①、③的税率是指不含税劳务报酬收入所对应的税率；公式②、④中的适用税率是指应纳税所得额按含税级距所对应的税率(见表5-6)。

表5-6 含税劳务报酬收入适用税率表

级数	不含税劳务报酬收入	税率(%)	速算扣除数(元)	换算系数(%)
1	未超过3360元的部分	20	0	无
2	超过3360～21 000元的部分	20	0	84
3	超过21000～49 500元的部分	30	2000	76
4	超过49 500元的部分	40	7000	68

例5-6 高级工程师赵某为泰华公司进行一项工程设计，按照合同规定，公司应支付赵某劳务报酬48 000元，与其报酬相关的个人所得税由公司代付。不考虑其他税收的情况下，计算公司应代付的个人所得税税额。

解析 代付个人所得税的应纳税所得额为

［(48 000 - 2000)×(1 - 20%)］÷76% = 48 421.05(元)

公司应代付个人所得税为

48 421.05 × 30% - 2000 = 12 526.32(元)

5.4.5 稿酬所得应纳税额的计算

稿酬所得应纳税额的计算公式为：

1. 每次收入不足4000元的

应纳税额 = 应纳税所得额 × 适用税率 ×(1 - 30%)

或 应纳税额 =(每次收入额 - 800)× 20% ×(1 - 30%)

2. 每次收入在4000元以上的

应纳税额 = 应纳税所得额 × 适用税率 ×(1 - 30%)

或 应纳税额 = 每次收入额 ×(1 - 20%)× 20% ×(1 - 30%)

例5-7 某作家取得一次未扣除个人所得税的稿酬收入20 000元，请计算其应缴纳的个人所得税税额。

解析 应纳税额 = 应纳税所得额 × 适用税率 ×(1 - 30%)

= 20 000 ×(1 - 20%)× 20% ×(1 - 30%)= 2240(元)

5.4.6 特许权使用费所得应纳税额的计算

特许权使用费所得应纳税额的计算公式为：

1. 每次收入不足4000元的

应纳税额＝应纳税所得额×适用税率＝(每次收入额－800)×20%

2. 每次收入在4000元以上的

应纳税额＝应纳税所得额×适用税率＝每次收入额×(1－20%)×20%

5.4.7 利息、股息、红利所得应纳税额的计算

利息、股息、红利所得应纳税额的计算公式为：

应纳税额＝应纳税所得额×适用税率＝每次收入额×20%

5.4.8 财产租赁所得应纳税额的计算

1. 财产租赁应纳税所得额

财产租赁所得一般以个人每次取得的收入，定额或定率减除规定费用后的余额为应纳税所得额。每次收入不超过4000元，定额减除费用800元；每次收入在4000元以上，定率减除20%的费用。财产租赁所得以1个月内取得的收入为一次。

应纳税额的计算公式为：

(1)每次(月)收入不超过4000元的：

应纳税所得额＝每次(月)收入额－准予扣除的项目－修缮费用(以800元为限)－800元

(2)每次(月)收入超过4000元的：

应纳税所得额＝[每次(月)收入额－准予扣除的项目－修缮费用(以800元为限)]×(1－20%)

2. 房屋转租收入应纳税所得额

个人将承租房屋租赁转租取得的租金收入属于个人所得税应税所得，应按“财产租赁所得”项目计算缴纳个人所得税。

具体规定为：

(1)取得转租收入的个人向房屋出租方支付的租金，凭房屋租赁合同和合法支付凭据允许在计算个人所得税时从该项转租收入中扣除。

(2)有关财产租赁所得个人所得税前扣除税费的扣除次序调整为：

①财产租赁过程中缴纳的税费。

②向出租方支付的租金。

③由纳税人负担的租赁财产实际开支的修缮费用。

④税法规定的费用扣除标准。

3. 应纳税额的计算方法

财产租赁所得适用20%的比例税率。但对个人按市场价格出租的居民住房取得的所得，自2001年1月1日起暂减按10%的税率征收个人所得税。其应纳税额的计算公式为：

应纳税额=应纳税所得额×适用税率

例5-8 刘某与2015年1月将其自有的面积为150平方米的公寓按市场价出租给张某居住。刘某每月取得租金收入2500元，全年租金收入30 000元，计算刘某全年租金收入应缴纳的个人所得税。

解析 每月应纳税额为 (2500-800)×10%=170(元)

全年应纳税额为 170×12=2040(元)

5.4.9 偶然所得应纳税额的计算

偶然所得应纳税额的计算公式为：

应纳税额=应纳税所得额×适用税率

=每次收入额×20%

例5-9 陈某在参加商场的有奖销售过程中，中奖所得共计价值20 000元。陈某领奖时告知商场，从中奖收入中拿出4000元通过教育部门向某希望小学捐赠。请按照规定计算商场代扣代缴个人所得税后陈某实际可得中奖金额。

解析 根据税法有关规定，陈某的捐赠额可以全部从应纳税所得额中扣除(因为4000÷20 000=20%，小于捐赠扣除比例30%)。

应纳税所得额=偶然所得-捐赠额

=20 000-4000=16 000(元)

应纳税额(即商场代扣税款)=应纳税所得额×适用税率

=16 000×20% =3200(元)

陈某实际可得金额为20 000-4000-3200= 12 800(元)

5.4.10 其他所得应纳税额的计算

其他所得应纳税额的计算公式为：

应纳税额=应纳税所得额×适用税率

=每次收入额×20%

5.4.11 应纳税额计算中的特殊问题

1. 对个人取得全年一次性奖金等计算征收个人所得税的方法

全年一次性奖金是指行政机关、企事业单位等扣缴义务人根据其全年经济效益和对雇员全年工作业绩的综合考核情况，向雇员发放的一次性奖金。一次性奖金也包括年终加薪、实行年薪制和绩效工资办法的单位根据考核情况兑现的年薪和绩效工资。

纳税人取得全年一次性奖金，单独作为1个月工资、薪金所得计算纳税，自2005年1月1日起按以下计税办法，由扣缴义务人发放时代扣代缴：

(1)先将雇员当月内取得的全年一次性奖金，除以12个月，按其商数确定适用税率和速算扣除数。

如果在发放年终一次性奖金的当月，雇员当月工资薪金所得低于税法规定的费用扣除额，应将全年一次性奖金减除“雇员当月工资薪金所得与费用扣除额的差额”后的余额，按上述办法确定全年一次性奖金的适用税率和速算扣除数。

(2)将雇员个人当月内取得的全年一次性奖金，按上述第(1)条确定的适用税率和速算扣除数计算征税，计算公式如下：

①如果雇员当月工资薪金所得高于(或等于)税法规定的费用扣除额的，适用公式为：

应纳税额＝雇员当月取得全年一次性奖金×适用税率－速算扣除数

②如果雇员当月工资薪金所得低于税法规定的费用扣除额的，适用公式为：

应纳税额＝(雇员当月取得全年一次性奖金－雇员当月工资薪金所得与费用扣除额的差额)×适用税率－速算扣除数

(3)在一个纳税年度内，对每一个纳税人，该计税办法只允许采用一次。

(4)实行年薪制和绩效工资的单位，个人取得年终兑现的年薪和绩效工资按上述第(2)条、第(3)条规定执行。

(5)雇员取得除全年一次性奖金以外的其他各种名目奖金，如半年奖、季度奖、加班奖、先进奖、考勤奖等，一律与当月工资、薪金收入合并，按税法规定缴纳个人所得税。

(6)对无住所个人取得上述第5条所述的各种名目奖金，如果该个人当月在我国境内没有纳税义务，或者该个人由于出入境原因导致当月在我国工作时间不满1个月的，仍按照《国家税务总局关于在我国境内无住所的个人取得奖金征税问题的通知》(国税发〔1996〕183号)计算纳税。

例5－10 假定中国公民李某2015年在我国境内1～12月每月的工资为3800元，12月31日又一次性领取年终含税奖金60 000元。请计算李某取得年终奖金应缴纳的个人所得税(速算扣除数见表5－1)。

解析 (1)年终奖金适用的税率和速算扣除数为：按12个月分摊后，每月的奖金为60 000÷12＝5000(元)，根据工资、薪金七级超额累进税率的规定，适用的税率和速算扣除数分别为20%、555元。

(2)年终奖应缴纳个人所得税为

应纳税额＝年终奖金收入×适用的税率－速算扣除数
＝60 000×20%－555
＝12 000－555
＝11 445(元)

2. *雇主为雇员承担全年一次性奖金部分个人所得税的计算方法*

1)雇主为雇员负担全年一次性奖金部分个人所得税款属于雇员额外增加的收入，应将雇主负担的这部分税款并入雇员的全年一次性奖金，换算为应纳税所得额后，按照规定方法计征个人所得税。

2)将不含税全年一次性奖金换算为应纳税所得额的计算方法。

(1)雇主为雇员定额负担税款的计算公式为：

应纳税所得额＝雇员取得的全年一次性奖金＋雇主替雇员定额负担的税款－当月工资薪金低于费用扣除标准的差额

(2)雇主为雇员按一定比例负担税款的计算公。

①查找不含税全年一次性奖金的适用税率和速算扣除数。未含雇主负担税款的全年一次性奖金收入÷12，根据其商数找出不含税级距对应的适用税率A和速算扣除数A。

②计算含税全年一次性奖金。

应纳税所得额=(未含雇主负担税款的全年一次性奖金收入-当月工资薪金低于费用扣除标准的差额-不含税级距的速算扣除数A×雇主负担比例)÷(1-不含税级距的适用税率A×雇主负担比例)

3)对上述应纳税所得额，扣缴义务人应按照国税发〔2005〕9号文件规定的方法计算应扣缴税款。即将应纳税所得额除以12，根据其商数找出对应的适用税率B和速算扣除数B，据以计算税款。计算公式为

应纳税额=应纳税所得额×适用税率B-速算扣除数B

实际缴纳税额=应纳税额-雇主为雇员负担的税额

4)雇主为雇员负担的个人所得税款应属于个人工资薪金的一部分。凡单独作为企业管理费列支的，在计算企业所得税时不得税前扣除。

3. 对在中国境内无住所的个人一次取得数月奖金或年终加薪、劳动分红(以下简称“奖金”，不包括应按月支付的奖金)的计税方法

对在中国境内无住所的个人取得的奖金，可单独作为1个月的工资、薪金所得计算纳税。由于对每月的工资、薪金所得计税时已按月扣除了费用，因此，对上述奖金不再减除费用，全额作为应纳税所得额直接按适用税率计算应纳税款，并且不再按居住天数进行划分计算。上述个人应在取得奖金月份的次月7日内申报纳税。但有一种特殊情况，即在中国境内无住所的个人在担任境外企业职务的同时，兼任该外国企业在华机构的职务，但并不实际或不经常到华履行该在华机构职务，对其一次取得的数月奖金中属于全月未在华的月份奖金，依照劳务发生地原则，可不作为来源于中国境内的奖金收入计算纳税。对其取得的有到华工作天数的各月份奖金，应全额依照上述方法计算。

4. 企事业单位将自建住房以低于购置或建造成本价格销售给职工的个人所得税的征税规定

(1)根据住房制度改革政策的有关规定，国家机关、企事业单位及其他组织(以下简称“单位”)在住房制度改革期间，按照所在地县级以上人民政府规定的房改成本价格向职工出售公有住房，职工因支付的房改成本价格低于房屋建造成本价格或市场价格而取得的差价收益，免征个人所得税。

(2)除上述符合规定的情形外，根据《中华人民共和国个人所得税法》及其实施条例的有关规定，单位按低于购置或建造成本价格出售住房给职工，职工因此而少支出的差价部分，属于个人所得税应税所得，应按照“工资、薪金所得”项目缴纳个人所得税。其中“差价部分”，是指职工实际支付的购房价款低于该房屋的购置或建造成本价格的差额。

(3)对职工取得的上述应税所得比照《国家税务总局关于调整个人取得全年一次性奖金等计算征收个人所得税方法问题的通知》(国税发〔2005〕9号)规定的全年一次性奖金的征税办法计算征收个人所得税。此前未征税款不再追征，已征税款不予退还。

5. 公司雇员以非上市公司股票期权形式取得的工资、薪金所得的征税方法

公司雇员以非上市公司股票期权形式取得的工资、薪金所得，在计算缴纳个人所得税时，因一次收入较多，可比照全年一次性奖金的征税办法，计算征收个人所得税。

公司雇员以非上市公司股票期权形式取得所得的纳税义务发生时间，按雇员的实际购买日确定，其所得额为其从公司取得非上市公司股票的实际购买价低于购买日该股票价值的差额。

由于非上市公司股票没有可参考的市场价格，为便于操作，除存在实际或约定的交易价格，或存在与该非上市股票具有可比性的相同或类似股票的实际交易价格情形外，购买日股票价值可暂按其境外非上市母公司上一年度经中介机构审计的会计报告中每股净资产数额来确定。

6. 特定行业职工取得的工资、薪金所得的计税方法

为了照顾采掘业、远洋运输业、远洋捕捞业因季节、产量等因素的影响，职工的工资、薪金收入呈现较大幅度波动的实际情况，对这三个特定行业的职工取得的工资、薪金所得可按月预缴，年度终了后30日内，合计其全年工资、薪金所得，再按12个月平均并计算实际应纳的税款，多退少补。用公式表示为：

应纳所得税额 = [(全年工资、薪金收入 ÷ 12 − 费用扣除标准) × 税率 − 速算扣除数] × 12

7. 关于个人取得公务交通、通信补贴收入的征税问题

个人因公务用车和通信制度改革而取得的公务用车、通信补贴收入，扣除一定标准的公务费用后，按照“工资、薪金所得”项目计征个人所得税。按月发放的，并入当月“工资、薪金所得”计征个人所得税；不按月发放的，分解到所属月份并与该月份“工资、薪金所得”合并后计征个人所得税。

公务费用扣除标准由省级地方税务局根据纳税人公务交通、通信费用实际发生情况调查测算，报经省级人民政府批准后确定，并报国家税务总局备案。

8. 关于保险费(金)征税问题

城镇企业事业单位及其职工个人按照《失业保险条例》规定的比例实际缴付的失业保险费均不计入职工个人当期工资、薪金收入，免予征收个人所得税；超过《失业保险条例》规定的比例缴付失业保险费的，应将其超过规定比例缴付的部分计入职工个人当期的工资、薪金收入，依法计征个人所得税。具备《失业保险条例》规定条件的失业人员领取的失业保险金免予征收个人所得税。

企业为员工支付各项免税之外的保险金，应在企业向保险公司缴付时(即该保险落到被保险人的保险账户)并入员工当期的工资收入，按“工资、薪金所得”项目计征个人所得税，税款由企业负责代扣代缴。

9. 在外商投资企业、外国企业和外国驻华机构工作的中方人员取得的工资、薪金所得的征税问题

(1)在外商投资企业、外国企业和外国驻华机构工作的中方人员取得的工资、薪金收入，凡是由雇用单位和派遣单位分别支付的，支付单位应按税法规定代扣代缴个人所得税。同时，按税法规定，纳税义务人应以每月全部工资、薪金收入减除规定费用后的余额为应纳税所得额。为了有利于征管，对雇用单位和派遣单位分别支付工资、薪金

的，采取由支付者中的一方减除费用的方法，即只由雇用单位在支付工资、薪金时，按税法规定减除费用，计算扣缴个人所得税；派遣单位支付的工资、薪金不再减除费用，以支付金额直接确定适用税率，计算扣缴个人所得税。

上述纳税义务人应持两处支付单位提供的原始明细工资、薪金单(书)和完税凭证原件，选择并固定到一地税务机关申报每月工资、薪金收入，汇算清缴其工资、薪金收入的个人所得税，多退少补。具体申报期限，由各省、自治区、直辖市税务机关确定。

例5－11 王某为一外商投资企业雇用的中方人员，假定2015年1月该外商投资企业支付给王某的薪金为7500元，同月王某还收到其所在的派遣单位发给的工资3900元。请问该外商投资企业、派遣单位应如何扣缴个人所得税？王某实际应缴的个人所得税为多少？

解析 (1)外商投资企业应为王某扣缴的个人所得税为

扣缴税额＝(每月收入额－3500)×适用税率－速算扣除数

＝(7500－3500)×10%－105＝295(元)

(2)派遣单位应为王某扣缴的个人所得税为

扣缴税额＝每月收入额×适用税率－速算扣除数

＝3900×10%－105＝285(元)

(3)王某实际应缴的个人所得税为

应纳税额＝(每月收入额－3500)×适用税率－速算扣除数

＝(7500＋3900－3500)×20%－555＝1025(元)

因此，在王某到某税务机关申报时，还应补缴445元(1025－295－285)。

(2)对外商投资企业、外国企业和外国驻华机构发放给中方工作人员的工资、薪金所得应全额征税。但对可以提供有效合同或有关凭证，能够证明其工资、薪金所得的一部分按照有关规定上缴派遣(介绍)单位的，可扣除其实际上缴的部分，按其余额计征个人所得税。

10. 在中国境内无住所的个人取得工资薪金所得的征税问题

依照《个人所得税法》及其实施条例和我国对外签订的避免双重征税协定(以下简称“税收协定”)的有关规定，对在中国境内无住所的个人由于在中国境内公司、企业、经济组织(以下简称“中国境内企业”)或外国企业在中国境内设立的机构、场所以及税收协定所说常设机构(以下简称“中国境内机构”)担任职务，或者由于受雇或履行合同而在中国境内从事工作，取得的工资、薪金所得应分别不同情况确定。

(1)关于工资、薪金所得来源地的确定。根据规定，属于来源于中国境内的工资薪金所得应为个人实际在中国境内工作期间取得的工资、薪金，即个人实际在中国境内工作期间取得的工资、薪金，不论是由中国境内还是境外企业或个人雇主支付，均属来源于中国境内的所得；个人实际在中国境外工作期间取得的工资、薪金，不论是由中国境内还是境外企业或个人雇主支付，均属来源于中国境外的所得。

(2)关于在中国境内无住所而在一个纳税年度中在中国境内连续或累计居住不超过90日或在税收协定规定的期间在中国境内连续或累计居住不超过183日的个人纳税义务的确定。

根据有关规定，在中国境内无住所而在一个纳税年度中在中国境内连续或累计工作不超过90日或在税收协定规定的期间在中国境内连续或累计居住不超过183日的个人，由中国境外雇主支付并且不是由该雇主的中国境内机构负担的工资、薪金，免于申报缴纳个人所得税。对前述个人应仅就其实际在中国境内工作期间由中国境内企业或个人雇主支付或者由中国境内机构负担的工资、薪金所得申报纳税。凡是该中国境内企业、机构属于采取核定利润方法计征企业所得税或没有营业收入而不征收企业所得税的，在该中国境内企业、机构任职、受雇的个人实际在中国境内工作期间取得的工资、薪金，不论是否在该中国境内企业、机构会计账簿中有记载，均应视为该中国境内企业支付或由该中国境内机构负担的工资、薪金。

自2004年7月1日起，在中国境内无住所而在一个纳税年度中在中国境内连续或累计居住不超过90日或在税收协定规定的期间在中国境内连续或累计居住不超过183日的个人，负有纳税义务的，应适用下述公式：

应纳税额 =（当月境内外工资、薪金应纳税所得额 × 适用税率 − 速算扣除数）× 当月境内支付工资 ÷ 当月境内外支付工资总额 × 当月境内工作天数 ÷ 当月天数

上述个人每月应纳的税款应按税法规定的期限申报缴纳。

（3）关于在中国境内无住所而在一个纳税年度中在中国境内连续或累计居住超过90日，或在税收协定规定的期间在中国境内连续或累计居住超过183日但不满1年的个人纳税义务的确定。

根据有关规定，在中国境内无住所而在一个纳税年度中在中国境内连续或累计工作超过90日或在税收协定规定的期间在中国境内连续或累计居住超过183日但不满1年的个人，其实际在中国境内工作期间取得的由中国境内企业或个人雇主支付和由境外企业或个人雇主支付的工资薪金所得，均应申报缴纳个人所得税；其在中国境外工作期间取得的工资、薪金所得，除担任中国境内企业董事或高层管理人员的个人外，不予征收个人所得税。

自2004年7月1日起，在中国境内无住所而在一个纳税年度中在中国境内连续或累计居住超过90日，或在税收协定规定的期间在中国境内连续或累计居住超过183日但不满1年的个人，负有纳税义务的，应适用下述公式：

应纳税额 =（当月境内外工资、薪金应纳税所得额 × 适用税率 − 速算扣除数）× 当月境内工作天数 ÷ 当月天数

上述个人每月应纳的税款应按规定的期限申报缴纳。其中，取得的工资、薪金所得是由境外雇主支付并且不是由中国境内机构负担的个人，事先可预定在一个纳税年度连续或累计居住超过90日或在税收协定规定的期间连续或累计居住超过183日的，其每月应纳的税款应按规定期限申报纳税；对事先不能预定在一个纳税年度或税收协定规定的有关期间连续或累计居住超过90日或183日的，可以待达到90日或183日后的次月7日内，就其以前月份应纳的税款一并申报缴纳。

（4）自2004年7月1日起，在中国境内无住所但在境内居住满1年而不超过5年的个人，其在中国境内工作期间取得的由中国境内企业或个人雇主支付和由中国境外企业

或个人雇主支付的工资、薪金，均应申报缴纳个人所得税；其在《个人所得税法实施条例》第三条所说临时离境工作期间的工资薪金所得，仅就由中国境内企业或个人雇主支付的部分申报纳税，凡是中国境内企业、机构属于采取核定利润方法计征企业所得税或没有营业收入而不征收企业所得税的，在中国境内企业、机构任职、受雇的个人取得的工资、薪金，不论是否在中国境内企业、机构会计账簿中有记载，均应视为由其任职的中国境内企业、机构支付。

上述个人在1个月中既有在中国境内工作期间的工资、薪金所得，也有在临时离境期间由境内企业或个人雇主支付的工资、薪金所得的，应合并计算当月应纳税款，并按税法规定的期限申报缴纳。在中国境内无住所但在境内居住满1年而不超过5年的个人，负有纳税义务的应适用下述公式：

应纳税额 =（当月境内外工资、薪金应纳税所得额 × 适用税率 − 速算扣除数）×（1 − 当月境外支付工资 ÷ 当月境内外支付工资总额 × 当月境外工作天数 ÷ 当月天数）

如果上款所述各类个人取得的是日工资、薪金或者不满1个月工资、薪金，仍应以日工资、薪金乘以当月天数换算成月工资、薪金后，按照上述公式计算其应纳税额。

(5) 中国境内企业董事、高层管理人员纳税义务的确定。担任中国境内企业董事或高管职务的个人（指公司正、副（总）经理、各职能技师、总监及其他类似公司管理层的职务），其取得的由该中国境内企业支付的董事费或工资薪金，不适用前述第(2)、(3)项的规定，而应自其担任该中国境内企业董事或高层管理职务起，至其解除上述职务止的期间，不论其是否在中国境外履行职务，均应申报缴纳个人所得税；其取得的由中国境外企业支付的工资、薪金应依照前述规定确定纳税义务。

(6) 不满1个月的工资、薪金所得应纳税款的计算。属于前述情况中的个人，凡应仅就不满1个月期间的工资、薪金所得申报纳税的，均应按全月工资、薪金所得计算实际应纳税额。其计算公式如下：

应纳税额 =（当月工资、薪金应纳税所得额 × 适用税率 − 速算扣除数）× 当月实际在中国天数 ÷ 当月天数

如果属于上述情况的个人取得的是日工资、薪金，应以日工资、薪金乘以当月天数换算成月工资、薪金后，按上述公式计算应纳税额。

(7) 在中国境内无住所，但居住超过5年的个人，从第6年起，应当就其来源于中国境外的全部所得缴纳个人所得税。

①关于5年期限的具体计算。个人在中国境内居住满5年是指个人在中国境内连续居住满5年，即在连续5年中的每一纳税年度内均居住满1年。

②关于个人在华居住满5年以后纳税义务的确定。个人在中国境内居住满5年后，从第6年起的以后各年度中，凡在境内居住满1年的，应当就其来源于境内、境外的所得申报纳税；凡在境内居住不满1年的，则仅就该年内来源于境内的所得申报纳税。如该个人在第6年起以后的某一纳税年度内在境内居住不足90天，可以按“来源于中国境内的所得，由境外雇主支付并且不由该雇主在中国境内的机构、场所负担的部分，免予缴纳个人所得税”规定确定纳税义务，并从再次居住满1年的年度起重新计算5年期限。

例5－12 某外籍个人（其所属国与中国签订税收协定）在2015年1月1日起担任

中国境内某外商投资企业的副总经理，由该企业每月支付其工资20000元，同时，该企业外方的境外总机构每月也支付其工资4000美元。其大部分时间是在境外履行职务，2015年来华工作时间累计为180天。根据规定，其2015年度在我国的纳税义务确定为：

(1)由于其属于企业的高层管理人员，根据规定，该人员于2015年1月1日起至12月31日在华任职期间，由该企业支付的每月20 000元工资、薪金所得应按月依照税法规定的期限申报缴纳个人所得税。

(2)由于其2015年来华工作时间未超过183天，根据税收协定的规定，其境外雇主支付的工资、薪金所得，在我国可免予申报纳税(如果该个人属于与我国未签订税收协定国家的居民或港、澳、台地区的居民，则其由境外雇主按每月4000美元标准支付的工资、薪金，凡属于在中国境内180天工作期间取得的部分，应与中国境内企业每月支付的20 000元工资合并计算缴纳个人所得税)。

11. 两个以上的纳税人共同取得同一项所得的计税问题

两个或两个以上的纳税义务人共同取得同一项所得的(如共同写作一部著作而取得稿酬所得)，可以对每个人分得的收入分别减除费用，并计算各自应纳的税款。

12. 关于个人取得退职费收入征免个人所得税问题

《个人所得税法》第四条七款所说的可以免征个人所得税的“退职费”是指个人符合《国务院关于工人退休、退职的暂行办法》(国发〔1978〕104号)规定的退职条件并按该办法规定的退职费标准所领取的退职费。

个人取得的不符合上述办法规定的退职条件和退职费标准的退职费收入，应属于与其任职、受雇活动有关的工资、薪金性质的所得，应在取得的当月按工资、薪金所得计算缴纳个人所得税。但考虑到作为雇主给予退职人员经济补偿的退职费通常为一次性发给，且数额较大，以及退职人员有可能在一段时间内没有固定收入等实际情况，依照《个人所得税法》有关工资、薪金所得计算征税的规定，对退职人员一次取得较高退职费收入的，可视为其一次取得数月的工资、薪金收入，并以原每月工资、薪金收入总额为标准，划分为若干月份的工资、薪金收入后，计算个人所得税的应纳税所得额及税额。但按上述方法划分超过了6个月工资、薪金收入的，应按6个月平均划分计算。个人取得全部退职费收入的应纳税款，应由其原雇主在支付退职费时负责代扣，于次月7日内缴入国库。个人退职后6个月内又再次任职、受雇的，对个人已缴纳个人所得税的退职费收入不再与再次任职、受雇取得的工资、薪金所得合并计算补缴个人所得税。

13. 对个人因解除劳动合同取得经济补偿金的征税方法

根据《财政部国家税务总局关于个人与用人单位解除劳动关系取得的一次性补偿收入征免个人所得税问题的通知》(财税〔2001〕157号)和《国家税务总局关于国有企业职工因解除劳动合同取得一次性补偿收入征免个人所得税问题的通知》(国税发〔2000〕77号)精神，自2001年10月1日起，按以下规定处理。

企业依照国家有关法律规定宣告破产，企业职工从该破产企业取得的一次性安置费收入免征个人所得税。个人因与用人单位解除劳动关系而取得的一次性补偿收入(包括用人单位发放的经济补偿金、生活补助费和其他补助费用)，其收入在当地上年职工平均工资3倍数额以内的部分，免征个人所得税；超过3倍数额部分的一次性补偿收入可视为一次取得数月的工资、薪金收入，允许在一定期限内平均计算。方法为：以超过3倍数额部分的一次性补偿收入，除以个人在本企业的工作年限数(超过12年的按12年计算)，以其商数作为个人的月工资、薪金收入，按照税法规定计算缴纳个人所得税。个人在解除劳动合同后又再次任职、受雇的，已纳税的一次性补偿收入不再与再次任职、受雇的工资薪金所得合并计算补缴个人所得税。

个人领取一次性补偿收入时按照国家和地方政府规定的比例实际缴纳的住房公积金、医疗保险费、基本养老保险费、失业保险费，可以在计征其一次性补偿收入的个人所得税时予以扣除。

14. 关于企业减员增效和行政事业单位、社会团体在机构改革过程中实行内部退养办法人员取得收入的征税问题

实行内部退养的个人在其办理内部退养手续后至法定离退休年龄之间从原任职单位取得的工资、薪金，不属于离退休工资，应按"工资、薪金所得"项目计征个人所得税。

个人在办理内部退养手续后从原任职单位取得的一次性收入，应按办理内部退养手续后至法定离退休年龄之间的所属月份进行平均，并与领取当月的"工资、薪金"所得合并后减除当月费用扣除标准，以余额为基数确定适用税率，再将当月工资、薪金加上取得的一次性收入，减去费用扣除标准，按适用税率计征个人所得税。

个人在办理内部退养手续后到离退休年龄之间重新就业取得的"工资、薪金"所得，应与其从原任职单位取得的月份的"工资、薪金"所得合并，并依法自行向主管税务机关申报缴纳个人所得税。

15. 个人提前退休取得补贴收入征收个人所得税的规定

自2011年1月1日起，个人提前退休取得一次性补贴收入征收个人所得税按以下规定执行。

机关、企事业单位对未达到法定退休年龄、正式办理提前退休手续的个人，按照统一标准向提前退休工作人员支付一次性补贴，不属于免税的离退休工资收入应按照"工资、薪金所得"项目征收个人所得税。

个人因办理提前退休手续而取得的一次性补贴收入应按照办理提前退休手续至法定退休年龄之间所属月份平均分摊计算个人所得税。计税公式：

应纳税额 =［(一次性补贴收入 ÷ 办理提前退休手续至法定退休年龄的实际月份数 - 费用扣除标准) × 适用税率 - 速算扣除数］× 提前办理退休手续至法定退休年龄的实际月份数

16. 个人取得拍卖收入征收个人所得税

(1)自2007年5月1日起，个人通过拍卖市场拍卖个人财产，对其取得所得按以下规定征税：

①作者将自己的文字作品手稿原件或复印件拍卖取得的所得，应以其转让收入额减除800元(转让收入额4000元以下)或者20%(转让收入额4000元以上)后的余额为应纳税所得额，按照"特许权使用费"所得项目适用20%税率缴纳个人所得税。

②个人拍卖除文字作品原稿及复印件外的其他财产，应以其转让收入额减除财产原值和合理费用后的余额为应纳税所得额，按照"财产转让所得"项目适用20%税率缴纳

个人所得税。

(2)对个人财产拍卖所得征收个人所得税时，以该项财产最终拍卖成交价格为其转让收入额。个人财产拍卖所得适用“财产转让所得”项目计算应纳税所得额时，纳税人凭合法有效凭证(税务机关监制的正式发票、相关境外交易单据或海关报关单据、完税证明等)，从其转让收入额中减除相应的财产原值、拍卖财产过程中缴纳的税金及有关合理费用。

①财产原值是指售出方个人取得该拍卖品的价格(以合法有效凭证为准)。具体为：通过商店、画廊等途径购买的，为购买该拍卖品时实际支付的价款；通过拍卖行拍得的，为拍得该拍卖品实际支付的金额及缴纳的相关税费；通过祖传收藏的，为其收藏该拍卖品而发生的费用；通过赠送取得的，为其受赠该拍卖品时发生的相关税费；通过其他形式取得的，参照以上原则确定财产原值。

②拍卖财产过程中缴纳的税金是指在拍卖财产时纳税人实际缴纳的相关税金及附加。

③有关合理费用是指拍卖财产时纳税人按照规定实际支付的拍卖费(佣金)、鉴定费、评估费、图录费、证书费等费用。

(3)纳税人如不能提供合法、完整、准确的财产原值凭证，不能正确计算财产原值的，按转让收入额的3%征收率计算缴纳个人所得税；拍卖品为经文物部门认定是海外回流文物的，按转让收入额的2%征收率计算缴纳个人所得税。

(4)纳税人的财产原值凭证内容填写不规范，或者一份财产原值凭证包括多件拍卖品且无法确认每件拍卖品一一对应的原值的，不得将其作为扣除财产原值的计算依据，应视为不能提供合法、完整、准确的财产原值凭证，并按上述规定的征收率计算缴纳个人所得税。

(5)纳税人能够提供合法、完整、准确的财产原值凭证，但不能提供有关税费凭证的，不得按征收率计算纳税，应当就财产原值凭证上注明的金额据实扣除，并按照税法规定计算缴纳个人所得税。

(6)个人财产拍卖所得应纳的个人所得税税款，由拍卖单位负责代扣代缴，并按规定向拍卖单位所在地主管税务机关办理纳税申报。

(7)拍卖单位代扣代缴个人财产拍卖所得应纳的个人所得税税款时，应给纳税人填开完税凭证，并详细标明每件拍卖品的名称、拍卖成交价格、扣缴税款额。

(8)主管税务机关应加强对个人财产拍卖所得的税收征管工作，在拍卖单位举行拍卖活动期间派工作人员进入拍卖现场，了解拍卖的有关情况，宣传辅导有关税收政策，审核鉴定原值凭证和费用凭证，督促拍卖单位依法代扣代缴个人所得税。

17. *房屋赠与个人所得税的计算方法*

以下情形的房屋产权无偿赠与，对当事双方不征收个人所得税：

(1)房屋产权所有人将房屋产权无偿赠与配偶、父母、子女、祖父母、外祖父母、孙子女、外孙子女、兄弟姐妹。

(2)房屋产权所有人将房屋产权无偿赠与对其承担直接抚养或者赡养义务的抚养人或者赡养人。

(3)房屋产权所有人死亡，依法取得房屋产权的法定继承人、遗嘱继承人或者受遗赠人。除上述情形以外，房屋产权所有人将房屋产权无偿赠与他人的，受赠人因无偿受赠房屋取得的受赠所得，按照“经国务院财政部门确定征税的其他所得”项目缴纳个人所得税，税率为20%。

对受赠人无偿受赠房屋计征个人所得税时，其应纳税所得额为房地产赠与合同上标明的赠与房屋价值减除赠与过程中受赠人支付的相关税费后的余额。赠与合同标明的房屋价值明显低于市场价格或房地产赠与合同未标明赠与房屋价值的，税务机关可依据受赠房屋的市场评估价格或采取其他合理方式确定受赠人的应纳税所得额。

受赠人转让受赠房屋的，以其转让受赠房屋的收入减除原捐赠人取得该房屋的实际购置成本以及赠与和转让过程中受赠人支付的相关税费后的余额为受赠人的应纳税所得额，依法计征个人所得税。受赠人转让受赠房屋价格明显偏低且无正当理由的，税务机关可以依据该房屋的市场评估价格或其他合理方式确定的价格核定其转让收入。

18. 个人终止投资经营收回款项征收个人所得税的规定

个人因各种原因终止投资、联营、经营合作等行为，从被投资企业或合作项目、被投资企业的其他投资者以及合作项目的经营合作人取得股权转让收入、违约金、补偿金、赔偿金及以其他名目收回的款项等，均属于个人所得税应税收入，应按照“财产转让所得”项目适用的规定计算缴纳个人所得税。

应纳税所得额的计算公式如下：

应纳税所得额 = 个人取得的股权转让收入、违约金、补偿金、赔偿金及以其他名目收回款项合计数 − 原实际出资额(投入额)及相关税费

$$应纳税额 = 应纳税所得额 \times 20\%$$

19. 个人取得有奖发票奖金征免个人所得税

个人取得单张有奖发票奖金所得不超过800元(含800元)的，暂免征收个人所得税；个人取得单张有奖发票奖金所得超过800元的，应全额按照《个人所得税法》规定的“偶然所得”项目征收个人所得税。税务机关或其指定的有奖发票兑奖机构是有奖发票奖金所得个人所得税的扣缴义务人，应依法认真做好个人所得税代扣代缴工作。

20. 企业向个人支付不竞争款项征收个人所得税

不竞争款项是指资产购买方企业与资产出售方企业自然人股东之间在资产购买交易中，通过签订保密和不竞争协议等方式，约定资产出售方企业自然人股东在交易完成后一定期限内，承诺不从事有市场竞争的相关业务，并负有相关技术资料的保密义务；资产购买方企业则在约定期限内，按一定方式向资产出售方企业自然人股东所支付的款项。

鉴于资产购买方企业向个人支付的不竞争款项属于个人因偶然因素取得的一次性所得，为此，资产出售方企业自然人股东取得的所得应按照“偶然所得”项目计算缴纳个人所得税，税款由资产购买方企业在向资产出售方企业自然人股东支付不竞争款项时代扣代缴。

21. 企业促销展业赠送礼品个人所得税的规定

自2011年6月9日起，企业和单位(包括企业、事业单位、社会团体、个人独资企

业、合伙企业和个体工商户等，以下简称“企业”）在营销活动中以折扣折让、赠品、抽奖等方式，向个人赠送现金、消费券、物品、服务等（以下简称“礼品”）有关个人所得税的具体规定如下：

（1）企业在销售商品（产品）和提供服务过程中向个人赠送礼品，属于下列情形之一的，不征收个人所得税。

①企业通过价格折扣、折让方式向个人销售商品（产品）和提供服务。

②企业在向个人销售商品（产品）和提供服务的同时给予赠品，如通信企业对个人购买手机赠话费、入网费，或者购话费赠手机等。

③企业对累积消费达到一定额度的个人按消费积分反馈礼品。

（2）企业向个人赠送礼品，属于下列情形之一的，取得该项所得的个人应依法缴纳个人所得税，税款由赠送礼品的企业代扣代缴。

①企业在业务宣传、广告等活动中，随机向本单位以外的个人赠送礼品，对个人取得的礼品所得，按照“其他所得”项目，全额适用20%的税率缴纳个人所得税。

②企业在年会、座谈会、庆典以及其他活动中向本单位以外的个人赠送礼品，对个人取得的礼品所得，按照其他所得项目全额适用20%的税率缴纳个人所得税。

③企业对累积消费达到一定额度的顾客，给予额外抽奖机会，个人的获奖所得，按照偶然所得项目，全额适用20%的税率缴纳个人所得税。

（3）企业赠送的礼品是自产产品（服务）的，按该产品（服务）的市场销售价格确定个人的应税所得；是外购商品（服务）的，按该商品（服务）的实际购置价格确定个人的应税所得。

22. 企业为股东个人购买汽车个人所得税的征税方法

（1）企业为股东购买车辆并将车辆所有权办到股东个人名下，其实质为企业对股东进行了红利性质的实物分配，应按照“利息、股息、红利所得”项目征收个人所得税。考虑到该股东个人名下的车辆同时也为企业经营使用的实际情况，允许合理减除部分所得；减除的具体数额由主管税务机关根据车辆的实际使用情况合理确定。

（2）依据《中华人民共和国企业所得税暂行条例》以及有关规定，上述企业为个人股东购买的车辆不属于企业的资产，不得在企业所得税前扣除折旧。

23. 企业资金为个人购房个人所得税的征税方法

个人取得以下情形的房屋或其他财产，不论所有权人是否将财产无偿或有偿交付企业使用，其实质均为企业对个人进行了实物性质的分配，应依法计征个人所得税。

（1）企业出资购买房屋及其他财产，将所有权登记为投资者个人、投资者家庭成员或企业其他人员的。

（2）企业投资者个人、投资者家庭成员或企业其他人员向企业借款用于购买房屋及其他财产，将所有权登记为投资者、投资者家庭成员或企业其他人员，且借款年度终了后未归还借款的。

对个人独资企业、合伙企业的个人投资者或其家庭成员取得的上述所得，视为企业对个人投资者的利润分配，按照“个体工商户的生产、经营所得”项目计征个人所得税；对除个人独资企业、合伙企业以外其他企业的个人投资者或其家庭成员取得的上述所得，视为企业对个人投资者的红利分配，按照“利息、股息、红利”所得项目计征个人所得税；对企业其他人员取得的上述所得，按照“工资、薪金”所得项目计征个人所得税。

5.5 税收优惠

《个人所得税法》及其实施条例以及财政部、国家税务总局的若干规定等，都对以下个人所得项目给予了减税免税的优惠。

5.5.1 免征个人所得税的优惠

(1)省级人民政府、国务院部委和中国人民解放军军以上单位，以及外国组织颁发的科学、教育、技术、文化、卫生、体育、环境保护等方面的奖金。

(2)国债和国家发行的金融债券利息。国债利息是指个人持有中华人民共和国财政部发行的债券而取得的利息所得以及2009年、2010年和2011年发行的地方政府债券利息所得；国家发行的金融债券利息是指个人持有经国务院批准发行的金融债券而取得的利息所得。

(3)按照国家统一规定发给的补贴、津贴。按照国家统一规定发给的补贴、津贴是指按照国务院规定发给的政府特殊津贴和国务院规定免纳个人所得税的补贴、津贴。

(4)福利费、抚恤金、救济金。福利费是指根据国家有关规定，从企业、事业单位、国家机关、社会团体提留的福利费或者工会经费中支付给个人的生活补助费；救济金是指国家民政部门支付给个人的生活困难补助费。

(5)保险赔款。

(6)军人的转业费、复员费。

(7)按照国家统一规定发给干部、职工的安家费、退职费、退休工资、离休工资、离休生活补助费。

(8)依照我国有关法律规定应予免税的各国驻华使馆、领事馆的外交代表、领事官员和其他人员的所得。

上述“所得”是指依照《中华人民共和国外交特权与豁免条例》和《中华人民共和国领事特权与豁免条例》规定免税的所得。

(9)中国政府参加的国际公约以及签订的协议中规定免税的所得。

(10)对乡、镇(含乡、镇)以上人民政府或经县(含县)以上人民政府主管部门批准成立的有机构、有章程的见义勇为基金或者类似性质组织，奖励见义勇为者的奖金或奖品，经主管税务机关核准，免征个人所得税。

(11)企业和个人按照省级以上人民政府规定的比例提取并缴付的住房公积金、医疗保险金、基本养老保险金、失业保险金，不计入个人当期的工资、薪金收入，免予征收个人所得税。超过规定的比例缴付的部分计征个人所得税。

个人领取原提存的住房公积金、医疗保险金、基本养老保险金时，免予征收个人所得税。

(12)对个人取得的教育储蓄存款利息所得以及国务院财政部门确定的其他专项储蓄存款或者储蓄性专项基金存款的利息所得免征个人所得税。

(13)储蓄机构内从事代扣代缴工作的办税人员取得的扣缴利息税手续费所得免征个人所得税。

(14)生育妇女按照县级以上人民政府根据国家有关规定制定的生育保险办法，取得的生育津贴、生育医疗费或其他属于生育保险性质的津贴、补贴免征个人所得税。

(15)对工伤职工及其近亲属按照《工伤保险条例》规定取得的工伤保险待遇免征个人所得税。工伤保险待遇包括工伤职工按照该条例规定取得的一次性伤残补助金、伤残津贴、一次性工伤医疗补助金、一次性伤残就业补助金、工伤医疗待遇、住院伙食补助费、外地就医交通食宿费用、工伤康复费用、辅助器具费用、生活护理费等，以及职工因工死亡，其近亲属按照该条例规定取得的丧葬补助金、供养亲属抚恤金和一次性工亡补助金等。

(16)外籍个人以非现金形式或实报实销形式取得的住房补贴、伙食补贴、搬迁费、洗衣费。外籍个人按合理标准取得的境内外出差补贴、探亲费、语言训练费、子女教育费等经当地税务机关审核批准为合理的部分可以享受免征个人所得税的优惠。探亲费仅限于外籍个人在我国的受雇地与其家庭所在地(包括配偶或父母居住地)之间搭乘交通工具，且每年不超过两次的费用。

(17)个人举报、协查各种违法、犯罪行为而获得的奖金。

(18)个人办理代扣代缴税款手续，按规定取得的扣缴手续费。

(19)个人转让自用达5年以上并且是唯一的家庭居住用房取得的所得。

(20)对按《国务院关于高级专家离休退休若干问题的暂行规定》和《国务院办公厅关于杰出高级专家暂缓离休审批问题的通知》精神，达到离休、退休年龄，但确因工作需要，适当延长离休、退休年龄的高级专家，其在延长离休、退休期间的工资、薪金所得，视同退休工资、离休工资，免征个人所得税。

延长离休、退休年龄的高级专家是指：享受国家发放的政府特殊津贴的专家、学者；中国科学院、中国工程院院士。

高级专家延长离休、退休期间取得的工资薪金所得，其免征个人所得税政策口径按下列标准执行：

①对高级专家从其劳动人事关系所在单位取得的，单位按国家有关规定向职工统一发放的工资、薪金、奖金、津贴、补贴等收入，视同离休、退休工资，免征个人所得税。

②除上述第①项所述收入以外各种名目的津补贴收入等，以及高级专家从其劳动人事关系所在单位之外的其他地方取得的培训费、讲课费、顾问费、稿酬等各种收入依法计征个人所得税。

高级专家从两处以上取得应税工资、薪金所得以及具有税法规定应当自行纳税申报的其他情形的，应在税法规定的期限内自行向主管税务机关办理纳税申报。

(21)外籍个人从外商投资企业取得的股息、红利所得。

(22)凡符合下列条件之一的外籍专家取得的工资、薪金所得可免征个人所得税：

①根据世界银行专项贷款协议由世界银行直接派往我国工作的外国专家。

②联合国组织直接派往我国工作的专家。

③为联合国援助项目来华工作的专家。

④援助国派往我国专为该国无偿援助项目工作的专家。

⑤根据两国政府签订文化交流项目来华工作 2 年以内的文教专家，其工资、薪金所得由该国负担的。

⑥根据我国大专院校国际交流项目来华工作 2 年以内的文教专家，其工资、薪金所得由该国负担的。

⑦通过民间科研协定来华工作的专家，其工资、薪金所得由该国政府机构负担的。

(23)股权分置改革中非流通股股东通过对价方式向流通股股东支付的股份、现金等收入，暂免征收流通股股东应缴纳的个人所得税。

(24)对被拆迁人按照国家有关城镇房屋拆迁管理办法规定的标准取得的拆迁补偿款免征个人所得税。

(25)自 2006 年 6 月 1 日起，对保险营销员佣金中的展业成本，免征个人所得税；对佣金中的劳务报酬部分扣除实际缴纳的营业税及附加后，依照税法有关规定计算征收个人所得税。保险营销员的佣金由展业成本和劳务报酬构成，所谓“展业成本”即营销费。根据目前保险营销员展业的实际情况，佣金中展业成本的比例暂定为 40%。

(26)证券经纪人从证券公司取得的佣金收入，应按照“劳务报酬所得”项目缴纳个人所得税。证券经纪人佣金收入由展业成本和劳务报酬构成，对展业成本部分不征收个人所得税，证券经纪人展业成本的比例暂定为每次收入额的 40%。证券经纪人以 1 个月内取得的佣金收入为一次收入，其每次收入先减去实际缴纳的营业税及附加，再减去规定的展业成本，余额按个人所得税法规定计算缴纳个人所得税。

(27)个人从公开发行和转让市场取得的上市公司股票，持股期限超过 1 年的，股息红利所得暂免征收个人所得税。个人从公开发行和转让市场取得的上市公司股票，持股期限在 1 个月以内(含 1 个月)的，其股息红利所得全额计入应纳税所得额；持股期限在 1 个月以上至 1 年(含 1 年)的，暂减按 50% 计入应纳税所得额；上述所得统一适用 20% 的税率计征个人所得税。本规定自 2015 年 9 月 8 日起施行。

(28)经国务院财政部门批准免税的所得。

5.5.2 减征个人所得税的优惠

(1)残疾、孤老人员和烈属的所得。

(2)因严重自然灾害造成重大损失的。

(3)其他经国务院财政部门批准减税的。

5.6 征收管理

个人所得税的纳税办法有自行申报纳税和代扣代缴两种。

5.6.1 自行申报纳税

自行申报纳税是由纳税人自行在税法规定的纳税期限内向税务机关申报取得的应税所得项目和数额，如实填写个人所得税纳税申报表，并按照税法规定计算应纳税额，据此缴纳个人所得税的一种方法。

5.6.1.1 自行申报纳税的纳税人

(1)自2006年1月1日起，年所得12万元以上的。

(2)从中国境内两处或者两处以上取得工资、薪金所得的。

(3)从中国境外取得所得的。

(4)取得应税所得，没有扣缴义务人的。

(5)国务院规定的其他情形。

其中，年所得12万元以上的纳税人，无论取得的各项所得是否已足额缴纳了个人所得税，均应当按照本办法的规定，于纳税年度终了后向主管税务机关办理纳税申报；其他情形的纳税人，均应当按照自行申报纳税管理办法的规定，于取得所得后向主管税务机关办理纳税申报。同时需注意的是，年所得12万元以上的纳税人，不包括在中国境内无住所，且在一个纳税年度在中国境内居住不满1年的个人；从中国境外取得所得的纳税人，是指在中国境内有住所，或者无住所而在一个纳税年度在中国境内居住满1年的个人。

5.6.1.2 自行申报纳税的内容

年所得12万元以上的纳税人，在纳税年度终了后，应当填写《个人所得税纳税申报表(适用于年所得12万元以上的纳税人申报)》，并在办理纳税申报时报送主管税务机关，同时报送个人有效身份证件复印件，以及主管税务机关要求报送的其他有关资料。

1. 构成12万元的所得

工资、薪金所得；个体工商户的生产、经营所得；对企事业单位的承包经营、承租经营所得；劳务报酬所得；稿酬所得；特许权使用费所得；利息、股息、红利所得；财产租赁所得；财产转让所得；偶然所得；经国务院财政部门确定征税的其他所得。

2. 不包含在12万元中的所得

(1)免税所得。省级人民政府、国务院部委、中国人民解放军军以上单位，以及外国组织、国际组织颁发的科学、教育、技术、文化、卫生、体育、环境保护等方面的奖金；国债和国家发行的金融债券利息；按照国家统一规定发给的补贴、津贴，即《个人所得税法实施条例》第十三条规定的按照国务院规定发放的政府特殊津贴、院士津贴、资深院士津贴，以及国务院规定免征个人所得税的其他补贴、津贴；福利费、抚恤金、救济金；保险赔款；军人的转业费、复员费：按照国家统一规定发给干部、职工的安家费、退职费、退休工资、离休工资、离休生活补助费。

(2)《个人所得税法实施条例》第六条规定可以免税的来源于中国境外的所得。

(3)按照国家规定，单位为个人缴付和个人缴付的基本养老保险费、基本医疗保险费、失业保险费、住房公积金。

3. 各项所得的年所得的计算方法

(1)工资、薪金所得。按照未减除费用及附加减除费用的收入额计算。

(2)劳务报酬所得、特许权使用费所得。不得减除纳税人在提供劳务或让渡特许权、使用权过程中缴纳的有关税费。

(3)财产租赁所得。不得减除纳税人在出租财产过程中缴纳的有关税费；对于纳税人一次取得跨年度财产租赁所得的，全部视为实际取得所得年度的所得。

(4)个人转让房屋所得。采取核定征收个人所得税的，按照实际征收率(1%、2%、3%)分别换算为应税所得率(5%、10%、15%)，据此计算年所得。

(5)企业债券利息所得全部视为纳税人实际取得所得年度的所得。

(6)对个体工商户、个人独资企业投资者，按照征收率核定个人所得税的，将征收率换算为应税所得率，据此计算应纳税所得额。合伙企业投资者按照上述方法确定应纳税所得额后，合伙人应根据合伙协议规定的分配比例确定其应纳税所得额，合伙协议未规定分配比例的，按合伙人数平均分配确定其应纳税所得额。对于同时参与两个以上企业投资的，合伙人应将其投资所有企业的应纳税所得额相加后的总额作为年所得。

(7)股票转让所得。以1个纳税年度内，个人股票转让所得与损失盈亏相抵后的正数为申报所得数额；盈亏相抵为负数的，此项所得按“零”填写。

5.6.1.3 自行申报纳税的申报期限

(1)年所得12万元以上的纳税人，在纳税年度终了后3个月内向主管税务机关办理纳税申报。

(2)个体工商户和个人独资、合伙企业投资者取得的生产、经营所得应纳的税款，分月预缴的，纳税人在每月终了后15日内办理纳税申报；分季预缴的，纳税人在每个季度终了后15日内办理纳税申报；纳税年度终了后，纳税人在3个月内进行汇算清缴，多退少补。

(3)纳税人年终一次性取得对企事业单位的承包经营、承租经营所得的，自取得所得之日起30日内办理纳税申报；在1个纳税年度内分次取得承包经营、承租经营所得的，在每次取得所得后的次月15日内申报预缴；纳税年度终了后3个月内汇算清缴，多退少补。

(4)从中国境外取得所得的纳税人，在纳税年度终了后30日内向中国境内主管税务机关办理纳税申报。

(5)除以上规定的情形外，纳税人取得其他各项所得须申报纳税的，在取得所得的次月15日内向主管税务机关办理纳税申报。

(6)纳税人不能按照规定的期限办理纳税申报，需要延期的，按照《税收征收管理法》第二十七条和《税收征管法实施细则》第三十七条的规定办理。

5.6.1.4 自行申报纳税的申报方式

纳税人可以采取数据电文、邮寄等方式申报，也可以直接到主管税务机关申报，或者采取符合主管税务机关规定的其他方式申报。纳税人采取邮寄方式申报的，以邮政部门挂号信函收据作为申报凭据，以寄出的邮戳日期为实际申报日期。

纳税人也可以委托有税务代理资质的中介机构或者他人代为办理纳税申报。

5.6.1.5 自行申报纳税的申报地点

(1)在中国境内，有任职、受雇单位的，向任职、受雇单位所在地主管税务机关申报。

(2)在中国境内有两处或者两处以上任职、受雇单位的，选择并固定向其中一处单位所在地主管税务机关申报。

(3)在中国境内无任职、受雇单位，年所得项目中有个体工商户的生产、经营所得或者对企事业单位的承包经营、承租经营所得(以下统称“生产、经营所得”)的，向其中一处实际经营所在地主管税务机关申报。

(4)在中国境内无任职、受雇单位，年所得项目中无生产、经营所得的，向户籍所在地主管税务机关申报。在中国境内有户籍，但户籍所在地与中国境内经常居住地不一致的，选择并固定向其中一地主管税务机关申报。在中国境内没有户籍的，向中国境内经常居住地主管税务机关申报。

(5)其他所得的纳税人，纳税申报地点分别为：

①从两处或者两处以上取得工资、薪金所得的，选择并固定向其中一处单位所在地主管税务机关申报。

②从中国境外取得所得的向中国境内户籍所在地主管税务机关申报。在中国境内有户籍，但户籍所在地与中国境内经常居住地不一致的，选择并固定向其中一地主管税务机关申报。在中国境内没有户籍的，向中国境内经常居住地主管税务机关申报。

③个体工商户向实际经营所在地主管税务机关申报。

④个人独资、合伙企业投资者兴办两个或两个以上企业的，区分不同情形确定纳税申报地点：

兴办的企业全部是个人独资性质的，分别向各企业的实际经营管理所在地主管税务机关申报；兴办的企业中含有合伙性质的，向经常居住地主管税务机关申报；兴办的企业中含有合伙性质，个人投资者经常居住地与其兴办企业的经营管理所在地不一致的，选择并固定向其参与兴办的某一合伙企业的经营管理所在地主管税务机关申报；除以上情形外，纳税人应当向取得所得所在地主管税务机关申报。

纳税人不得随意变更纳税申报地点，因特殊情况变更纳税申报地点的，须报原主管税务机关备案。

5.6.1.6　自行申报纳税的申报管理

(1)主管税务机关应当将各类申报表登载到税务机关的网站上，或者摆放到税务机关受理纳税申报的办税服务厅，免费供纳税人随时下载或取用。

(2)主管税务机关应当在每年法定申报期间，通过适当方式提醒年所得12万元以上的纳税人办理自行纳税申报。

(3)受理纳税申报的主管税务机关根据纳税人的申报情况，按照规定办理税款的征、补、退、抵手续。

(4)主管税务机关按照规定为已经办理纳税申报并缴纳税款的纳税人开具完税凭证。

(5)税务机关依法为纳税人的纳税申报信息保密。

(6)纳税人变更纳税申报地点，并报原主管税务机关备案的，原主管税务机关应当及时将纳税人变更纳税申报地点的信息传递给新的主管税务机关。

(7)主管税务机关对已办理纳税申报的纳税人建立纳税档案，实施动态管理。

5.6.2 代扣代缴纳税

代扣代缴是指按照税法规定具有扣缴税款义务的单位或者个人，在向个人支付应纳税所得时，应计算应纳税额，从其所得中扣除并缴入国库，同时向税务机关报送扣缴个人所得税报告表。这种方法有利于控制税源、防止漏税和逃税。

根据《个人所得税法》及其实施条例以及《税收征收管理法》及其实施细则的有关规定，国家税务总局制定下发了《个人所得税代扣代缴暂行办法》(以下简称《暂行办法》)。自1995年4月10日执行的《暂行办法》，对扣缴义务人和代扣代缴的范围、扣缴义务人的义务及应承担的责任、代扣代缴期限等做了明确规定。

5.6.2.1 扣缴义务人和代扣代缴的范围

1. 扣缴义务人

凡支付个人应纳税所得的企业(公司)、事业单位、机关、社团组织、军队、驻华机构、个体户等单位或者个人，为个人所得税的扣缴义务人。

这里所说的驻华机构不包括外国驻华使领馆和联合国及其他依法享有外交特权和豁免的国际组织驻华机构。

2. 代扣代缴的范围

扣缴义务人向个人支付下列所得，应代扣代缴个人所得税：

(1)工资、薪金所得。

(2)对企事业单位的承包经营、承租经营所得。

(3)劳务报酬所得。

(4)稿酬所得。

(5)特许权使用费所得。

(6)利息、股息、红利所得。

(7)财产租赁所得。

(8)财产转让所得。

(9)偶然所得。

(10)经国务院财政部门确定征税的其他所得。

扣缴义务人向个人支付应纳税所得(包括现金、实物和有价证券)时，不论纳税人是否属于本单位人员，均应代扣代缴其应纳的个人所得税税款。

这里所说支付包括现金支付、汇拨支付、转账支付和以有价证券、实物以及其他形式的支付。

5.6.2.2 扣缴义务人的义务及应承担的责任

(1)扣缴义务人应指定支付应纳税所得的财务会计部门或其他有关部门的人员为办税人员，由办税人员具体办理个人所得税的代扣代缴工作。

代扣代缴义务人的有关领导要对代扣代缴工作提供便利，支持办税人员履行义务；确定办税人员或办税人员发生变动时，应将名单及时报告主管税务机关。

(2)扣缴义务人的法人代表(或单位主要负责人)、财会部门的负责人及具体办理代扣代缴税款的有关人员共同对依法履行代扣代缴义务负法律责任。

(3)同一扣缴义务人的不同部门支付应纳税所得时，应报办税人员汇总。

(4)扣缴义务人在代扣税款时，必须向纳税人开具税务机关统一印制的代扣代收税款凭证，并详细注明纳税人姓名、工作单位、家庭住址和居民身份证或护照号码(无上述证件的，可用其他能有效证明身份的证件)等个人情况。对工资、奖金所得和利息、股息、红利所得等，因纳税人数众多、不便一一开具代扣代收税款凭证的，经主管税务机关同意，可不开具代扣代收税款凭证，但应通过一定形式告知纳税人已扣缴税款。纳税人为持有完税依据而向扣缴义务人索取代扣代收税款凭证的，扣缴义务人不得拒绝。

扣缴义务人应主动向税务机关申领代扣代收税款凭证，据以向纳税人扣税。非正式扣税凭证纳税人可以拒收。

(5)扣缴义务人对纳税人的应扣未扣的税款，其应纳税款仍然由纳税人缴纳，扣缴义务人应承担应扣未扣税款50%以上至3倍的罚款。

(6)扣缴义务人应设立代扣代缴税款账簿，正确反映个人所得税的扣缴情况，并如实填写扣缴个人所得税报告表及其他有关资料。

(7)关于行政机关、事业单位工资发放方式改革后扣缴个人所得税问题。

①行政机关、事业单位改革工资发放方式后，随着支付工资所得单位的变化，其扣缴义务人也有所变化。根据《个人所得税法》第八条规定，凡是有向个人支付工薪所得行为的财政部门(或机关事务管理、人事等部门)、行政机关、事业单位均为个人所得税的扣缴义务人。

②财政部门(或机关事务管理、人事等部门)向行政机关、事业单位工作人员发放工资时应依法代扣代缴个人所得税。行政机关、事业单位在向个人支付与其任职、受雇有关的其他所得时，应将个人的这部分所得与财政部门(或机关事务管理、人事等部门)发放的工资合并计算应纳税额，并将纳税额与财政部门(或机关事务管理、人事等部门)已扣缴税款的差额部分代扣代缴所得税。

5.6.2.3 代扣代缴期限

扣缴义务人每月所扣的税款应当在次月15日内缴入国库，并向主管税务机关报送《扣缴个人所得税报告表》(见表5-7)、代扣代收税款凭证和包括每一纳税人姓名、单位、职务、收入、税款等内容的支付个人收入明细表以及税务机关要求报送的其他有关资料。

扣缴义务人违反上述规定不报送或者报送虚假纳税资料的，一经查实，其未在支付个人收入明细表中反映的向个人支付的款项，在计算扣缴义务人应纳税所得额时不得作为成本费用扣除。

扣缴义务人因有特殊困难不能按期报送扣缴个人所得税报告表及其他有关资料的，经县级税务机关批准，可以延期申报。

表 5－7　扣缴个人所得税报告表

填表日期：　　年　月　日　　　　　　　　　　　　　　　　　　　　　金额单位：人民币元

纳税人识别号：________________

扣缴义务人							地址								电话		
纳税义务人姓名	纳税人识别号码	工作单位及地址	所得项目	所得期间	收入额						减费用额	应纳税所得额	税率	速算扣除数	扣缴所得税额	完税证号	纳税日期
					人民币	外币				人民币合计							
						货币名称	金额	外汇牌价	折合人民币								
如果由扣缴义务人填写完税证，应在报送此表时附完税证副联　份　____																	
扣缴义务人声明					我声明，此扣缴申报表是根据《中华人民共和国个人所得税法》的规定填报的，我确信它是真实的、可靠的、完整的。 声明人签字：__________												
会计主管人签字：　　负责人签字：　　扣缴单位（或个人）盖章： 以下由税务机关填写																	
收到申报日期							接收人							审核日期			
审核记录										主管税务机关（公章）： 主管税务官员签字：							

5.6.3　核定征收

核定征收是指按照《税收征收管理法》的有关规定对无法查账征收的纳税人所采用的一种征收形式。为了加强个人所得税的管理，有关规定如下：

1）增值税、营业税起征点提高后，对采取核定征税办法的纳税人（包括按综合征收率或按应缴纳流转税的一定比例附征个人所得税等方法的纳税人），可依据《税收征收管理法》和《中华人民共和国个人所得税法》的有关规定，结合增值税和营业税起征点提高后纳税人所得相应增加的实际情况，本着科学、合理、公开的原则，重新核定纳税人的个人所得税定额。

2)任何地区均不得对律师事务所实行全行业核定征税办法。要按照《税收征收管理法》和国发〔1997〕12号文件的规定精神，对具备查账征收条件的律师事务所，实行查账征收个人所得税。

(1)律师个人出资兴办的独资和合伙性质的律师事务所的年度经营所得，从2000年1月1日起停止征收企业所得税，作为出资律师的个人经营所得，按照有关规定，比照“个体工商户的生产、经营所得”应税项目征收个人所得税。在计算其经营所得时，出资律师本人的工资、薪金不得扣除。

(2)合伙制律师事务所应将年度经营所得全额作为基数，按出资比例或者事先约定的比例计算各合伙人应分配的所得，据以征收个人所得税。

(3)律师个人出资兴办的律师事务所，凡有《税收征收管理法》第二十三条所列情形之一的，主管税务机关有权核定出资律师个人的应纳税额。

(4)律师事务所支付给雇员(包括律师及行政辅助人员，但不包括律师事务所的投资者，下同)的所得，按“工资、薪金所得”应税项目征收个人所得税。

(5)作为律师事务所雇员的律师与律师事务所按规定的比例对收入分成，律师事务所不负担律师办理案件支出的费用(如交通费、资料费、通信费及聘请人员等费用)，律师当月的分成收入按本条第二款的规定扣除办理案件支出的费用后，余额与律师事务所发给的工资合并，按“工资、薪金所得”应税项目计征个人所得税。

律师从其分成收入中扣除办理案件支出费用的标准，由各省级地方税务局根据当地律师办理案件费用支出的一般情况、律师与律师事务所之间的收入分成比例及其他相关参考因素，自2013年1月1日至2015年12月31日在律师当月分成收入的35%比例内确定。

(6)兼职律师从律师事务所取得工资、薪金性质的所得，律师事务所在代扣代缴其个人所得税时，不再减除个人所得税法规定的费用扣除标准，以收入全额(取得分成收入的为扣除办理案件支出费用后的余额)直接确定适用税率，计算扣缴个人所得税。兼职律师应于次月7日内自行向主管税务机关申报两处或两处以上取得的工资、薪金所得，合并计算缴纳个人所得税。

兼职律师是指取得律师资格和律师执业证书，不脱离本职工作从事律师职业的人员。

(7)律师以个人名义再聘请其他人员为其工作而支付的报酬，应由该律师按“劳务报酬所得”应税项目负责代扣代缴个人所得税。为了便于操作，税款可由其任职的律师事务所代为缴入国库。

(8)合伙人律师在计算应纳税所得额时，应凭合法有效凭据按照个人所得税法和有关规定扣除费用；对确实不能提供合法有效凭据而实际发生与业务有关的费用，经当事人签名确认后，可再按下列标准扣除费用：个人年营业收入不超过50万元的部分，按8%扣除；个人年营业收入超过50万元至100万元的部分，按6%扣除；个人年营业收入超过100万元的部分，按5%扣除。

不执行查账征收的，不适用前款规定。前款规定自2013年1月1日至2015年12月31日执行。

(9)律师个人承担的按照律师协会规定参加的业务培训费用，可据实扣除。

(10)律师事务所从业人员个人所得税的征收管理，按照《个人所得税法》及其实施条例、《税收征收管理法》及其实施细则和《个人所得税代扣代缴暂行办法》《个人所得税自行申报纳税暂行办法》等有关法律、法规、规章的规定执行。

3)会计师事务所、税务师事务所、审计师事务所以及其他中介机构的个人所得税征收管理，也应按照上述律师事务所的有关原则进行处理。

5.6.4 个人财产对外转移提交税收证明或者完税凭证的规定

(1)税务机关对申请人缴纳税款情况进行证明。税务机关在为申请人开具税收证明时，应当按其收入或财产的不同类别、来源，由收入来源地或者财产所在地国家税务局、地方税务局分别开具。

(2)申请人拟转移的财产已取得完税凭证的，可直接向外汇管理部门提供完税凭证，不需向税务机关另外申请税收证明。

申请人拟转移的财产总价值在人民币 15 万元以下的，可不需向税务机关申请税收证明。

(3)申请人申请领取税收证明的程序如下：

①申请人按照国家《关于个人财产对外转移提交税收证明或完税凭证有关问题的通知》第五条的规定提交相关资料，按财产类别和来源地，分别向国税局、地税局申请开具税收证明。

开具税收证明的税务机关为县级或者县级以上国家税务局、地方税务局。

②申请人资料齐全的，税务机关应当在 15 日内开具税收证明；申请人提供资料不全的，可要求其补正，待补正后开具。

③申请人有未完税事项的，允许补办申报纳税后开具税收证明。

④税务机关有根据认为申请人有偷税、骗税等情形，需要立案稽查的，在稽查结案并完税后可开具税收证明。

申请人与纳税人姓名、名称不一致的，税务机关只对纳税人出具证明，申请人应向外汇管理部门提供其与纳税人关系的证明。

(4)申请人向税务机关申请税收证明时，应当提交的资料分别为：代扣代缴单位报送的含有申请人明细资料的扣缴个人所得税报告表复印件，个体工商户所得税年度申报表、个人承包承租经营所得税年度申报表原件，有关合同、协议原件，取得有关所得的凭证，以及税务机关要求报送的其他有关资料。

申请人发生财产变现的，应当提供交易合同、发票等资料。

必要时税务机关应当对以上资料进行核实；对申请人没有缴税的应税行为，应当责成纳税人缴清税款并按照《税收征收管理法》的规定处理后开具税收证明。

(5)税务机关必须按照申请人实际入库税额如实开具证明，并审查其有无欠税情况，严禁开具虚假证明。

申请人编造虚假的计税依据骗取税收证明的，伪造、变造、涂改税收证明的，按照《税收征收管理法》及其实施细则的规定处理。

6 其他税种纳税服务外包

其他税种纳税服务外包主要包括关税、房产税、契税、资源税、城镇土地使用税、土地增值税、印花税等小税种的纳税核算与纳税申报。由纳税服务外包单位代为办理纳税、退税和减免税申报，开展相关的税务筹划和税务咨询，通过利用外部税务服务商的专业优势，增强企业控制税务风险的能力。

6.1 关税

关税法是指国家制定的调整关税征收与缴纳权利义务关系的法律规范。我国现行关税法律规范以2014年修正颁布的《中华人民共和国海关法》(以下简称《海关法》)为法律依据，以国务院于2003年11月发布的《中华人民共和国进出口关税条例》(以下简称《进出口关税条例》)，以及由国务院关税税则委员会审定并报国务院批准，作为条例组成部分的《中华人民共和国海关进出口税则》(以下简称《海关进出口税则》)和《中华人民共和国海关入境旅客行李物品和个人邮递物品征收进口税办法》为基本法规，由负责关税政策制定和征收管理的主管部门依据基本法规拟订的管理办法和实施细则为主要内容。

6.1.1 征税对象

关税是海关依法对进出境货物、物品征收的一种税。所谓"境"是指关境，又称"海关境域"或"关税领域"，是国家《海关法》全面实施的领域。通常情况下，一国关境与国境是一致的，包括国家全部的领土、领海、领空。但当某一国家在国境内设立了自由港、自由贸易区等，这些区域就进出口关税而言处在关境之外，这时，该国家的关境小于国境。如我国根据《中华人民共和国香港特别行政区基本法》和《中华人民共和国澳门特别行政区基本法》，香港和澳门保持自由港地位，为我国单独的关税地区，即单独关境区。单独关境区是不完全适用该国海关法律、法规或实施单独海关管理制度的区域。

关税的征税对象是准许进出境的货物和物品。货物是指贸易性商品；物品指入境旅客随身携带的行李物品、个人邮递物品、各种运输工具上的服务人员携带进口的自用物品、馈赠物品以及其他方式进境的个人物品。

6.1.2 纳税义务人

进口货物的收货人、出口货物的发货人、进出境物品的所有人是关税的纳税义务人。进出口货物的收、发货人是依法取得对外贸易经营权并进口或者出口货物的法人或者其他社会团体。进出境物品的所有人包括该物品的所有人和推定为所有人的人。一般情况下，对于携带进境的物品，推定其携带人为所有人；对分离运输的行李，推定相应的进出境旅客为所有人；对以邮递方式进境的物品，推定其收件人为所有人；以邮递或其他运输方式出境的物品，推定其寄件人或托运人为所有人。

6.1.3 税率

6.1.3.1 进口关税税率

1. 税率设置与适用

在我国加入世界贸易组织(WTO)之前，我国进口税则设有两栏税率，即普通税率和优惠税率。对原产于与我国未订关税互惠协议的国家或者地区的进口货物，按照普通税率征税；对原产于与我国订有关税互惠协议的国家或者地区的进口货物，按照优惠税率征税。

在我国加入 WTO 之后，为履行我国在加入 WTO 关税减让谈判中承诺的有关义务，享有 WTO 成员应有的权利，自 2002 年 1 月 1 日起，我国进口税则设有最惠国税率、协定税率、特惠税率、普通税率、关税配额税率等税率。对进口货物在一定期限内可以实行暂定税率。

最惠国税率适用原产于与我国共同适用最惠国待遇条款的 WTO 成员或地区的进口货物，或原产于与我国签订有相互给予最惠国待遇条款的双边贸易协定的国家或地区进口的货物，以及原产于我国境内的进口货物；协定税率适用原产于我国参加的含有关税优惠条款的区域性贸易协定有关缔约方的进口货物；特惠税率适用原产于与我国签订有特殊优惠关税协定的国家或地区的进口货物；普通税率适用于原产于上述国家或地区以外的其他国家或地区的进口货物。按照普通税率征税的进口货物，经国务院关税税则委员会特别批准，可以适用最惠国税率。适用最惠国税率、协定税率、特惠税率的国家或者地区名单，由国务院关税税则委员会决定，报国务院批准后执行。

2. 税率种类

按征收关税的标准，可以分成从价税、从量税、复合税、选择税、滑准税。

(1)从价税。从价税是一种最常用的关税计税标准。它是以货物的价格或者价值为征税标准，以应征税额占货物价格或者价值的百分比为税率，价格越高，税额越高。货物进口时，以此税率和海关审定的实际进口货物完税价格相乘计算应征税额。目前，我国海关计征关税标准主要是从价税。

(2)从量税。从量税是以货物的数量、重量、体积、容量等计量单位为计税标准，以每计量单位货物的应征税额为税率。我国目前对原油、啤酒和胶卷等进口商品征收从量税。

(3)复合税。复合税又称混合税，即订立从价、从量两种税率，随着完税价格和进口数量而变化，征收时两种税率合并计征。它是对某种进口货物混合使用从价税和从量税的一种关税计征标准。我国目前仅对录像机、放像机、摄像机、数字照相机和摄录一体机等进口商品征收复合税。

(4)选择税。选择税是对一种进口商品同时定有从价税和从量税两种税率，但征税时选择其税额较高的一种征税。

(5)滑准税。滑准税是根据货物的不同价格适用不同税率的一类特殊的从价关税。它是一种关税税率随进口货物价格由高至低而由低至高设置计征关税的方法。简单地讲，就是进口货物的价格越高，其进口关税税率越低，进口商品的价格越低，其进口关税税率越高。滑准税的特点是可保持实行滑准税商品的国内市场价格的相对稳定，而不受国际市场价格波动的影响。

3. 暂定税率与关税配额税率

根据经济发展需要，国家对部分进口原材料、零部件、农药原药和中间体、乐器及生产设备实行暂定税率。《进出口关税条例》规定，适用最惠国税率的进口货物有暂定税率的，应当适用暂定税率；适用特惠税率、协定税率进口货物有暂定税率的，应当从低适用税率；适用普通税率的进口货物，不适用暂定税率。同时，对部分进口农产品和化肥产品实行关税配额，即一定数量内的上述进口商品适用税率较低的配额内税率，超出该数量的进口商品适用税率较高的配额外税率。现行税则对700多个税目进口商品实行了暂定税率，对小麦、玉米等7种农产品和尿素等3种化肥产品实行关税配额管理。

6.1.3.2 出口关税税率

我国出口税则为一栏税率，即出口税率。国家仅对少数资源性产品及易于竞相杀价、盲目出口、需要规范出口秩序的半成品征收出口关税。现行税则对100余种商品计征出口关税，主要是鳗鱼苗、部分有色金属矿砂及其精矿、生锑、磷、氟钽酸钾、苯、山羊板皮、部分铁合金、钢铁废碎料、铜和铝原料及其制品、镍锭、锌锭、锑锭，但对上述范围内的部分商品实行0～25%的暂定税率。此外，根据需要对其他200多种商品征收暂定税率。与进口暂定税率一样，出口暂定税率优先适用于出口税则中规定的出口税率。

6.1.3.3 特别关税

特别关税包括报复性关税、反倾销税与反补贴税、保障性关税。征收特别关税的货物、适用国别、税率、期限和征收办法由国务院关税税则委员会决定，海关总署负责实施。

6.1.3.4 税率的运用

我国《进出口关税条例》规定，进出口货物应当依照税则规定的归类原则归入合适的税号，并按照适用的税率征税。其中：

1. 进出口货物

进出口货物应当按照纳税义务人申报进口或者出口之日实施的税率征税。

2. 进口货物

进口货物到达前，经海关核准先行申报的，应当按照装载此货物的运输工具申报进境之日实施的税率征税。

3. 进出口货物的补税和退税

进出口货物的补税和退税适用该进出口货物原申报进口或者出口之日所实施的税率，但下列情况除外：

(1)按照特定减免税办法批准予以减免税的进口货物，后因情况改变经海关批准转让或出售或移作他用需予补税的，适用海关接受纳税人再次填写报关单申报办理纳税及有关手续之日实施的税率征税。

(2)加工贸易进口料、配件等属于保税性质的进口货物，如经批准转为内销，应按向海关申报转为内销之日实施的税率征税；如未经批准擅自转为内销的，则按海关查获日期所施行的税率征税。

(3)暂时进口货物转为正式进口需予补税时，应按其申报正式进口之日实施的税率征税。

(4)分期支付租金的租赁进口货物，分期付税时，适用海关接受纳税人再次填写报关单申报办理纳税及有关手续之日实施的税率征税。

(5)溢卸、误卸货物事后确定需征税时，应按其原运输工具申报进口日期所实施的税率征税。如原进口日期无法查明的，可按确定补税当天实施的税率征税。

(6)对由于税则归类的改变、完税价格的审定或其他工作差错而需补税的，应按原征税日期实施的税率征税。

(7)对经批准缓税进口的货物以后缴税时，不论是分期或一次交清税款，都应按货物原进口之日实施的税率征税。

(8)查获的走私进口货物需补税时，应按查获日期实施的税率征税。

6.1.4 关税完税价格

《海关法》规定，进出口货物的完税价格由海关以该货物的成交价格为基础审查确定。成交价格不能确定时，完税价格由海关依法估定。自我国加入世界贸易组织后，我国海关已全面实施《世界贸易组织估价协定》，遵循客观、公平、统一的估价原则，并依据2014年2月1日起实施的《中华人民共和国海关审定进出口货物完税价格办法》(以下简称《完税价格办法》)，审定进出口货物的完税价格。

6.1.4.1 一般进口货物的完税价格

1. 以成交价格为基础的完税价格

根据《海关法》规定，进口货物的完税价格包括货物的货价、货物运抵我国境内输入地点起卸前的运输及其相关费用、保险费。我国境内输入地为入境海关地，包括内陆河、江口岸，一般为第一口岸。货物的货价以成交价格为基础。进口货物的成交价格是指买方为购买该货物并按《完税价格办法》有关规定调整后的实付或应付价格。

2. 对实付或应付价格进行调整的有关规定

“实付或应付价格”指买方为购买进口货物直接或间接支付的总额，即作为卖方销售进口货物的条件，由买方向卖方或为履行卖方义务向第三方已经支付或将要支付的全部款项。

(1)如下列费用或者价值未包括在进口货物的实付或者应付价格中，应当计入完税价格。

①由买方负担的除购货佣金以外的佣金和经纪费。“购货佣金”指买方为购买进口货物向自己的采购代理人支付的劳务费用。“经纪费”指买方为购买进口货物向代表买卖双方利益的经纪人支付的劳务费用。

②由买方负担的与该货物视为一体的容器费用。

③由买方负担的包装材料和包装劳务费用。

④与该货物的生产和向中华人民共和国境内销售有关的，由买方以免费或者以低于成本的方式提供并可以按适当比例分摊的料件、工具、模具、消耗材料及类似货物的价款，以及在境外开发、设计等相关服务的费用。

⑤与该货物有关并作为卖方向我国销售该货物的一项条件，应当由买方直接或间接支付的特许权使用费。特许权使用费指买方为获得与进口货物相关的、受著作权保护的作品、专利、商标、专有技术和其他权利的使用许可而支付的费用。但是在估定完税价格时，进口货物在境内的复制权费不得计入该货物的实付或应付价格之中。

⑥卖方直接或间接从买方对该货物进口后转售、处置或使用所得中获得的收益。

上列所述的费用或价值，应当由进口货物的收货人向海关提供客观量化的数据资料。如果没有客观量化的数据资料，完税价格由海关按《完税价格办法》规定的方法进行估定。

(2)下列费用，如能与该货物实付或者应付价格区分，不得计入完税价格。

①厂房、机械、设备等货物进口后的基建、安装、装配、维修和技术服务的费用；

②货物运抵境内输入地点之后的运输费用、保险费和其他相关费用；

③进口关税及其他国内税收；

④为在境内复制进口货物而支付的费用；

⑤境内外技术培训及境外考察费用。

3. *对买卖双方之间有特殊关系的规定*

买卖双方之间有特殊关系的，经海关审定其特殊关系未对成交价格产生影响，或进口货物的收货人能证明其成交价格与同时或大约同时发生的下列任一价格相近，该成交价格应当接受。

(1)向境内无特殊关系的买方出售的相同或类似货物的成交价格；

(2)按照使用倒扣价格有关规定所确定的相同或类似货物的完税价格；

(3)按照使用计算价格有关规定所确定的相同或类似货物的完税价格。

海关在使用上述价格做比较时，应当考虑商业水平和进口数量的不同以及实付或者应付价格的调整规定所列各项目和交易中买卖双方有无特殊关系造成的费用差异。

有下列情形之一的，应当认定买卖双方有特殊关系：买卖双方为同一家族成员；买卖双方互为商业上的高级职员或董事；一方直接或间接地受另一方控制；买卖双方都直接或间接地受第三方控制；买卖双方共同直接或间接地控制第三方；一方直接或间接地拥有、控制或持有对方5%或以上公开发行的有表决权的股票或股份；一方是另一方的雇员、高级职员或董事；买卖双方是同一合伙的成员；买卖双方在经营上相互有联系，一方是另一方的独家代理、经销或受让人。

4. *进口货物海关估价方法*

进口货物的价格不符合成交价格条件或者成交价格不能确定的，海关应当依次以相同或类似货物成交价格方法、倒扣价格方法、计算价格方法及其他合理方法确定的价格为基础，估定完税价格。如果进口货物的收货人提出要求，并提供相关资料，经海关同意，可以选择倒扣价格方法和计算价格方法的适用次序。

(1)相同或类似货物成交价格方法。即以与被估的进口货物同时或大约同时(在海关接受申报进口之日的前后各45日以内)进口的相同或类似货物的成交价格为基础，估定完税价格。

以该方法估定完税价格时，应使用与该货物相同商业水平且进口数量基本一致的相同或类似货物的成交价格，但对因运输距离和运输方式不同，在成本和其他费用方面产生的差异应当进行调整。在没有上述的相同或类似货物的成交价格的情况下，可以使用不同商业水平或不同进口数量的相同或类似货物的成交价格，但对因商业水平、进口数量、运输距离和运输方式不同，在价格、成本和其他费用方面产生的差异应当作出调整。

以该方法估定完税价格时，应当首先使用同一生产商生产的相同或类似货物的成交价格，只有在没有这一成交价格的情况下，才可以使用同一生产国或地区生产的相同或类似货物的成交价格。如果有多个相同或类似货物的成交价格，应当以最低的成交价格为基础，估定进口货物的完税价格。

上述相同货物指与进口货物在同一国家或地区生产的，在物理性质、质量和信誉等所有方面都相同的货物，但表面的微小差异允许存在；类似货物指与进口货物在同一国家或地区生产的，虽然不是在所有方面都相同，但却具有相似的特征、相似的组成材料、同样的功能，并且在商业中可以互换的货物。

(2)倒扣价格方法。即以被估的进口货物、相同或类似进口货物在境内销售的价格为基础估定完税价格。按该价格销售的货物应当同时符合五个条件，即在被估货物进口时或大约同时销售；按照进口时的状态销售；在境内第一环节销售；合计的货物销售总量最大；向境内无特殊关系方的销售。

以该方法估定完税价格时，下列各项应当扣除。

①该货物的同等级或同种类货物在境内销售时的利润和一般费用及通常支付的佣金。

②货物运抵境内输入地点之后的运费、保险费、装卸费及其他相关费用。

③进口关税、进口环节税和其他与进口或销售上述货物有关的国内税。

(3)计算价格方法。即按下列各项的总和计算出的价格估定完税价格。有关项为：

①生产该货物所使用的原材料价值和进行装配或其他加工的费用；

②与向境内出口销售同等级或同种类货物的利润、一般费用相符的利润和一般费用；

③货物运抵境内输入地点起卸前的运输及相关费用、保险费。

(4)其他合理方法。使用其他合理方法时，应当根据《完税价格办法》规定的估价原则，以在境内获得的数据资料为基础估定完税价格。但不得使用以下价格：

①境内生产的货物在境内的销售价格；

②可供选择的价格中较高的价格；

③货物在出口地市场的销售价格；

④以计算价格方法规定的有关各项之外的价值或费用计算的价格；

⑤出口到第三国或地区的货物的销售价格；

⑥最低限价或武断虚构的价格。

6.1.4.2 出口货物的完税价格

1. 以成交价格为基础的完税价格

出口货物的完税价格由海关以该货物向境外销售的成交价格为基础审查确定，并应包括货物运至我国境内输出地点装载前的运输及其相关费用、保险费，但其中所包含的出口关税税额应当扣除。

出口货物的成交价格是指该货物出口销售到我国境外时买方向卖方实付或应付的价格。出口货物的成交价格中含有支付给境外的佣金的，如果单独列明，应当扣除。

2. 出口货物海关估价方法

出口货物的成交价格不能确定时，完税价格由海关依次使用下列方法估定。

(1)同时或大约同时向同一国家或地区出口的相同货物的成交价格；

(2)同时或大约同时向同一国家或地区出口的类似货物的成交价格；

(3)根据境内生产相同或类似货物的成本、利润和一般费用、境内发生的运输及其相关费用、保险费计算所得的价格；

(4)按照合理方法估定的价格。

6.1.4.3 进出口货物完税价格中的运输及相关费用、保险费的计算

1. 以一般陆运、空运、海运方式进口的货物

在进口货物的运输及相关费用、保险费计算中，海运进口货物计算至该货物运抵境内的卸货口岸；如果该货物的卸货口岸是内河(江)口岸，则应当计算至内河(江)口岸。

陆运进口货物计算至该货物运抵境内的第一口岸；如果运输及其相关费用、保险费支付至目的地口岸，则计算至目的地口岸。空运进口货物计算至该货物运抵境内的第一口岸；如果该货物的目的地为境内的第一口岸外的其他口岸，则计算至目的地口岸。

陆运、空运和海运进口货物的运费和保险费应当按照实际支付的费用计算。如果进口货物的运费无法确定或未实际发生，海关应当按照该货物进口同期运输行业公布的运费率(额)计算运费；按照“货价加运费”两者总额的3‰计算保险费。

2. 以其他方式进口的货物

邮运的进口货物应当以邮费作为运输及其相关费用、保险费；以境外边境口岸价格条件成交的铁路或公路运输进口货物，海关应当按照货价的1%计算运输及其相关费用、保险费；作为进口货物的自驾进口的运输工具，海关在审定完税价格时，可以不另行计入运费。

3. 出口货物

出口货物的销售价格如果包括离境口岸至境外口岸之间的运输、保险费的，该运费、保险费应当扣除。

6.1.5 应纳税额的计算

6.1.5.1 从价税应纳税额的计算

关税税额 = 应税进(出)口货物数量 × 单位完税价格 × 税率

6.1.5.2 从量税应纳税额的计算

关税税额 = 应税进(出)口货物数量 × 单位货物税额

6.1.5.3 复合税应纳税额的计算

我国目前实行的复合税都是先计征从量税，再计征从价税。

关税税额 = 应税进(出)口货物数量 × 单位货物税额 + 应税进(出)口货物数量 × 单位完税价格 × 税率

6.1.5.4 滑准税应纳税额的计算

关税税额 = 应税进(出)口货物数量 × 单位完税价格 × 滑准税税率

现行进(出)口商品从量税、复合税、滑准税税目税率表注明了滑准税税率的计算公式，该公式是一个与应税进(出)口货物完税价格相关的取整函数。

例6-1 某商场于2015年5月进口一批化妆品。该批货物在国外的买价120万元，货物运抵我国入关前发生的运输费、保险费和其他费用分别为10万元、6万元、4万元。货物报关后，该商场按规定缴纳了进口环节的增值税和消费税并取得了海关开具的缴款书。从海关将化妆品运往商场所在地取得增值税专用发票，注明运输费用5万元、增值税进项税额55万元，该批化妆品当月在国内全部销售，取得不含税销售额520万元(假定化妆品进口关税税率20%，增值税税率17%，消费税税率30%)。要求计算该批化妆品进口环节应缴纳的关税、增值税、消费税和国内销售环节应缴纳的增值税。

解析 (1)关税的组成计税价格为

$$120 + 10 + 6 + 4 = 140(\text{万元})$$

(2)应缴纳进口关税为

$$140 \times 20\% = 28(\text{万元})$$

(3)进口环节应纳增值税的组成计税价格为

$$(140 + 28) \div (1 - 30\%) = 240(\text{万元})$$

(4)进口环节应缴纳增值税为

$$240 \times 17\% = 40.8(\text{万元})$$

(5)进口环节应缴纳消费税为

$$240 \times 30\% = 72(\text{万元})$$

(6)国内销售环节应缴纳增值税为

$$520 \times 17\% - 5 \times 11\% - 40.8 = 47.05(\text{万元})$$

6.1.6 关税缴纳

进口货物自运输工具申报进境之日起14日内，出口货物在货物运抵海关监管区后装货的24小时以前，应由进出口货物的纳税义务人向货物进(出)境地海关申报，海关根据税则归类和完税价格计算应缴纳的关税和进口环节代征税，并填发税款缴款书。纳税义务人应当自海关填发税款缴款书之日起15日内，向指定银行缴纳税款。如关税缴纳期限的最后1日是周末或法定节假日，则关税缴纳期限顺延至周末或法定节假日过后的第1个工作日。为方便纳税义务人，经申请且海关同意，进(出)口货物的纳税义务人可以在设有海关的指运地(启运地)办理海关申报、纳税手续。

关税纳税义务人因不可抗力或者在国家税收政策调整的情形下，不能按期缴纳税款的，经海关批准，可以延期缴纳税款，但最长不得超过6个月。

6.1.7 关税的强制执行

纳税义务人未在关税缴纳期限内缴纳税款，即构成关税滞纳。为保证海关征收关税决定的有效执行和国家财政收入的及时入库，《海关法》赋予海关对滞纳关税的纳税义务人强制执行的权利。强制措施主要有两类：

1. 征收关税滞纳金

滞纳金自关税缴纳期限届满之日起，至纳税义务人缴纳关税之日止，按滞纳税款万分之五的比例按日征收，周末或法定节假日不予扣除。具体计算公式为：

关税滞纳金金额 = 滞纳关税税额 × 滞纳金征收比率 × 滞纳天数

2. 强制征收

如纳税义务人自海关填发缴款书之日起3个月仍未缴纳税款，经海关关长批准，海关可以采取强制扣缴、变价抵缴等强制措施。强制扣缴即海关从纳税义务人在开户银行或者其他金融机构的存款中直接扣缴税款。变价抵缴即海关将应税货物依法变卖，以变卖所得抵缴税款。

6.1.8 关税退还

关税退还是关税纳税义务人按海关核定的税额缴纳关税后，因某种原因的出现，海关将实际征收多于应当征收的税额（称为溢征关税）退还给原纳税义务人的一种行政行为。根据《海关法》规定，海关多征的税款，海关发现后应当立即退还。按规定，有下列情形之一的进出口货物的纳税义务人可以自缴纳税款之日起1年内，书面声明理由，连同原纳税收据向海关申请退税并加算银行同期活期存款利息，逾期不予受理。

(1)因海关误征、多纳税款的。

(2)海关核准免验进口的货物，在完税后，发现有短卸情形，经海关审查认可的。

(3)已征出口关税的货物，因故未将其出口，申报退关，经海关查验属实的。

对已征出口关税的出口货物和已征进口关税的进口货物，因货物品种或规格原因（非其他原因）原状复运进境或出境的，经海关查验属实的，也应退还已征关税。海关应当自受理退税申请之日起30日内，作出书面答复并通知退税申请人。本规定强调的是，“因货物品种或规格原因，原状复运进境或出境的”。如果属于其他原因且不能以原状复运进境或出境，不能退税。

6.1.9 关税补征和追征

补征和追征是海关在关税纳税义务人按海关核定的税额缴纳关税后，发现实际征收税额少于应当征收的税额（称为短征关税）时，责令纳税义务人补缴所差税款的一种行政行为。

海关法根据短征关税的原因，将海关征收原短征关税的行为分为补征和追征两种。由于纳税人违反海关规定造成短征关税的，称为追征；非因纳税人违反海关规定造成短征关税的，称为补征。区分关税追征和补征的目的是区别不同情况适用不同的征收时效，超过时效规定的期限，海关就丧失了追补关税的权力。根据《海关法》规定，进出境货物和物品放行后，海关发现少征或者漏征税款，应当自缴纳税款或者货物、物品放行之日起 1 年内，向纳税义务人补征；因纳税义务人违反规定而造成的少征或者漏征的税款，自纳税义务人应缴纳税款之日起 3 年以内可以追征，并从缴纳税款之日起按日加收少征或者漏征税款万分之五的滞纳金。

6.1.10 关税纳税争议

为保护纳税人合法权益，我国《海关法》和《进出口关税条例》都规定了纳税义务人对海关确定的进出口货物的征税、减税、补税或者退税等有异议时，有提出申诉的权利。在纳税义务人同海关发生纳税争议时，可以向海关申请复议，但同时应当在规定期限内按海关核定的税额缴纳关税，逾期则构成滞纳，海关有权按规定采取强制执行措施。

纳税争议的内容一般为进出境货物和物品的纳税义务人对海关在原产地认定、税则归类、税率或汇率适用、完税价格确定、关税减征、免征、追征、补征和退还等征税行为是否合法或适当，是否侵害了纳税义务人的合法权益而对海关征收关税的行为表示异议。

纳税争议的申诉程序：纳税义务人自海关填发税款缴款书之日起 30 日内向原征税海关的上一级海关书面申请复议。逾期申请复议的，海关不予受理。海关应当自收到复议申请之日起 60 日内作出复议决定，并以复议决定书的形式正式答复纳税义务人；纳税义务人对海关复议决定仍然不服的，可以自收到复议决定书之日起 15 日内，向人民法院提起诉讼。

6.2 房产税

房产税是以房屋为征税对象，按照房屋的计税余值或租金收入向产权所有人征收的一种财产税。征收房产税有利于地方政府筹集财政收入，也有利于加强房产管理。

房产税法是指国家制定的调整房产税征收与缴纳之间权利及义务关系的法律规范。现行房产税法的基本规范是 1986 年 9 月 15 日国务院颁布的《中华人民共和国房产税暂行条例》(以下简称《房产税暂行条例》)。

6.2.1 纳税义务人与征税范围

6.2.1.1 纳税义务人

房产税以在征税范围内的房屋产权所有人为纳税人。其中：

(1)产权属国家所有的，由经营管理单位纳税；产权属集体和个人所有的，由集体单位和个人纳税。

所称单位包括国有企业、集体企业、私营企业、股份制企业、外商投资企业、外国企业以及其他企业和事业单位、社会团体、国家机关、军队以及其他单位；所称个人包括个体工商户以及其他个人。

(2)产权出典的，由承典人纳税。所谓产权出典是指产权所有人将房屋、生产资料等的产权，在一定期限内典当给他人使用而取得资金的一种融资业务。这种业务大多发生于出典人急需用款，但又想保留产权回赎权的情况。承典人向出典人交付一定的典价之后，在质典期内即获抵押物品的支配权，并可转典。产权的典价一般要低于卖价。出典人在规定期间内须归还典价的本金和利息，方可赎回出典房屋等的产权。由于在房屋出典期间，产权所有人已无权支配房屋，因此，税法规定由对房屋具有支配权的承典人为纳税人。

(3)产权所有人、承典人不在房屋所在地的，或者产权未确定及租典纠纷未解决的，由房产代管人或者使用人纳税。所谓租典纠纷是指产权所有人在房产出典和租赁关系上，与承典人、租赁人发生各种争议，特别是权利和义务的争议悬而未决的。此外还有一些产权归属不清的问题，也都属于租典纠纷。对租典纠纷尚未解决的房产，规定由代管人或使用人为纳税人，主要目的在于加强征收管理，保证房产税及时入库。

(4)无租使用其他房产的问题。纳税单位和个人无租使用房产管理部门、免税单位及纳税单位的房产，应由使用人代为缴纳房产税。

(5)自 2009 年 1 月 1 日起，外商投资企业、外国企业和组织以及外籍个人，依照《中华人民共和国房产税暂行条例》缴纳房产税。

6.2.1.2 征税范围

房产税以房产为征税对象。所谓房产是指有屋面和围护结构(有墙或两边有柱)，能够遮风避雨，可供人们在其中生产、学习、工作、娱乐、居住或储藏物资的场所。房地产开发企业建造的商品房，在出售前不征收房产税；但对出售前房地产开发企业已使用或出租、出借的商品房应按规定征收房产税。

房产税的征税范围为城市、县城、建制镇和工矿区。具体规定如下：

(1)城市是指国务院批准设立的市。

(2)县城是指县人民政府所在地的地区。

(3)建制镇是指经省、自治区、直辖市人民政府批准设立的建制镇。

(4)工矿区是指工商业比较发达、人口比较集中、符合国务院规定的建制镇标准但尚未设立建制镇的大中型工矿企业所在地。开征房产税的工矿区须经省、自治区、直辖市人民政府批准。

房产税的征税范围不包括农村，这主要是为了减轻农民的负担。因为农村的房屋，除农副业生产用房外，大部分是农民居住用房。对农村房屋不纳入房产税征税范围，有利于农业发展，繁荣农村经济，促进社会稳定。

6.2.2 税率、计税依据和应纳税额的计算

6.2.2.1 税率

我国现行房产税采用的是比例税率。由于房产税的计税依据分为从价计征和从租计征两种形式，所以房产税的税率也有两种：一种是按房产原值一次减除 10%～30% 后

的余值计征的，税率为1.2%；另一种是按房产出租的租金收入计征的，税率为12%。从2001年1月1日起，对个人按市场价格出租的居民住房，用于居住的，可暂减按4%的税率征收房产税。自2008年3月1日起，对个人出租住房，不区分用途，按4%的税率征收房产税。

6.2.2.2 计税依据

房产税的计税依据是房产的计税价值或房产的租金收入。按照房产计税价值征税的，称为从价计征；按照房产租金收入计征的，称为从租计征。

1. 从价计征

《房产税暂行条例》规定，房产税依照房产原值一次减除10%～30%后的余值计算缴纳。各地扣除比例由当地省、自治区、直辖市人民政府确定。

房产原值是指纳税人按照会计制度规定，在会计核算账簿“固定资产”科目中记载的房屋原价。因此，凡按会计制度规定在账簿中记载有房屋原价的，应以房屋原价按规定减除一定比例后作为房产余值计征房产税；没有记载房屋原价的，按照上述原则并参照同类房屋确定房产原值按规定计征房产税。纳税人对原有房屋进行改建、扩建的，要相应增加房屋的原值。房产余值是房产的原值减除规定比例后的剩余价值。

2. 从租计征

《房产税暂行条例》规定，房产出租的，以房产租金收入为房产税的计税依据。

所谓房产的租金收入是指房屋产权所有人出租房产使用权所得的报酬，包括货币收入和实物收入。如果是以劳务或者其他形式为报酬抵付房租收入的，应根据当地同类房产的租金水平，确定一个标准租金额从租计征。对出租房产，租赁双方签订的租赁合同约定有免收租金期限的，免收租金期间由产权所有人按照房产原值缴纳房产税。出租的地下建筑，按照出租地上房屋建筑的有关规定计算征收房产税。

6.2.2.3 应纳税额的计算

房产税的计税依据有两种，与之相适应的应纳税额计算也分为两种：一是从价计征的计算；二是从租计征的计算。

1. 从价计征的计算

从价计征是按房产的原值减除一定比例后的余值计征，其计算公式为：

$$应纳税额 = 应税房产原值 \times (1 - 扣除比例) \times 1.2\%$$

如前所述，房产原值是“固定资产”科目中记载的房屋原价；减除一定比例是省、自治区、直辖市人民政府规定的10%～30%的减除比例；计征的适用税率为1.2%。

例6-2 某企业的经营用房原值为5000万元，按照当地规定允许减除30%后按余值计税，适用税率为1.2%。请计算其应纳房产税税额。

解 应纳税额为 $5000 \times (1 - 30\%) \times 1.2\% = 42$(万元)

2. 从租计征的计算

从租计征是按房产的租金收入计征，其计算公式为：

$$应纳税额 = 租金收入 \times 12\%（或4\%）$$

例6-3 某公司出租房屋10间，年租金收入为300 000元，适用税率为12%。请计算其应纳房产税税额。

解 应纳税额为 $300\ 000 \times 12\% = 36\ 000$（元）

6.2.3 税收优惠

房产税的减免项目主要有国家机关、人民团体、军队自用的房产；由财政部门拨付事业经费的单位自用的房产；宗教寺院、公园、名胜古迹自用的房产；个人所有非营业用的房产；经财政部批准免税的其他房产。

6.2.4 征收管理

1. 纳税义务发生时间

(1)纳税人将原有房产用于生产经营，从生产经营之月起缴纳房产税。

(2)纳税人自行新建房屋用于生产经营，从建成之次月起缴纳房产税。

(3)纳税人委托施工企业建设的房屋，从办理验收手续之次月起缴纳房产税。

(4)纳税人购置新建商品房，自房屋交付使用之次月起缴纳房产税。

(5)纳税人购置存量房，自办理房屋权属转移、变更登记手续，房地产权属登记机关签发房屋权属证书之次月起缴纳房产税。

(6)纳税人出租、出借房产，自交付出租、出借房产之次月起，缴纳房产税。

(7)房地产开发企业自用、出租、出借本企业建造的商品房，自房屋使用或交付之次月起缴纳房产税。

(8)自2009年1月1日起，纳税人因房产的实物或权利状态发生变化而依法终止房产税纳税义务的，其应纳税款的计算截止到房产的实物或权利状态发生变化的当月末。

2. 纳税期限

房产税实行按年计算、分期缴纳的征收方法，具体纳税期限由省、自治区、直辖市人民政府确定。

3. 纳税地点

房产税在房产所在地缴纳。房产不在同一地方的纳税人，应按房产的坐落地点分别向房产所在地的税务机关纳税。

4. 纳税申报

房产税的纳税人应按照条例的有关规定，及时办理纳税申报，并如实填写《房产税纳税申报表》。

6.3 契税

契税是以在中华人民共和国境内转移土地、房屋权属为征税对象，向产权承受人征收的一种财产税。征收契税有利于增加地方财政收入，有利于保护合法产权，避免产权纠纷。

契税法是指国家制定的用以调整契税征收与缴纳权利及义务关系的法律规范。现行契税法的基本规范是1997年7月7日国务院发布并于同年10月1日开始施行的《中华人民共和国契税暂行条例》(以下简称《契税暂行条例》)。

6.3.1 征税对象

契税的征税对象是境内转移的土地、房屋权属。具体包括以下五项内容。

6.3.1.1 国有土地使用权出让

国有土地使用权出让是指土地使用者向国家交付土地使用权出让费用，国家将国有土地使用权在一定年限内出让与土地使用者的行为。

国有土地使用权出让，受让者应向国家缴纳出让金，以出让金为依据计算缴纳契税。不得因减免土地出让金而减免契税。

6.3.1.2 土地使用权的转让

土地使用权的转让是指土地使用者以出售、赠与、交换或者其他方式将土地使用权转移给其他单位和个人的行为。土地使用权的转让不包括农村集体土地承包经营权的转移。

6.3.1.3 房屋买卖

房屋买卖即以货币为媒介，出卖者向购买者过渡房产所有权的交易行为。以下几种特殊情况，视同买卖房屋：

1. 以房产抵债或实物交换房屋

经当地政府和有关部门批准，以房抵债和实物交换房屋均视同房屋买卖，应由产权承受人按房屋现值缴纳契税。

对已缴纳契税的购房单位和个人，在未办理房屋权属变更登记前退房的，退还已纳契税；在办理房屋权属变更登记后退房的，不予退还已纳契税。

2. 以房产作投资、入股

这种交易业务属房屋产权转移，应根据国家房地产管理的有关规定办理房屋产权交易和产权变更登记手续，视同房屋买卖，由产权承受方按契税税率计算缴纳契税。

以自有房产作股投入本人独资经营的企业，免纳契税。因为以自有的房地产投入本人独资经营的企业，产权所有人和使用权使用人未发生变化，不需办理房产变更手续，也不必办理契税手续。

3. 买房拆料或翻建新房，应照章征收契税

例如，甲某购买乙某房产，不论其目的是取得该房产的建筑材料或是翻建新房，实际构成房屋买卖。甲某应首先办理房屋产权变更手续，并按买价缴纳契税。

6.3.1.4 房屋赠与

房屋的赠与是指房屋产权所有人将房屋无偿转让给他人所有。其中，将自己的房屋转交给他人的法人和自然人称作房屋赠与人；接受他人房屋的法人和自然人称为受赠人。房屋赠与的前提必须是产权无纠纷，赠与人和受赠人双方自愿。

由于房屋是不动产，价值较大，故法律要求赠与房屋应有书面合同(契约)，并到房地产管理机关或农村基层政权机关办理登记过户手续才能生效。如果房屋赠与行为涉及涉外关系，还需公证处证明和外事部门认证才能有效。房屋的受赠人要按规定缴纳契税。

6.3.1.5 房屋交换

房屋交换是指房屋所有者之间互相交换房屋的行为。

随着经济形势的发展，有些特殊方式转移土地、房屋权属的，也将视同土地使用权转让、房屋买卖或者房屋赠与。一是以土地、房屋权属作价投资、入股；二是以土地、房屋权属抵债；三是以获奖方式承受土地、房屋权属；四是以预购方式或者预付集资建房款方式承受土地、房屋权属。

6.3.2 纳税义务人、税率和应纳税额的计算

6.3.2.1 纳税义务人

契税的纳税义务人是境内转移土地、房屋权属承受的单位和个人。境内是指中华人民共和国实际税收行政管辖范围内；土地、房屋权属是指土地使用权和房屋所有权；单位是指企业单位、事业单位、国家机关、军事单位和社会团体以及其他组织；个人是指个体经营者及其他个人，包括中国公民和外籍人员。

6.3.2.2 税率

契税实行3%～5%的幅度税率。实行幅度税率是考虑到我国经济发展不平衡，各地经济差别较大的实际情况。因此，各省、自治区、直辖市人民政府可以在3%～5%的幅度税率规定范围内，按照本地区的实际情况决定。

6.3.2.3 应纳税额的计算

1. 计税依据

契税的计税依据为不动产的价格。由于土地、房屋权属转移方式不同，定价方法不同，因而具体计税依据视不同情况而决定。

(1)国有土地使用权出让、土地使用权出售、房屋买卖，以成交价格为计税依据。成交价格是指土地、房屋权属转移合同确定的价格，包括承受者应交付的货币、实物、无形资产或者其他经济利益。

(2)土地使用权赠与、房屋赠与，由征收机关参照土地使用权出售、房屋买卖的市场价格核定。

(3)土地使用权交换、房屋交换，为所交换的土地使用权、房屋的价格差额。也就是说，交换价格相等时，免征契税；交换价格不等时，由多交付的货币、实物、无形资产或者其他经济利益的一方缴纳契税。

(4)以划拨方式取得土地使用权，经批准转让房地产时，由房地产转让者补交契税。计税依据为补交的土地使用权出让费用或者土地收益。

为了避免偷、逃税款，税法规定，成交价格明显低于市场价格并且无正当理由的，或者所交换土地使用权、房屋价格的差额明显不合理并且无正当理由的，征收机关可以参照市场价格核定计税依据。

(5)对承受国有土地使用权应支付的土地出让金。

(6)房屋附属设施征收契税的依据。

①不涉及土地使用权和房屋所有权转移变动的，不征收契税。

②采取分期付款方式购买房屋附属设施土地使用权、房屋所有权的，应按合同规定的总价款计征契税。

③承受的房屋附属设施权属如为单独计价的，按照当地确定的适用税率征收契税；

如与房屋统一计价的，适用与房屋相同的契税税率。

(7)无偿赠与不动产行为(法定继承人除外)，应对受赠人全额征收契税。在缴纳契税时，纳税人须提交经税务机关审核并签字盖章的《个人无偿赠与不动产登记表》，税务机关(或其他征收机关)应在纳税人的契税完税凭证上加盖“个人无偿赠与”印章，在《个人无偿赠与不动产登记表》中签字并将该表格留存。

2. 应纳税额的计算方法

契税采用比例税率。当计税依据确定以后，应纳税额的计算比较简单。应纳税额的计算公式为：

$$应纳税额 = 计税依据 \times 税率$$

例6-4 居民甲有两套住房，将一套出售给居民乙，成交价格为120万元；将另一套两室住房与居民丙交换成两处一室住房，并支付给丙换房差价款30万元。试计算甲、乙、丙相关行为应缴纳的契税(假定税率为4%)。

解 甲应缴纳契税为30×4% =1.2(万元)

乙应缴纳契税为120×4% =4.8(万元)

丙不缴纳契税。

6.3.3 税收优惠

(1)国家机关、事业单位、社会团体、军事单位承受土地、房屋用于办公、教学、医疗、科研和军事设施的，免征契税。

(2)城镇职工按规定第一次购买公有住房，免征契税。此外，财政部、国家税务总局规定：自2000年11月29日起，对各类公有制单位为解决职工住房而采取集资建房方式建成的普通住房或由单位购买的普通商品住房，经当地县以上人民政府房改部门批准、按照国家房改政策出售给本单位职工的，如属职工首次购买住房，均可免征契税。

对个人购买普通住房，且该住房属于家庭(成员范围包括购房人、配偶以及未成年子女，下同)唯一住房的，减半征收契税。对个人购买90平方米及以下普通住房，且该住房属于家庭唯一住房的，减按1%税率征收契税。

(3)因不可抗力灭失住房而重新购买住房的，酌情减免。不可抗力是指自然灾害、战争等不能预见、不可避免并不能克服的客观情况。

(4)土地、房屋被县级以上人民政府征用、占用后，重新承受土地、房屋权属的，由省级人民政府确定是否减免。

(5)承受荒山、荒沟、荒丘、荒滩土地使用权，并用于农、林、牧、渔业生产的，免征契税。

(6)经外交部确认，依照我国有关法律规定以及我国缔结或参加的双边和多边条约或协定，应当予以免税的外国驻华使馆、领事馆、联合国驻华机构及其外交代表、领事官员和其他外交人员承受土地、房屋权属，免征契税。

公租房经营单位购买住房作为公租房的，免征契税。

6.3.4 征收管理

1. 纳税义务发生时间

契税的纳税义务发生时间是纳税人签订土地、房屋权属转移合同的当天，或者纳税人取得其他具有土地、房屋权属转移合同性质凭证的当天。

2. 纳税期限

纳税人应当自纳税义务发生之日起10日内，向土地、房屋所在地的契税征收机关办理纳税申报，并在契税征收机关核定的期限内缴纳税款。

3. 纳税地点

契税在土地、房屋所在地的征收机关缴纳。

4. 征收管理

纳税人办理纳税事宜后，征收机关应向纳税人开具契税完税凭证。纳税人持契税完税凭证和其他规定的文件材料，依法向土地管理部门、房产管理部门办理有关土地、房屋的权属变更登记手续。土地管理部门和房产管理部门应向契税征收机关提供有关资料，并协助契税征收机关依法征收契税。

国家税务总局决定，各级征收机关要在2005年1月1日后停止代征委托，直接征收契税。

另外，对已缴纳契税的购房单位和个人，在未办理房屋权属变更登记前退房的，退还已纳契税；在办理房屋权属变更登记之后退还的，不予退还已纳契税。

6.4 车船税

所谓车船税是指在中华人民共和国境内的车辆、船舶的所有人或者管理人按照中华人民共和国车船税法应缴纳的一种税。征收车船税有利于为地方政府筹集财政资金，有利于车船的管理和合理配置，也有利于调节财富差异。

车船税法是指国家制定的用以调整车船税征收与缴纳权利及义务关系的法律规范。现行车船税法的基本规范是2011年2月25日由中华人民共和国第十一届全国人民代表大会常务委员会第十九次会议通过的《中华人民共和国车船税法》(以下简称《车船税法》)，自2012年1月1日起施行。

6.4.1 纳税义务人与征税范围

6.4.1.1 纳税义务人

车船税的纳税义务人是指在中华人民共和国境内车辆、船舶(以下简称“车船”)的所有人或者管理人，应当依照《车船税法》的规定缴纳车船税。

6.4.1.2 征税范围

车船税的征税范围是指在中华人民共和国境内属于《车船税法》所附车船税税目税额表规定的车辆、船舶。车辆、船舶是指：

（1）依法应当在车船管理部门登记的机动车辆和船舶；

（2）依法不需要在车船管理都门登记、在单位内部场所行驶或者作业的机动车辆和船舶。

前款所称车船管理部门是指公安、交通运输、农业、渔业、军队、武装警察部队等依法具有车船登记管理职能的部门；单位是指依照中国法律、行政法规规定在中国境内成立的行政机关、企业、事业单位、社会团体以及其他组织。

6.4.2 税目与税率

车船税实行定额税率。定额税率也称固定税额，是税率的一种特殊形式。定额税率计算简便，适宜从量计征的税种。车船税的适用税额依照车船税法所附的车船税税目税额表执行。

车辆的具体适用税额由省、自治区、直辖市人民政府依照车船税法所附车船税税目税额表规定的税额幅度和国务院的规定确定。

船舶的具体适用税额由国务院在车船税法所附车船税税目税额表规定的税额幅度内确定。

车船税采用定额税率，即对征税的车船规定单位固定税额。车船税确定税额总的原则是：非机动车船的税负轻于机动车船；人力车的税负轻于畜力车；小吨位船舶的税负轻于大船舶。由于车辆与船舶的行驶情况不同，车船税的税额也有所不同（见表6－1）。

表6－1 车船税税目税额表

<table>
<tr><th colspan="2">目 录</th><th>计税单位</th><th>年基准税额（元）</th><th>备 注</th></tr>
<tr><td rowspan="7">乘用车按发动机气缸容量（排气量分档）</td><td>1.0升（含）以下的</td><td rowspan="7">每辆</td><td>60～360</td><td rowspan="7">核定载客人数9人（含）以下</td></tr>
<tr><td>1.0升以上至1.6升（含）的</td><td>300～540</td></tr>
<tr><td>1.6升以上至2.0升（含）的</td><td>360～660</td></tr>
<tr><td>2.0升以上至2.5升（含）的</td><td>660～1200</td></tr>
<tr><td>2.5升以上至3.0升（含）的</td><td>1200～2400</td></tr>
<tr><td>3.0升以上至4.0升（含）的</td><td>2400～3600</td></tr>
<tr><td>4.0升以上的</td><td>3600～5400</td></tr>
<tr><td rowspan="2">商用车</td><td>客车</td><td>每辆</td><td>480～1440</td><td>核定载客人数9人（包括电车）以上</td></tr>
<tr><td>货车</td><td>整备质量每吨</td><td>16～120</td><td>1. 包括半挂牵引车、挂车、客货两用汽车、三轮汽车和低速载货汽车等；
2. 挂车按照货车税额的50%计算</td></tr>
</table>

续表 6－1

目　录		计税单位	年基准税额（元）	备　注
其他车辆	专用作业车	整备质量每吨	16～120	不包括拖拉机
	轮式专用机械车	整备质量每吨	16～120	
摩托车		每辆	36～18	
船舶	机动船舶	净吨位每吨	3～6	拖船、非机动驳船分别按照机动船舶税额的50%计算；游艇的税额另行规定
	游艇	艇身长度每米	600～2000	

(1)机动船舶，具体适用税额为：

①净吨位小于或者等于 200 吨的，每吨 3 元；

②净吨位 201～2000 吨的，每吨 4 元；

③净吨位 2001～10 000 吨的，每吨 5 元；

④净吨位 10 001 吨及以上的，每吨 6 元。

拖船按照发动机功率每 1 千瓦折合净吨位 0.67 吨计算征收车船税。

(2)游艇，具体适用税额为：

①艇身长度不超过 10 米的游艇，每米 600 元；

②艇身长度超过 10 米但不超过 18 米的游艇，每米 900 元；

③艇身长度超过 18 米但不超过 30 米的游艇，每米 1300 元；

④艇身长度超过 30 米的游艇，每米 2000 元；

⑤辅助动力帆艇，每米 600 元。

游艇艇身长度是指游艇的总长。

(3)车船税法及其实施条例涉及的整备质量、净吨位、艇身长度等计税单位，有尾数的一律按照含尾数的计税单位据实计算车船税应纳税额。计算得出的应纳税额小数点后超过两位的可四舍五入保留两位小数。

(4)乘用车以车辆登记管理部门核发的机动车登记证书或者行驶证书所载的排气量毫升数确定税额区间。

(5)车船税法和实施条例所涉及的排气量、整备质量、核定载客人数、净吨位、功率(千瓦或马力)、艇身长度，以车船登记管理部门核发的车船登记证书或者行驶证相应项目所载数据为准。

依法不需要办理登记、依法应当登记而未办理登记或者不能提供车船登记证书、行驶证的，以车船出厂合格证明或者进口凭证相应项目标注的技术参数、所载数据为准；不能提供车船出厂合格证明或者进口凭证的，由主管税务机关参照国家相关标准核定，没有国家相关标准的参照同类车船核定。

6.4.3 应纳税额的计算与代收代缴

纳税人按照纳税地点所在的省、自治区、直辖市人民政府确定的具体适用税额缴纳车船税。车船税由地方税务机关负责征收。

(1)购置的新车船，购置当年的应纳税额自纳税义务发生的当月起按月计算。计算公式为：

$$应纳税额 = (年应纳税额 \div 12) \times 应纳税月份数$$

$$应纳税月份数 = 12 - 纳税义务发生时间(取月份) + 1$$

(2)在一个纳税年度内，已完税的车船被盗抢、报废、灭失的，纳税人可以凭有关管理机关出具的证明和完税证明向纳税所在地的主管税务机关申请退还自被盗抢、报废、灭失月份起至该纳税年度终了期间的税款。

(3)已办理退税的被盗抢车船，失而复得的，纳税人应当从公安机关出具相关证明的当月起计算缴纳车船税。

(4)在一个纳税年度内，纳税人在非车辆登记地由保险机构代收代缴机动车车船税，且能够提供合法有效完税证明的，纳税人不再向车辆登记地的地方税务机关缴纳车船税。

(5)已缴纳车船税的车船在同一纳税年度内办理转让过户的，不另纳税，也不退税。

例6－5 某运输公司拥有载货汽车15辆(货车整备质量全部为10吨)；乘人大客车20辆；小客车10辆。计算该公司应纳车船税。

(注：载货汽车每吨年税额80元，乘人大客车每辆年税额800元，小客车每辆年税额700元)

解析 载货汽车应纳税额为 $15 \times 10 \times 80 = 12\ 000$(元)

乘人汽车应纳税额为 $20 \times 800 + 10 \times 700 = 23\ 000$(元)

该公司全年应纳车船税额为 $12\ 000 + 23\ 000 = 35\ 000$(元)

6.4.4 税收优惠

(1)捕捞、养殖渔船。是指在渔业船舶登记管理部门登记为捕捞船或者养殖船的船舶。

(2)军队、武装警察部队专用的车船。是指按照规定在军队、武装警察部队车船管理部门登记，并领取军队、武警牌照的车船。

(3)警用车船。是指公安机关、国家安全机关、监狱、劳动教养管理机关和人民法院、人民检察院领取警用牌照的车辆和执行警务的专用船舶。

(4)依照法律规定应当予以免税的外国驻华使领馆、国际组织驻华代表机构及其有关人员的车船。

(5)使用新能源的车辆包括纯电动汽车、燃料电池汽车和混合动力汽车。纯电动汽车、燃料电池汽车不属于车船税征收范围，其他混合动力汽车按照同类车辆适用税额减半征税。

(6)省、自治区、直辖市人民政府根据当地实际情况，可以对公共交通车船，农村居民拥有并主要在农村地区使用的摩托车、三轮汽车和低速载货汽车定期减征或免征车船税。

6.4.5 征收管理

6.4.5.1 纳税期限

车船税纳税义务发生时间为取得车船所有权或者管理权的当月。以购买车船的发票或其他证明文件所载日期的当月为准。

6.4.5.2 纳税地点

车船税的纳税地点为车船的登记地或者车船税扣缴义务人所在地。依法不需要办理登记的车船，车船税的纳税地点为车船的所有人或者管理人所在地。

扣缴义务人代收代缴车船税的，纳税地点为扣缴义务人所在地。

纳税人自行申报缴纳车船税的，纳税地点为车船登记地的主管税务机关所在地。

依法不需要办理登记的车船，纳税地点为车船所有人或者管理人主管税务机关所在地。

6.4.5.3 纳税申报

车船税按年申报，分月计算，一次性缴纳。纳税年度为公历1月1日至12月31日。具体申报纳税期限由省、自治区、直辖市人民政府规定。

(1)税务机关可以在车船管理部门、车船检验机构的办公场所集中办理车船税征收事宜。

(2)公安机关交通管理部门在办理车辆相关登记和定期检验手续时，对未提交自上次检验后各年度依法纳税或者免税证明的，不予登记，不予发放检验合格标志。

(3)海事部门、船舶检验机构在办理船舶登记和定期检验手续时，对未提交依法纳税或者免税证明，且拒绝扣缴义务人代收代缴车船税的纳税人，不予登记，不予发放检验合格标志。

(4)对于依法不需要购买机动车交通事故责任强制保险的车辆，纳税人应当向主管税务机关申报缴纳车船税。

(5)纳税人在首次购买机动车交通事故责任强制保险时缴纳车船税或者自行申报缴纳车船税的，应当提供购车发票及反映排气量、整备质量、核定载客人数等与纳税相关的信息及其相应凭证。

(6)从事机动车第三者责任强制保险业务的保险机构为机动车车船税的扣缴义务人，应当在收取保险费时依法代收车船税，并出具代收税款凭证。

6.5 资源税

资源税是对在我国境内从事应税矿产品开采和生产盐的单位和个人课征的一种税，属于对自然资源占用课税的范畴。

资源税法是指国家制定的用以调整资源税征收与缴纳之间权利及义务关系的法律规范。现行资源税法的基本规范是2011年9月30日国务院公布的《中华人民共和国资源税暂行条例》(以下简称《资源税暂行条例》)及2011年10月28日财政部、国家税务总局公布的《中华人民共和国资源税暂行条例实施细则》(以下简称《资源税实施细则》)。

6.5.1 纳税义务人

资源税的纳税义务人是指在中华人民共和国领域及管辖海域开采应税资源的矿产品或者生产盐的单位和个人。

6.5.2 税目、税率

6.5.2.1 税目

资源税税目包括7大类，在7个税目下面又设有若干个子目。现行资源税的税目及子目主要是根据资源税应税产品和纳税人开采资源的行业特点设置的。

(1)原油，是指开采的天然原油，不包括人造石油。

(2)天然气，是指专门开采或者与原油同时开采的天然气。

(3)煤炭，包括原煤和以未税原煤加工的洗选煤。

(4)其他非金属矿原矿，是指上列产品和井矿盐以外的非金属矿原矿。包括宝石、金刚石、玉石、膨润土、石墨、石英砂、萤石、重晶石、毒重石、蛭石、长石、氟石、滑石、白云石、硅灰石、凹凸棒石黏土、高岭石土、耐火黏土、云母、大理石、花岗石、石灰石、菱镁矿、天然碱、石膏、硅线石、工业用金刚石、石棉、硫铁矿、自然硫、磷铁矿等。

(5)黑色金属矿原矿，是指纳税人开采后自用、销售的，用于直接入炉冶炼或作为主产品先入选精矿、制造人工矿，再最终入炉冶炼的黑色金属矿石原矿，包括铁矿石、锰矿石和铬矿石。

(6)有色金属矿原矿，包括铜矿石、铅锌矿石、铝土矿石、钨矿石、锡矿石、锑矿石、钼矿石、镍矿石、黄金矿石、钒矿石(含石煤钒)等。

(7)盐，一是固体盐，包括海盐原盐、湖盐原盐和井矿盐；二是液体盐(卤水)，是指氯化钠含量达到一定浓度的溶液，是用于生产碱和其他产品的原料。

纳税人在开采主矿产品的过程中伴采的其他应税矿产品，凡未单独规定适用税额的，一律按主矿产品或视同主矿产品税目征收资源税。

未列举名称的其他非金属矿原矿和其他有色金属矿原矿，由省、自治区、直辖市人民政府决定征收或暂缓征收资源税，并报财政部和国家税务总局备案。

6.5.2.2 税率

资源税采取从价定率或者从量定额的办法计征，分别以应税产品的销售额乘以纳税人具体适用的比例税率或者以应税产品的销售数量乘以纳税人具体适用的定额税率计算，实施“级差调节”的原则。级差调节是指运用资源税对因资源贮存状况、开采条件、资源优劣、地理位置等客观存在的差别而产生的资源级差收入，通过实施差别税额标准进行调节。资源条件好的，税率、税额高一些；资源条件差的，税率、税额低一些。具体规定见表6-2。

表 6－2　资源税税目、税率表

税目		税率
一、原油		销售额的 5%～10%
二、天然气		销售额的 5%～10%
三、煤炭	焦煤	每吨 8～20 元
	其他煤炭	每吨 0.3～5 元
四、其他非金属矿原矿	普通非金属矿原矿	每吨或者每立方米 0.5～20 元
	贵重非金属矿原矿	每千克或者每克拉 0.5～20 元
五、黑色金属矿原矿		每吨 2～30 元
六、有色金属矿原矿	稀土矿	每吨 0.4～60 元
	其他有色金属矿原矿	每吨 0.4～30 元
七、盐	固体盐	每吨 10～60 元
	液体盐	每吨 2～10 元

6.5.3　资源税计税依据

资源税的应纳税额按照从价定率或者从量定额的办法，分别以应税产品的销售额乘以纳税人具体适用的比例税率或者以应税产品的销售数量乘以纳税人具体适用的定额税率计算。销售额为纳税人销售应税产品向购买方收取的全部价款和价外费用，但不包括收取的增值税销项税额。

6.5.4　征收管理

资源税由税务机关征收。收购未税矿产品的单位为资源税的扣缴义务人。纳税人应纳的资源税应当向应税产品的开采或者生产所在地主管税务机关缴纳。纳税人在本省、自治区、直辖市范围内开采或者生产应税产品，其纳税地点需要调整的，由省、自治区、市辖区税务机关决定。

资源税的纳税期限为 1 日、3 日、5 日、10 日、15 日或者 1 个月，纳税人的纳税期限由主管税务机关根据实际情况具体核定。不能按固定期限计算纳税的，可以按次计算纳税。纳税人以 1 个月为一期纳税的，自期满之日起 10 日内申报纳税；以 1 日、3 日、5 日、10 日或者 15 日为一期纳税的，自期满之日起 5 日内预缴税款，于次月 1 日起 10 日内申报纳税并结清上月税款。

6.6 城镇土地使用税

城镇土地使用税是对占用城镇土地的单位和个人，以其实际占用的土地面积为计税依据，按照规定税额计算征收的一种税。

6.6.1 征税范围和纳税人

6.6.1.1 征税范围

城镇土地使用税的征税范围是城市、县城、建制镇和工矿区。城市是指经国务院批准设立的市，城市的征税范围为市区和郊区；县城是指县人民政府所在地，县城的征税范围为县人民政府所在的城镇；建制镇是指经省、自治区、直辖市人民政府批准设立的建制镇，建制镇的征税范围为镇人民政府所在地。工矿区是指工商企业比较发达、人口比较集中、符合国务院规定的建制镇标准，但尚未设立建制镇的大中型工矿企业所在地，工矿区须经省、自治区、直辖市人民政府批准。

6.6.1.2 纳税人

城镇土地使用税的纳税人为在城市、县城、建制镇和工矿区范围内使用土地的单位和个人，具体包括：

(1)拥有土地使用权的单位和个人。

(2)拥有土地使用权的单位和个人不在土地所在地的，其土地的实际使用人和代管人为纳税人。

(3)土地使用权未确定或权属纠纷未解决的，其实际使用人为纳税人。

(4)土地使用权共有的，共有各方都是纳税人，由共有各方分别纳税。

6.6.2 计税依据和税率

6.6.2.1 计税依据

城镇土地使用税的计税依据为纳税人实际占用的土地面积。纳税人实际占用的土地面积按照下列办法确定。

(1)凡由省、自治区、直辖市人民政府确定的单位组织测定土地面积的，以测定的面积为准。

(2)尚未组织测量，但纳税人持有政府部门核发的土地使用证书的，以证书确认的土地面积为准。

(3)尚未核发土地使用证书的，应由纳税人申报土地面积，并据此纳税，待核发土地使用证以后再做调整。

6.6.2.2 税率

城镇土地使用税采用地区差别幅度定额税率，按大、中、小城市和县城、建制镇、工矿区分别规定每平方米土地使用税年应纳税额。具体标准如下：

(1)大城市 1.5～30 元；

(2)中等城市1.2～24元；

(3)小城市0.9～18元；

(4)县城、建制镇、工矿区0.6～12元。

大、中、小城市以公安部门登记在册的非农业正式户口人数为依据，按照国务院颁布的《城市规划条例》中规定的标准划分。

各省、自治区、直辖市人民政府可根据市政建设情况和经济繁荣程度在规定税额幅度内确定所辖地区的适用税额幅度。经济落后地区土地使用税的适用税额标准可适当降低，但降低额不得超过上述规定最低税额的30%。经济发达地区的适用税额标准可以适当提高，但须报财政部批准。

6.6.3 应纳税额的计算和征收管理

6.6.3.1 应纳税额的计算

城镇土地使用税的应纳税额可以通过纳税人实际占用的土地面积乘以该土地所在地段的适用税额求得。其计算公式为：

全年应纳税额 = 实际占用应税土地面积(平方米)×适用税额

例6－6 设在某城市的一家企业土地使用面积为10 000平方米，经税务机关核定，该土地为应税土地，每平方米年税额为4元。请计算其全年应纳的土地使用税税额。

解 全年应纳税额为 10 000×4＝40 000(元)

6.6.3.2 征收管理

城镇土地使用税实行按年计算、分期缴纳的征收办法，具体纳税期限由省、自治区、直辖市人民政府确定。城镇土地使用税由土地所在地的地方税务机关征收，其收入纳入地方财政预算管理。税务机关应加强土地管理机关的联系，及时取得土地使用权方面的资料。

6.7 土地增值税

土地增值税是对有偿转让国有土地使用权及地上建筑物和其他附着物产权，取得增值收入的单位和个人征收的一种税。征收土地增值税增强了政府对房地产开发和交易市场的调控，有利于抑制炒买炒卖土地获取暴利的行为，增加国家财政收入。

6.7.1 纳税义务人

土地增值税的纳税义务人为转让国有土地使用权、地上的建筑及其附着物(以下简称“转让房地产”)并取得收入的单位和个人。单位包括各类企业、事业单位、国家机关和社会团体及其他组织。个人包括个体经营者。

6.7.2 征税范围

土地增值税是对转让国有土地使用权及其地上建筑物和附着物的行为征税，不包括国有土地使用权出让所取得的收入。

国有土地使用权出让是指国家以土地所有者的身份将土地使用权在一定年限内出让与土地使用者，并由土地使用者向国家支付土地使用权出让金的行为，属于土地买卖的一级市场。土地使用权出让的出让方是国家，国家凭借土地的所有权向土地使用者收取土地的租金。出让的目的是实行国有土地的有偿使用制度，合理开发、利用、经营土地，因此，土地使用权的出让不属于土地增值税的征税范围。

而国有土地使用权的转让是指土地使用者通过出让等形式取得土地使用权后，将土地使用权再转让的行为，包括出售、交换和赠与，它属于土地买卖的二级市场。土地使用权转让，其地上的建筑物、其他附着物的所有权随之转让。土地使用权的转让属于土地增值税的征税范围。

土地增值税的征税范围不包括未转让土地使用权、房产产权的行为，是否发生转让行为主要以房地产权属(指土地使用权和房产产权)是否变更为标准。凡土地使用权、房产产权未转让的(如房地产的出租)，不征收土地增值税。

6.7.3 税率

土地增值税实行四级超率累进税率，最低税率为30%，最高税率为60%。增值额未超过扣除项目金额50%的部分，税率为30%；增值额超过扣除项目金额50%、未超过扣除项目金额100%的部分，税率为40%；增值额超过扣除项目金额100%、未超过扣除项目金额200%的部分，税率为50%；增值额超过扣除项目金额200%的部分，税率为60%。

6.7.4 增值额的确定

土地增值税纳税人转让房地产所取得的收入减除规定的扣除项目金额后的余额为增值额。准确核算增值额，还需要有准确的房地产转让收入额和扣除项目的金额。在实际房地产交易活动中，有些纳税人由于不能准确提供房地产转让价格或扣除项目金额，致使增值额不准确，直接影响到应纳税额的计算和缴纳。因此，《土地增值税暂行条例》第九条规定，纳税人有下列情形之一的，按照房地产评估价格计算征收。

1. 隐瞒、虚报房地产成交价格

隐瞒、虚报房地产成交价格是指纳税人不报或有意低报转让土地使用权、地上建筑物及其附着物价款的行为。隐瞒、虚报房地产成交价格，应由评估机构参照同类房地产的市场交易价格进行评估。税务机关根据评估价格确定转让房地产的收入。

2. 提供扣除项目金额不实

提供扣除项目金额不实是指纳税人在纳税申报时不据实提供扣除项目金额的行为。提供扣除项目金额不实的，应由评估机构按照房屋重置成本价乘以成新率计算的房屋成本价和取得土地使用权时的基准地价进行评估。税务机关根据评估价格确定扣除项目金额。

3. 转让房地产的成交价格低于房地产评估价格，又无正当理由

"转让房地产的成交价格低于房地产评估价格，又无正当理由"是指纳税人申报的

转让房地产的实际成交价低于房地产评估机构评定的交易价，纳税人又不能提供凭据或无正当理由的行为。转让房地产的成交价格低于房地产评估价格，又无正当理由的，由税务机关参照房地产评估价格确定转让房地产的收入。

上述所说的房地产评估价格是指由政府批准设立的房地产评估机构根据相同地段、同类房地产进行综合评估价格。

6.7.5 应纳税额的计算方法

土地增值税按照纳税人转让房地产所取得的增值额和规定的税率计算征收。土地增值税的计算公式是：

$$应纳税额 = S(每级距的土地增值额 \times 适用税率)$$

但在实际工作中，分步计算比较烦琐，一般可以采用速算扣除法计算。S 为计算土地增值税税额，可按增值额乘以适用的税率减去扣除项目金额乘以速算扣除系数的简便方法计算，具体方法如下：

增值额未超过扣除项目金额 50% 时，计算公式为：

$$土地增值税税额 = 增值额 \times 30\%$$

增值额超过扣除项目金额 50%，未超过 100% 时，计算公式为：

$$土地增值税税额 = 增值额 \times 40\% - 扣除项目金额 \times 5\%$$

增值额超过扣除项目金额 100%，未超过 200% 时，计算公式为：

$$土地增值税税额 = 增值额 \times 50\% - 扣除项目金额 \times 15\%$$

增值额超过扣除项目金额 200% 时，计算公式为：

$$土地增值税税额 = 增值额 \times 60\% - 扣除项目金额 \times 35\%$$

上述公式中的 5%、15%、35% 分别为 2、3、4 级的速算扣除系数，见表 6－3。

表 6－3　土地增值税四级超率累进税率表

级数	增值额与扣除项目金额的比率	税率（%）	速算扣除系数（%）
1	不超过 50% 的部分	30	0
2	超过 50% ～100% 的部分	40	5
3	超过 100%～200% 的部分	50	15
4	超过 200% 的部分	60	35

例 6－7　假定某房地产开发公司转让商品房一栋，取得收入总额为 1000 万元，应扣除的购买土地的金额、开发成本的金额、开发费用的金额、相关税金的金额、其他扣除金额合计为 400 万元。请计算该房地产开发公司应缴纳的土地增值税。

解析　先计算增值额

$$1000 - 400 = 600（万元）$$

再计算增值额与扣除项目金额的比率

$$600 \div 400 \times 100\% = 150\%$$

根据上述计算方法，增值额超过扣除项目金额 100%，未超过 200% 时，其适用的

计算公式为

$$土地增值税税额 = 增值额 \times 50\% - 扣除项目金额 \times 15\%$$

最后计算该房地产开发公司应缴纳的土地增值税

$$600 \times 50\% - 400 \times 15\% = 240（万元）$$

6.7.6 征收管理

土地增值税由税务机关征收。土地管理部门、房产管理部门应当向税务机关提供有关资料，包括有关房屋及建筑物产权、土地使用权、土地出让金数额、土地基准地价、房地产市场交易价格及权属变更等方面的资料，并协助税务机关依法征收土地增值税。纳税人未按照规定缴纳土地增值税的，土地管理部门、房产管理部门不得办理有关的权属变更手续。

按照规定，土地增值税的纳税人应在转让房地产合同签订后的7日内，到房地产所在地主管税务机关办理纳税申报，并向税务机关提交房屋及建筑物产权、土地使用权证书，土地转让、房产买卖合同，房地产评估报告及其他与转让房地产有关的资料。纳税人因经常发生房地产转让而难以在每次转让后申报的，经税务机关审核同意后，可以定期进行纳税申报，具体期限由税务机关根据相关规定确定。

6.8 耕地占用税

耕地占用税是对占用耕地建房或从事其他非农业建设的单位和个人就其实际占用的耕地面积征收的一种税，它属于对特定土地资源占用课税。耕地是土地资源中最重要的组成部分，是农业生产最基本的生产资料。我国人口众多，耕地资源相对较少，要用占世界总量7%的耕地，养活占世界总量22%的人口，人多地少的矛盾十分突出。为了遏制并逐步改变这种状况，政府决定开征耕地占用税，运用税收经济杠杆与法律、行政等手段相配合，以便有效地保护耕地。通过开征耕地占用税，使那些占用耕地建房及从事其他非农业建设的单位和个人承担必要的经济责任，有利于政府运用税收经济杠杆调节他们的经济利益，引导他们节约、合理地使用耕地资源。这对于保护国土资源，促进农业可持续发展，以及强化耕地管理，保护农民的切身利益等，都具有十分重要的意义。

6.8.1 纳税义务人与征税范围

6.8.1.1 纳税义务人

耕地占用税的纳税义务人是占用耕地建房或从事非农业建设的单位和个人。

所称单位包括国有企业、集体企业、私营企业、股份制企业、外商投资企业、外国企业以及其他企业和事业单位、社会团体、国家机关、军队以及其他单位；所称个人包括个体工商户以及其他个人。

6.8.1.2 征税范围

耕地占用税的征税范围包括纳税人为建房或从事其他非农业建设而占用的国家所有

和集体所有的耕地。

耕地指种植农业作物的土地，包括菜地、园地。其中，园地包括花圃、苗圃、茶园、果园、桑园和其他种植经济林木的土地。

占用鱼塘及其他农用土地建房或从事其他非农业建设也视同占用耕地，必须依法征收耕地占用税。占用已开发从事种植、养殖的滩涂、草场、水面和林地等从事非农业建设，由省、自治区、直辖市本着有利于保护土地资源和生态平衡的原则，结合具体情况确定是否征收耕地占用税。

6.8.2 税率、计税依据和应纳税额的计算

6.8.2.1 税率

由于在我国的不同地区之间人口和耕地资源的分布极不均衡，有些地区人烟稠密，耕地资源相对匮乏；而有些地区则人烟稀少，耕地资源比较丰富。各地区之间的经济发展水平也有很大差异。考虑到不同地区之间客观条件的差别以及与此相关的税收调节力度和纳税人负担能力方面的差别，耕地占用税在税率设计上采用了地区差别定额税率。税率规定如下：

(1)人均耕地不超过 1 亩* 的地区(以县级行政区域为单位，下同)，每平方米为10 ～50 元；

(2)人均耕地超过 1 亩但不超过 2 亩的地区，每平方米为 8 ～40 元；

(3)人均耕地超过 2 亩但不超过 3 亩的地区，每平方米为 6 ～30 元；

(4)人均耕地超过 3 亩以上的地区，每平方米为 5 ～25 元。

经济特区、经济技术开发区和经济发达、人均耕地特别少的地区，适用税额可以适当提高，但最多不得超过当地适用税额的 50%(见表 6 –4)。

表 6 –4　各省、自治区、直辖市耕地占用税平均税额

地　区	每平方米平均税额(元)
上海	45
北京	40
天津	35
江苏、浙江、福建、广东	30
辽宁、湖北、湖南	25
河北、安徽、江西、山东、河南、重庆、四川	22.5
广西、海南、贵州、云南、陕西	20
山西、吉林、黑龙江	17.5
内蒙古、西藏、甘肃、青海、宁夏、新疆	12.5

* 亩：为非法定计量单位，1 亩≈666.6 平方米。

6.8.2.2 计税依据

耕地占用税以纳税人占用耕地的面积为计税依据，以每平方米为计量单位。

6.8.2.3 税额计算

耕地占用税以纳税人实际占用的耕地面积为计税依据，以每平方米土地为计税单位，按适用的定额税率计税。其计算公式为：

应纳税额＝实际占用耕地面积(平方米)×适用定额税率

例6－8 假设某市一家企业新占用20 000平方米耕地用于工业建设，所占耕地适用的定额税率为20元/平方米。计算该企业应纳的耕地占用税。

解 应纳税额为 20 000×20＝400 000(元)

6.8.3 税收优惠和征收管理

6.8.3.1 免征耕地占用税

(1)军事设施占用耕地。

(2)学校、幼儿园、养老院、医院占用耕地。

学校范围包括由国务院人力资源社会保障行政部门，省、自治区、直辖市人民政府或其人力资源社会保障行政部门批准成立的技工院校。

6.8.3.2 减征耕地占用税

(1)铁路线路、公路线路、飞机场跑道、停机坪、港口、航道占用耕地，减按每平方米2元的税额征收耕地占用税。

根据实际需要，国务院财政、税务主管部门会商国务院有关部门并报国务院批准后，可以对前款规定的情形免征或者减征耕地占用税。

(2)农村居民占用耕地新建住宅，按照当地适用税额减半征收耕地占用税。农村烈士家属、残疾军人、鳏寡孤独以及革命老根据地、少数民族聚居区和边远贫困山区生活困难的农村居民，在规定用地标准以内新建住宅缴纳耕地占用税确有困难的，经所在地乡(镇)人民政府审核，报经县级人民政府批准后，可以免征或者减征耕地占用税。

免征或者减征耕地占用税后，纳税人改变原占地用途，不再属于免征或者减征耕地占用税情形的，应当按照当地适用税额补缴耕地占用税。

耕地占用税由地方税务机关负责征收。土地管理部门在通知单位或者个人办理占用耕地手续时，应当同时通知耕地所在地同级地方税务机关。获准占用耕地的单位或者个人应当在收到土地管理部门的通知之日起30日内缴纳耕地占用税。土地管理部门凭耕地占用税完税凭证或者免税凭证和其他有关文件发放建设用地批准书。

纳税人临时占用耕地应当依照本条例的规定缴纳耕地占用税。纳税人在批准临时占用耕地的期限内恢复所占用耕地原状的，全额退还已经缴纳的耕地占用税。

占用林地、牧草地、农田水利用地、养殖水面以及渔业水域滩涂等其他农用地建房或者从事非农业建设的，比照本条例的规定征收耕地占用税。建设直接为农业生产服务的生产设施而占用前款规定的农用地的，不征收耕地占用税。

6.9 印花税

印花税是以经济活动和经济交往中，书立、领受应税凭证的行为为征税对象征收的一种税。印花税因其采用在应税凭证上粘贴印花税票的方法缴纳税款而得名。征收印花税有利于增加财政收入、有利于配合和加强经济合同的监督管理、有利于培养纳税意识，也有利于配合对其他应纳税种的监督管理。

6.9.1 纳税义务人

印花税的纳税义务人是在中国境内书立、使用、领受印花税法所列举的凭证并应依法履行纳税义务的单位和个人。

所称单位和个人是指国内各类企业、事业、机关、团体、部队以及中外合资企业、合作企业、外资企业、外国公司和其他经济组织及其在华机构等单位和个人。

6.9.2 税目与税率

6.9.2.1 税目

印花税的税目指印花税法明确规定的应当纳税的项目，它具体划定了印花税的征税范围。一般地说，列入税目的就要征税，未列入税目的就不征税。印花税共有13个税目。

1. 购销合同

包括供应、预购、采购、购销结合及协作、调剂、补偿、贸易等合同。此外，还包括出版单位与发行单位之间订立的图书、报纸、期刊和音像制品的应税凭证，如订购单、订数单等。还包括发电厂与电网之间、电网与电网之间(国家电网公司系统、南方电网公司系统内部各级电网互供电量除外)签订的购售电合同。但是，电网与用户之间签订的供用电合同不属于印花税列举征税的凭证，不征收印花税。

2. 加工承揽合同

包括加工、定做、修缮、修理、印刷广告、测绘、测试等合同。

3. 建设工程勘察设计合同

包括勘察、设计合同。

4. 建筑安装工程承包合同

包括建筑、安装工程承包合同。承包合同包括总承包合同、分包合同和转包合同。

5. 财产租赁合同

包括租赁房屋、船舶、飞机、机动车辆、机械、器具、设备等合同，还包括企业、个人出租门店、柜台等签订的合同。

6. 货物运输合同

包括民用航空、铁路运输、海上运输、公路运输和联运合同，以及作为合同使用的单据。

7. 仓储保管合同

包括仓储、保管合同，以及作为合同使用的仓单、栈单等。

8. 借款合同

银行及其他金融组织与借款人(不包括银行同业拆借)所签订的合同，以及只填开借据并作为合同使用、取得银行借款的借据。银行及其他金融机构经营的融资租赁业务是一种以融物方式达到融资目的的业务，实际上是分期偿还的固定资金借款，因此融资租赁合同也属于借款合同。

9. 财产保险合同

包括财产、责任、保证、信用保险合同，以及作为合同使用的单据。财产保险合同分为企业财产保险、机动车辆保险、货物运输保险、家庭财产保险和农牧业保险五大类。家庭财产两全保险属于家庭财产保险性质，其合同在财产保险合同之列，应照章纳税。

10. 技术合同

包括技术开发、转让、咨询、服务等合同，以及作为合同使用的单据。

技术转让合同包括专利申请权转让和非专利技术转让。

技术咨询合同是当事人就有关项目的分析、论证、预测和调查订立的技术合同。但一般的法律、会计、审计等方面的咨询不属于技术咨询，其所立合同不贴印花。

技术服务合同是当事人一方委托另一方就解决有关特定技术问题，如为改进产品结构、改良工艺流程、提高产品质量、降低产品成本、保护资源环境、实现安全操作、提高经济效益等提出实施方案，所订立的技术合同。

11. 产权转移书据

包括财产所有权和版权、商标专用权、专利权、专有技术使用权等转移书据和专利实施许可合同、土地使用权出让合同、土地使用权转让合同、商品房销售合同等权利转移合同。

所称产权转移书据是指单位和个人产权的买卖、继承、赠与、交换、分割等所立的书据。财产所有权转移书据的征税范围是指经政府管理机关登记注册的动产、不动产的所有权转移所立的书据，以及企业股权转让所立的书据，并包括个人无偿赠送不动产所签订的个人无偿赠与不动产登记表。当纳税人完税后，税务机关(或其他征收机关)应在纳税人印花税完税凭证上加盖个人无偿赠与印章。

12. 营业账簿

指单位或者个人记载生产经营活动的财务会计核算账簿。营业账簿按其反映内容的不同，可分为记载资金的账簿和其他账簿。

记载资金的账簿是指反映生产经营单位资本金数额增减变化的账簿。其他账簿是指除上述账簿以外的有关其他生产经营活动内容的账簿，包括日记账簿和各明细分类账簿。

对金融系统营业账簿，要结合金融系统财务会计核算的实际情况进行具体分析。凡银行用以反映资金存贷经营活动、记载经营资金增减变化、核算经营成果的账簿，如各种日记账、明细账和总账都属于营业账簿，应按照规定缴纳印花税；银行根据业务管理需要设置的各种登记簿，如空白重要凭证登记簿、有价单证登记簿、现金收付登记簿等，其记载的内容与资金活动无关，仅用于内部备查，属于非营业账簿，均不征收印花税。

13. 权利、许可证照

包括政府部门发给的房屋产权证、工商营业执照、商标注册证、专利证、土地使用证。

6.9.2.2 税率

印花税的税率设计遵循税负从轻、共同负担的原则，所以税率比较低。凭证的当事人，即对凭证有直接权利与义务关系的单位和个人均应就其所持凭证依法纳税。

印花税的税率有两种形式，即比例税率和定额税率。

1. 比例税率

在印花税的13个税目中，各类合同以及具有合同性质的凭证(含以电子形式签订的各类应税凭证)、产权转移书据、营业账簿中记载资金的账簿适用比例税率。

印花税的比例税率分为4个档次，分别是0.05‰、0.3‰、0.5‰、1‰。

(1)适用0.05‰税率的为借款合同。

(2)适用0.3‰税率的为购销合同、建筑安装工程承包合同、技术合同。

(3)适用0.5‰税率的为加工承揽合同、建筑工程勘察设计合同、货物运输合同、产权转移书据、营业账簿税目中记载资金的账簿。

(4)适用1‰税率的为财产租赁合同、仓储保管合同、财产保险合同。

(5)在上海证券交易所、深圳证券交易所、全国中小企业股份转让系统买卖、继承、赠与优先股所书立的股权转让书据，均依书立时实际成交金额，由出让方按1‰的税率计算缴纳证券(股票)交易印花税。

香港市场投资者通过沪港通买卖、继承、赠与上交所上市A股，按照内地现行税制规定缴纳证券(股票)交易印花税。内地投资者通过沪港通买卖、继承、赠与联交所上市股票，按照香港特别行政区现行税法规定缴纳印花税。

2. 定额税率

在印花税的税目中，权利、许可证照和营业账簿税目中的其他账簿适用定额税率，均为按件贴花，税额为5元。这样规定主要是考虑到上述应税凭证比较特殊，有的是无法计算金额的凭证，如权利、许可证照；有的是虽记载有金额，但以其作为计税依据又明显不合理的凭证，如其他账簿。采用定额税率便于纳税人缴纳，便于税务机关征管。印花税税目、税率见表6-5。

表6-5 印花税税目、税率

税目	范围	税率	纳税人	说明
1. 购销合同	包括供应、预购、采购、购销结合及协作、调剂、补偿、易货等合同	按购销金额0.3‰贴花	立合同人	
2. 加工承揽合同	包括加工、定做、修缮、修理、印刷广告、测绘、测试等合同	按加工或承揽收入0.5‰贴花	立合同人	
3. 建设工程勘察设计合同	包括勘察、设计合同	按收取费用0.5‰贴花	立合同人	

续表6－5

税目	范围	税率	纳税人	说明
4. 建筑安装工程承包合同	包括建筑、安装工程承包合同	按承包金额0.3‰贴花	立合同人	
5. 财产租赁合同	包括租赁房屋、船舶、飞机、机动车辆、机械、器具、设备等合同	按租赁金额1‰贴花。税额不足1元，按1元贴花	立合同人	
6. 货物运输合同	包括民用航空运输、铁路运输、海上运输、内河运输、公路运输和联运合同	按运输费用0.5‰贴花	立合同人	单据作为合同使用的，按合同贴花
7. 仓储保管合同	内河运输、公路运输和联运合同	按仓储保管费用1‰贴花	立合同人	仓单或栈单作为合同使用的，按合同贴花
8. 借款合同	银行及其他金融组织和借款人(不包括银行同业拆借)所签订的借款合同	按借款金额0.05‰贴花	立合同人	单据作为合同使用的，按合同贴花
9. 财产保险合同	包括财产、责任、保证、信用等保险合同	按收取保险费1‰贴花	立合同人	单据作为合同使用的，按合同贴花
10. 技术合同	包括技术开发、转让、咨询、服务等合同	按所记载金额0.3‰贴花	立合同人	
11. 产权转移书据	包括财产所有权和版权、商标专用权、专利权、专有技术使用权等转移书据、土地使用权出让合同、土地使用权转让合同、商品房销售合同	按所记载金额0.5‰贴花	立据人	
12. 营业账簿	生产、经营用账册	记载资金的账簿，按实收资本和资本公积的合计金额0.5‰贴花。其他账簿按件贴花5元	立账簿人	
13. 权利、许可证照	包括政府部门发给的房屋产权证、工商营业执照、商标注册证、专利证、土地使用证	按件贴花5元	领受人	

6.9.3 应纳税额的计算

6.9.3.1 计税依据的一般规定

印花税的计税依据为各种应税凭证上所记载的计税金额。具体规定为：

(1)购销合同的计税依据为合同记载的购销金额。

(2)加工承揽合同的计税依据是加工或承揽收入的金额。

(3)建设工程勘察设计合同的计税依据为收取的费用。

(4)建筑安装工程承包合同的计税依据为承包金额。

(5)财产租赁合同的计税依据为租赁金额；经计算，税额不足1元的，按1元贴花。

(6)货物运输合同的计税依据为取得的运输费金额(即运费收入)，不包括所运货物的金额、装卸费和保险费等。

(7)仓储保管合同的计税依据为收取的仓储保管费用。

(8)借款合同的计税依据为借款金额。

(9)财产保险合同的计税依据为支付(收取)的保险费，不包括所保财产的金额。

(10)技术合同的计税依据为合同所载的价款、报酬或使用费。

(11)产权转移书据的计税依据为所载金额。

(12)营业账簿税目中记载资金的账簿的计税依据为实收资本与资本公积两项的合计金额。

(13)权利、许可证照的计税依据为应税凭证件数。

6.9.3.2 应纳税额的计算方法

纳税人的应纳税额，根据应纳税凭证的性质，分别按比例税率或者定额税率计算，其计算公式为：

应纳税额 = 应税凭证计税金额(或应税凭证件数) × 适用税率

6.9.4 征收管理

6.9.4.1 纳税方法

印花税的纳税办法，根据税额大小、贴花次数以及税收征收管理的需要，分别采用以下三种纳税办法：

1. 自行贴花办法

这种办法一般适用于应税凭证较少或者贴花次数较少的纳税人。纳税人书立、领受或者使用印花税法列举的应税凭证的同时，纳税义务即已产生，应当根据应纳税凭证的性质和所用税目税率自行计算应纳税额，自行购买印花税票，自行一次贴足印花税票并加以注销或划销，纳税义务才算全部履行完毕。值得注意的是，纳税人购买了印花税票，支付了税款，国家就取得了财政收入。但就印花税来说，纳税人支付了税款并不等于已履行了纳税义务。纳税人必须自行贴花并注销或划销，这样才算完整地完成了纳税义务。这也就是通常所说的“三自”纳税办法。对已贴花的凭证，修改后所载金额增加的，其增加部分应当补贴印花税票。凡多贴印花税票者，不得申请退税或者抵用。

2. 汇贴或汇缴办法

这种办法一般适用于应纳税额较大或者贴花次数频繁的纳税人。一份凭证应纳税额超500元的，应向当地税务机关申请填写缴款书或者完税证，将其中一联粘贴在凭证上或者由税务机关在凭证上加注完税标记代替贴花。这就是通常所说的“汇贴”办法。同一种类应纳税凭证，需频繁贴花的，纳税人可以根据实际情况自行决定是否采用按期汇总缴纳印花税的方式，汇总缴纳的期限为1个月。采用按期汇总缴纳方式的纳税人应事先告知主管税务机关。缴纳方式一经选定，1 年内不得改变。主管税务机关接到纳税人要求按期汇总缴纳印花税的告知后，应及时登记，制定相应的管理办法，防止出现管理漏洞。对采用按期汇总缴纳方式缴纳印花税的纳税人，应加强日常监督、检查。

实行印花税按期汇总缴纳的单位，对征税凭证和免税凭证汇总时，凡分别汇总的，按本期征税凭证的汇总金额计算缴纳印花税；凡确属不能分别汇总的，应按本期全部凭证的实际汇总金额计算缴纳印花税。

凡汇总缴纳印花税的凭证，应加注税务机关指定的汇缴戳记、编号并装订成册后，将已贴印花或者缴款书的一联粘附册后，盖章注销，保存备查。

经税务机关核准，持有代售许可证的代售户，代售印花税票取得的税款须专户存储，并按照规定的期限向当地税务机关结报，或者填开专用缴款书直接向银行缴纳，不得逾期不缴或者挪作他用。代售户领存的印花税票及所售印花税票的税款，如有损失，应负责赔偿。

3. 委托代征办法

这一办法主要是通过税务机关的委托，经由发放或者办理应纳税凭证的单位代为征收印花税税款。税务机关应与代征单位签订代征委托书。所谓发放或者办理应纳税凭证的单位是指发放权利、许可证照的单位和办理凭证的鉴证、公证及其他有关事项的单位。如按照印花税法规定，工商行政管理机关核发各类营业执照和商标注册证的同时，负责代售印花税票，征收印花税税款，并监督领受单位或个人负责贴花。税务机关委托工商行政管理机关代售印花税票，按代售金额 5% 的比例支付代售手续费。

6.9.4.2 纳税环节

印花税应当在书立或领受时贴花。具体是指在合同签订时、账簿启用时和证照领受时贴花。如果合同是在国外签订，并且不便在国外贴花的，应在将合同带入境时办理贴花纳税手续。

6.9.4.3 纳税地点

印花税一般实行就地纳税。对于全国性商品物资订货会(包括展销会、交易会等)上所签订合同应纳的印花税，由纳税人回其所在地后及时办理贴花完税手续；对地方主办、不涉及省际关系的订货会、展销会上所签合同的印花税，其纳税地点由各省、自治区、直辖市人民政府自行确定。

6.9.4.4 违章与处罚

印花税纳税人有下列行为之一的，由税务机关根据情节轻重予以处罚：

(1) 在应纳税凭证上未贴或者少贴印花税票的或者已粘贴在应税凭证上的印花税票未注销或者未划销的，由税务机关追缴其不缴或者少缴的税款、滞纳金，并处不缴或者少缴的税款 50% 以上 5 倍以下的罚款。

(2) 已贴用的印花税票揭下重用造成未缴或少缴印花税的，由税务机关追缴其不缴或者少缴的税款、滞纳金，并处不缴或者少缴的税款 50% 以上 5 倍以下的罚款；构成犯罪的，依法追究刑事责任。

(3) 伪造印花税票的，由税务机关责令改正，处以 2000 元以上 1 万元以下的罚款；情节严重的，处以 1 万元以上 5 万元以下的罚款；构成犯罪的，依法追究刑事责任。

（4）按期汇总缴纳印花税的纳税人，超过税务机关核定的纳税期限，未缴或少缴印花税款的，由税务机关追缴其不缴或者少缴的税款、滞纳金，并处不缴或者少缴的税款50%以上5倍以下的罚款；情节严重的，同时撤销其汇缴许可证；构成犯罪的，依法追究刑事责任。

（5）纳税人违反以下规定的，由税务机关责令限期改正，可处以2000元以下的罚款；情节严重的，处以2000元以上1万元以下的罚款。

①凡汇总缴纳印花税的凭证，应加注税务机关指定的汇缴戳记，编号并装订成册后，将已贴印花或者缴款书的一联附册后，盖章注销，保存备查。

②纳税人对纳税凭证应妥善保存。凭证的保存期限，凡国家已有明确规定的，按规定办理；没有明确规定的其余凭证均应在履行完毕后保存1年。

（6）代售户对取得的税款逾期不缴或者挪作他用，或者违反合同将所领印花税票转托他人代售或者转至其他地区销售，或者未按规定详细提供领、售印花税票情况的，税务机关可视其情节轻重，给予警告或者取消其代售资格的处罚。

6.10 城市维护建设税

城市维护建设税是对缴纳增值税、消费税的单位和个人，按其实际缴纳的两税税额的一定比例征收，专门用于城市维护建设的一种税收。城市维护建设税的特点：

（1）税款专款专用。所征税款要求保证用于城市公用事业和公共设施的维护和建设。

（2）属于一种附加税。城市维护建设税是以纳税人实际缴纳的增值税、消费税税额为计税依据，随两税同时征收，其本身没有特定的课税对象，其征管方法也完全比照两税的有关规定办理。

（3）根据城镇规模设计不同的比例税率。根据纳税人所在城镇的规模及其资金需要设计税率。

6.10.1 征税范围

城市维护建设税在全国范围征收，不仅包括城市、县城和建制镇，而且包括广大农村。也就是说，只要征收增值税、消费税的地方，除税法另有规定者外，都属于其征税的范围。

6.10.2 纳税人

城市维护建设税的纳税人是指缴纳增值税、消费税的单位和个人，包括国有企业、集体企业、私营企业、股份制企业、其他企业和行政单位、事业单位、军事单位、社会团体、其他单位以及个体工商户及其他个人。

6.10.3 计税依据

城市维护建设税的计税依据是纳税人实际缴纳的两税税额。纳税人违反两税有关规定而加收的滞纳金和罚款不包括在计税依据内，但纳税人被查补的两税税额包括在内。

6.10.4 税率

城市维护建设税的税率是指纳税人应缴纳的城市维护建设税税额与纳税人实际缴纳的两税税额之间的比率。城市维护建设税按纳税人所在地的不同，设置了三档地区差别比例税率，除特殊规定外，即

(1)纳税人所在地为市区的，税率为7%。

(2)纳税人所在地为县城、镇的，税率为5%。

(3)纳税人所在地不在市区、县城或者镇的，税率为1%；开采海洋石油资源的中外合作油(气)田所在地在海上，其城市维护建设税适用1 %的税率。

城市维护建设税的适用税率应当按纳税人所在地的规定税率执行。但是，对下列两种情况，可按缴纳两税所在地的规定税率就地缴纳城市维护建设税。

(1)由受托方代扣代缴、代收代缴两税的单位和个人，其代扣代缴、代收代缴的城市维护建设税按受托方所在地适用税率执行。

(2)流动经营等无固定纳税地点的单位和个人，在经营地缴纳两税的，其城市维护建设税的缴纳按经营地适用税率执行。

6.10.5 应纳税额的计算和征收管理

城市维护建设税纳税人的应纳税额大小是由纳税人实际缴纳的两税税额决定的，其计算公式为：

应纳税额 = 纳税人实际缴纳的增值税、消费税 × 适用税率

例6－9 某市区一家企业2015年3月实际缴纳增值税500 000元，缴纳消费税400 000元。计算该企业应纳的城市维护建设税税额。

解 应纳城市维护建设税税额为

(实际缴纳的增值税 + 实际缴纳的消费税) × 适用税率

= (500 000 + 400 000) × 7% = 900 000 × 7% = 63 000(元)

城市维护建设税的征收管理，比照增值税、消费税的有关规定执行。城市维护建设税与增值税、消费税同时征收。

6.11 车辆购置税

车辆购置税是以在中国境内购置规定的车辆为课税对象、在特定的环节向车辆购置者征收的一种税。征收车辆购置税有利于合理筹集财政资金，规范政府行为，调节收入差距，也有利于配合打击车辆走私和维护国家权益。

6.11.1 纳税义务人与征税范围

6.11.1.1 纳税义务人

车辆购置税就其性质而言属于直接税的范畴。

车辆购置税的纳税人是指在我国境内购置应税车辆的单位和个人。其中购置是指购买使用行为、进口使用行为、受赠使用行为、自产自用行为、获奖使用行为以及以拍卖、抵债、走私、罚没等方式取得并使用的行为，这些行为都属于车辆购置税的应税行为。车辆购置税的纳税人具体是指：

所称单位包括国有企业、集体企业、私营企业、股份制企业、外商投资企业、外国企业以及其他企业，事业单位、社会团体、国家机关、部队以及其他单位。

所称个人包括个体工商户及其他个人，既包括中国公民又包括外国公民。

6.11.1.2 征税范围

车辆购置税以列举的车辆作为征税对象，未列举的车辆不纳税。其征税范围包括汽车、摩托车、电车、挂车、农用运输车，具体规定如下：

1. 汽车

包括各类汽车。

2. 摩托车

(1)轻便摩托车：最高设计时速不大于 50km/h，发动机气缸总排量不大于 $50cm^3$ 的两个或三个车轮的机动车；

(2)二轮摩托车：最高设计车速大于 50km/h，或发动机气缸总排量大于 $50cm^3$ 的两个车轮的机动车；

(3)三轮摩托车：最高设计车速大于 50km/h，发动机气缸总排量大于 $50cm^3$，空车质量不大于 400kg 的三个车轮的机动车。

3. 电车

(1)无轨电车：以电能为动力，由专用输电电缆供电的轮式公共车辆；

(2)有轨电车：以电能为动力，在轨道上行驶的公共车辆。

4. 挂车

(1)全挂车：无动力设备，独立承载，由牵引车辆牵引行驶的车辆；

(2)半挂车：无动力设备，与牵引车共同承载，由牵引车辆牵引行驶的车辆。

5. 农用运输车

(1)三轮农用运输车：柴油发动机，功率不大于 7.4kW，载重量不大于 500kg，最高车速不大于 40km/h 的三个车轮的机动车；

(2)四轮农用运输车：柴油发动机，功率不大于 28kW，载重量不大于 1500kg，最高车速不大于 50km/h 的四个车轮的机动车。

为了体现税法的统一性、固定性、强制性和法律的严肃性特征，车辆购置税征收范围的调整由国务院决定，其他任何部门、单位和个人无权擅自扩大或缩小车辆购置税的征税范围。

6.11.2 税率与计税依据

6.11.2.1 税率

车辆购置税实行统一比例税率，税率为10%。

6.11.2.2 计税依据

根据不同情况，车辆购置税的计税依据按照下列规定确定：

(1)纳税人购买自用的应税车辆的计税价格，为纳税人购买应税车辆而支付给销售者的全部价款和价外费用(包括销售方在车价以外向购买方收取的手续费、基金、违约金、包装费、保管费等)，但不包括增值税税款。

(2)纳税人进口自用的应税车辆计税价格的计算公式为：

计税价格 = 关税完税价格 + 关税 + 消费税

(3)纳税人自产、受赠、获奖或者以其他方式取得并自用的应税车辆的计税价格，由主管税务机关参照《车辆购置税暂行条例》规定的最低计税价格核定。

6.11.3 应纳税额的计算

车辆购置税实行从价定率的方法计算应纳税额，计算公式为：

应纳税额 = 计税依据 × 税率

6.11.4 征收管理

车辆购置税实行一次征收制度。购置已征车辆购置税的车辆，不再征收车辆购置税。车辆购置税由国家税务局征收。

纳税人购置应税车辆，应当向车辆登记注册地的主管税务机关申报纳税；购置不需要办理车辆登记注册手续的应税车辆，应当向纳税人所在地的主管税务机关申报纳税。

纳税人购买自用应税车辆的，应当自购买之日起60日内申报纳税；进口自用应税车辆的，应当自进口之日起60日内申报纳税；自产、受赠、获奖或者以其他方式取得并自用应税车辆的，应当自取得之日起60日内申报纳税。车辆购置税税款应当一次缴清。

参考文献

[1] 中华人民共和国税收法典编委会．中华人民共和国现行税收法律法规及优惠政策解读2016年权威解读版［M］．上海：立信会计出版社，2016. 3.

[2] 国家税务总局．中国税收政策前沿问题研究［M］．北京：中国税务出版社，2016. 2.

[3] 索晓辉．营改增背景下企业如何纳税［M］．北京：中华工商联合出版社，2016. 6.

[4] 陈丽华，王军．税务会计业务实战手册［M］．沈阳：辽海出版社，2015. 6.